21世纪经济管理新形态教材 · 工商管理系列

管理沟通

叶 舜 刘 玲 ◎ 主 编

高 萌 杨媛媛 ◎ 副主编

清华大学出版社

北 京

内 容 简 介

本书全面深入地探讨了管理沟通的核心理论与实务技巧。共分为十章，系统构建了管理沟通的知识体系。

第一章至第三章为基础部分，详细介绍了管理沟通的基本概念、特点、作用及过程，探讨了管理沟通的技巧，包括会议与面谈、非语言沟通与倾听等，并深入分析了团队沟通与协作的重要性及策略。第四章至第六章则进一步探讨了冲突管理与谈判技巧、跨文化沟通以及领导与沟通的关系，帮助读者理解在不同情境下如何进行有效沟通。第七章至第十章为进阶部分，着重讲解了沟通中的情绪管理与心理调适、沟通效果评估与反馈、书面沟通以及管理沟通的未来趋势。特别是第十章，针对当前技术变革和组织变革的背景，分析了管理沟通面临的挑战，并预测了未来的发展趋势。

本书配有丰富的辅助性资源，包括视频、案例等，读者在学习过程中可以扫码获取，以便更深入地理解和掌握管理沟通的知识与技能。本书适合作为管理沟通课程的教材，也适合广大管理者和沟通爱好者自学使用。

图书在版编目（CIP）数据

管理沟通 / 叶舜，刘玲主编. -- 北京 ：清华大学出版社，2025.6.
(21 世纪经济管理新形态教材). --ISBN 978-7-302-69584-4
Ⅰ．C93
中国国家版本馆 CIP 数据核字第 2025LT2642 号

责任编辑：付潭蛟
封面设计：汉风唐韵
责任校对：王荣静
责任印制：刘　菲
出版发行：清华大学出版社
　　　　　网　　　址：https://www.tup.com.cn，https://www.wqxuetang.com
　　　　　地　　　址：北京清华大学学研大厦 A 座　　　　　邮　　编：100084
　　　　　社 总 机：010-83470000　　　　　　　　　　　邮　　购：010-62786544
　　　　　投稿与读者服务：010-62776969，c-service@tup.tsinghua.edu.cn
　　　　　质 量 反 馈：010-62772015，zhiliang@tup.tsinghua.edu.cn
　　　　　课 件 下 载：https://www.tup.com.cn，010-83470332
印 装 者：三河市龙大印装有限公司
经　　销：全国新华书店
开　　本：185mm×260mm　　　　印　张：15.75　　　字　数：350 千字
版　　次：2025 年 7 月第 1 版　　　　　　　　　　印　次：2025 年 7 月第 1 次印刷
定　　价：58.00 元

产品编号：111884-01

前　言

在当今这个日新月异的时代，沟通已成为企业管理中不可或缺的核心要素。随着全球化进程的加速和信息技术的飞速发展，本书应运而生。本书深入探讨了沟通在现代管理中的重要作用，并为读者提供了一套系统、实用的指南。

本书的内容涵盖从沟通的基础理论到实践应用的多个方面，以其全面而深入的视角，为现代管理者及职场人士提供了一套宝贵的知识体系与实战指南。

第一章至第三章构成本书的基础部分，它们如同大厦的基石，为读者打下了坚实的理论基础。这一部分详细介绍了管理沟通的基本概念、特点、作用及过程，让读者对沟通有全面而深入的理解。同时，书中还探讨了多种管理沟通的技巧，如会议与面谈的高效组织、非语言沟通与倾听的艺术等，这些技巧对于提升个人沟通能力至关重要。此外，团队沟通与协作的重要性及策略也被深入剖析，为读者进行团队协作提供了有力的支持。

第四章至第六章进一步拓宽了沟通的边界，深入探讨了冲突管理与谈判技巧、跨文化沟通及领导与沟通的关系。这些章节不仅帮助读者理解在不同情境下如何进行有效沟通，还提供了应对复杂沟通情境的策略与方法。特别是跨文化沟通，随着全球化的深入发展，这一能力已成为现代管理者不可或缺的素养。

第七章至第十章作为本书的进阶部分，着重讲解了沟通中的情绪管理与心理调适、沟通效果评估与反馈、书面沟通及管理沟通的未来趋势。这些章节不仅能提升读者的沟通能力，还引导他们关注沟通的心理层面，学会在沟通中保持积极心态，有效管理情绪。同时，对于沟通效果的评估与反馈，本书也提供了实用的方法和工具，帮助读者不断优化沟通策略。最后，针对当前技术变革和组织变革的背景，深入分析了管理沟通面临的挑战，并预测了未来的发展趋势，为读者提供了前瞻性的思考。

本书由叶舜拟定写作提纲及写作要求并主编修改定稿。叶舜撰写第一、第二和第三章，刘玲撰写第四、第九和第十章，高萌撰写第五、第六章，杨媛媛撰写第七、第八章。团队成员结合理论和实战的经历编写本书，它是一本全面、实用、紧跟时代步伐的管理沟通指南，将帮助读者在现代复杂多变的环境中提升沟通能力，促进团队协作与组织效率，成功应对各种沟通挑战。

在编写本书的过程中，编者参考了大量的网络资料、文献和书籍，对相关知识进行了系统梳理，有选择性地将一些重要的知识纳入此书。由于笔者能力有限，本书难免存在不足之处，望广大读者不吝赐教。

编　者

目　录

第一章

管理沟通基础

【名人名言】

言不顺，则事不成。

——《论语·子路》

一个人必须知道该说什么，一个人必须知道什么时候说，一个人必须知道对谁说，一个人必须知道怎么说。

——彼得·德鲁克

【学习目标】

1. 掌握管理沟通的概念、特点并理解其重要性。
2. 识别管理沟通的组成要素，包括沟通者、沟通对象、沟通内容和沟通渠道。
3. 具备有效沟通的基本能力；掌握有效沟通的基本技巧。
4. 具有良好的沟通及公众表达的能力，能做到主动与人交流。

本章思维导图

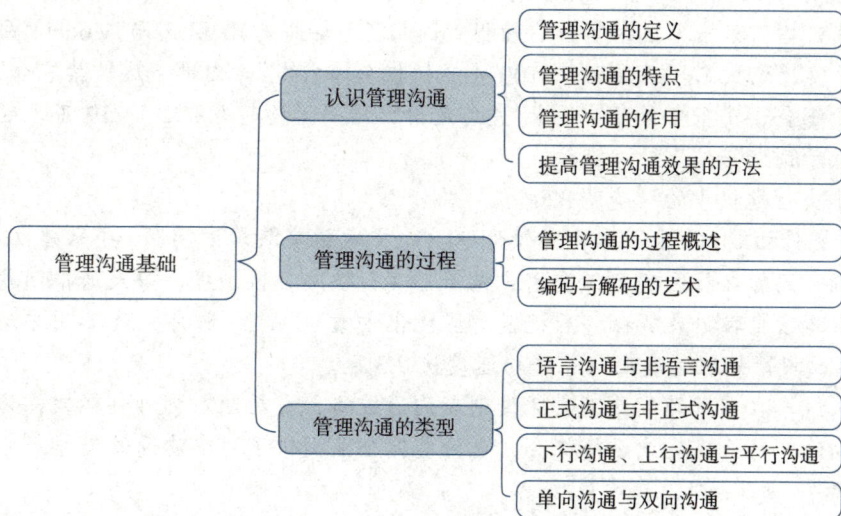

```
                              ┌─ 管理沟通的定义
                              ├─ 管理沟通的特点
              ┌─ 认识管理沟通 ─┤
              │               ├─ 管理沟通的作用
              │               └─ 提高管理沟通效果的方法
              │
管理沟通基础 ─┤               ┌─ 管理沟通的过程概述
              ├─ 管理沟通的过程─┤
              │               └─ 编码与解码的艺术
              │
              │               ┌─ 语言沟通与非语言沟通
              │               ├─ 正式沟通与非正式沟通
              └─ 管理沟通的类型─┤
                              ├─ 下行沟通、上行沟通与平行沟通
                              └─ 单向沟通与双向沟通
```

导入案例

雷军与小米汽车的战略沟通管理（2023—2024年）
——数字化转型时代的企业家沟通范式

2021年3月，小米宣布投资100亿美元进军智能电动汽车行业，期望借消费电子优势开拓新赛道。然而到2023年，外部行业竞争白热化，特斯拉价格战、比亚迪销量猛增、蔚来等新势力亏损；内部手机团队担心造车分散资源，汽车团队忧虑小米缺乏整车制造经验；资本市场上，因汽车研发投入致小米研发费用同比激增45%，股价一度下跌20%。雷军面临难题：如何让内外部相信小米能成功造车？

1. 战略共识构建：以"技术叙事"破质疑

（1）"造车1000天"全员信（2023年12月28日）。

雷军开篇列出"1003天研发、3400名工程师、自建工厂"等关键数据，分享"三年来凌晨3点看测试数据"的经历，引发员工共鸣。雷军还明确各业务线KPI，如"电池团队：冬季续航衰减率≤15%"。这封邮件同步到微博、公众号，配合工厂自动化生产线视频，对内动员员工，对外彰显造车决心与实力。

（2）高管"肉身测试"直播（2024年1月）。

针对电动车冬季续航痛点，雷军带队在零下20℃的漠河公开测试。直播实时展示电池温度、能耗数据，同时拆解热管理系统，开展竞品对比。小米SU7取得了"低温续航保持率78%"的好成绩，成为热搜话题。小米汽车官微粉丝数量单周增120万，员工信心大增。

2. 危机应对：从被动到主动出击

（1）价格战中的"非对称沟通"。

2024年2月，比亚迪秦PLUS降价，消费者呼吁小米SU7定价低于20万元。雷军拒绝谈价格，推出"技术拆解"短视频，用CT扫描对比SU7与Model3白车身钢材强度，直播电机工厂，强调"9100吨压铸机全球首发"。内部下达"禁言令"，让大家关注发布会。发布会当日，小米SU7定价话题阅读量超8亿，21.59万元起售价被认为"低于预期"。

（2）交付危机中的"透明化运维"。

4月交付初期，小米汽车出现软件BUG、充电桩安装延迟问题。小米建立48小时响应机制，高管在社区实名回应用户帖子；实行缺陷日报制度，每天通报问题及修复进度；雷军亲自在抖音解释"后视镜盲区优化方案"。截至5月，SU7用户满意度达92%，负面舆情处理速度比行业平均速度快2.3天。

小米汽车在雷军的领导下，凭借创新沟通策略，成功应对内外部挑战，为企业在智能电动汽车行业发展中赢得机会，也为其他企业提供了战略沟通的借鉴。

思考：

1. 在"造车1000天"全员信中，雷军采用数据锚定、情感共鸣和责任具象化的方式进行内容设计。从管理沟通的信息编码角度分析，这些方式如何有助于信息准确且有效地传递给内外部受众？在其他企业的类似沟通场景中，是否可以直接照搬这些编码方式？

2. 面对交付危机时，小米采取 48 小时响应机制、缺陷日报制度以及 CEO 亲自回应典型问题等措施。从管理沟通的反馈环节来看，这些措施如何促进了企业与用户之间的双向沟通？对提升企业的整体沟通效率和用户满意度有哪些积极意义？

第一节　认识管理沟通

马克思指出："人的本质不是单个人所固有的抽象物，在其现实性上，它是一切社会关系的总和。"人与动物的根本区别在于人具有社会性，即每个人自出生起就要与周围的人建立各种各样的社会关系，如同事关系、朋友关系等。在建立和维护社会关系网络的过程中，人们都需要与他人进行交流、分享与合作。沟通自然而然地成为人际交往、团队合作、组织管理中无所不在又必不可少的基本活动，它能帮助人们互相理解、消除隔阂、化解矛盾，实现情感交流、信息分享和分工协作。

沟通在管理领域扮演着举足轻重的角色。在组织内部，沟通确保了目标的明确传达和实现这些目标的策略为人所理解。它不仅帮助明确各部门及岗位的具体职责，还使计划执行过程中出现的任何偏差能够及时被识别并反馈给相关责任人。对于管理者而言，沟通是施加影响力、驱动团队向共同目标前进的关键工具。

在企业管理的实践中，沟通技巧是管理者必须掌握的核心能力之一。一个具备出色沟通能力的管理者，能够通过高效的信息交流激励团队成员，使他们以更高的效率和更低的成本达成组织目标。这种能力使团队能够协同工作，减少误解和冲突，从而提升整体的执行力和绩效。相反，如果沟通不畅，即使组织拥有最优秀的人才和最有利的条件，也可能会因为缺乏有效的协调和合作而遇到障碍，甚至导致目标无法实现。

沟通不仅对于管理层至关重要，对于普通员工同样重要。它是一种基本的工作技能，也是个人职业发展的关键因素。在当今复杂多变的商业环境中，沟通能力更是成为评价员工综合能力的重要标准之一。无论是通过口头交流、书面报告还是数字通信，沟通都是连接人与人的桥梁，是推动组织向前发展的驱动力。

一、管理沟通的定义

"沟通"来自拉丁语 communication，在英语中也有"社交"或者"交际"的含义。沟通其实是信息、思想与情感凭借一定符号载体，在个人或群体间从发送者到接收者进行传递，并获得理解达成协议的过程。

作为管理的重要技能之一，沟通是计划、组织、领导、控制等管理职能能够顺利开展的前提与基础。沟通是人类社会中信息、思想和情感相互传递的过程，是一个广泛而复杂的概念，涵盖从个体到组织、从简单到复杂的各种交流形式。在这个框架内，沟通可以划分为不同的层次，其中人际沟通和组织沟通（即管理沟通）是两个重要的层次。

（一）沟通的基础性

沟通作为人类的基本需求，是人际交往和社会活动的基石。它不受限于特定形式或目的，而是普遍存在于人类社会的各个角落。

（二）人际沟通的进阶性

人际沟通是沟通的一个高级层次，它侧重于个体之间的情感交流、思想碰撞和关系建立。人际沟通以个性为基础，强调双方的互动与理解，是组织沟通的基础和前提。

（三）管理沟通的层次性

管理沟通作为组织沟通的一种形式，是沟通在企业管理中的具体应用。它超越了人际沟通的范畴，具有科学性、有效性与理性的特点。管理沟通旨在确保组织内外信息的准确传递，促进团队协作，支持组织决策，并最终推动组织的长期发展。

人际沟通与管理沟通之间存在着紧密的联系。人际沟通为管理沟通提供了基础，而管理沟通则是人际沟通在组织环境中的延伸和扩展，是管理者与被管理者之间、管理者与管理者之间、被管理者与被管理者之间，以及组织成员与外部公众或社会组织之间，为了完成组织目标而进行的多种多样的形式、内容与层次的信息发送、接收与反馈的交流全过程。这包括对该过程的设计、规划、管理与实施及反省。有效的管理沟通离不开良好的人际沟通技巧，如倾听、同理心、清晰表达等。

综上所述，管理沟通是运用一定的策略，通过合适的渠道和手段，实现信息、思想与情感在个体、群体或组织之间的有效传递和交流，进而达成理解、共识和妥协，实现管理目标的过程。管理沟通可能发生在个体之间、个体和组织之间，以及团队之间、组织之间，包括团队沟通、组织内部沟通、跨文化沟通等多种类型。

二、管理沟通的特点

良好的沟通是组织运作的基石，它不仅关乎信息的传递，更是实现组织目标、协调团队行动、解决冲突和适应外部环境的关键。以下是管理沟通的几个基本特点的详细阐述，以及在实际工作中的应用。

（一）目标性

管理沟通的核心目的是实现特定的组织目标。这些目标可能涉及战略规划、任务协调、团队协作、冲突解决等多个方面。有效的管理沟通能够确保团队成员对组织目标有清晰、准确的理解，从而促使他们为实现这些目标而共同努力。例如，苹果公司在推出新产品前，通过内部沟通，确保所有团队成员都明白产品的目标市场和预期效果，从而在设计、生产、营销等各个环节形成合力，最终成功推出受市场欢迎的产品。

（二）互动性

管理沟通是双向的，需要发送者和接收者之间的互动。发送者不仅要传递信息，还要关注接收者的反馈和反应。互动性有助于增强沟通的效果，因为它允许接收者提出问题、澄清疑虑，并表达对信息的理解和接收程度。通过互动，发送者可以调整沟通方式和内容，以确保信息被正确理解和接收。例如，在谷歌，开放的办公环境和鼓励员工提问的文化，使信息流动更加自由，员工能够及时反馈意见，管理层也能据此调整决策。

（三）情境性

管理沟通受到组织文化、人际关系、权力结构等情境因素的影响。这些因素会影响沟通的方式、内容和效果。在不同的情境下，管理沟通需要采取不同的策略和方法。例如，在高度正式的组织文化中，沟通可能更加注重规范和程序；而在较为宽松的文化中，沟通可能更加灵活和开放。了解并适应不同的情境因素，有助于提高管理沟通的有效性和适应性。以 IBM 为例，其强调创新和尊重个体的文化使沟通更加注重员工的个人意见和创意，而这种文化也促进了公司的技术创新和产品多样性。

（四）艺术性

管理沟通需要运用一定的技巧和策略，以达到最佳效果。这些技巧和策略包括语言表达、倾听技巧、非语言沟通等。有效的管理者会根据沟通对象和情境的不同，灵活运用各种沟通技巧和策略，以确保信息被准确、有效地传递和接收。艺术性还体现在沟通风格的塑造上。一个优秀的管理者会根据自己的性格、经验和组织文化等因素，形成独特的沟通风格，以增强沟通的亲和力和影响力。比如，杰克·韦尔奇在通用电气的领导期间，以其直接而坦诚的沟通风格著称，这种风格帮助他在公司内部建立了信任，并推动了变革。

三、管理沟通的作用

沟通，这一组织生命的血脉，是确保组织持续生存、顺畅运行和蓬勃发展的关键因素，它自然而然地成为管理中的核心内容。在任何一个组织内部，沟通的作用都是多方面的，它不仅关系到组织的内部运作，还直接影响组织与外部环境的互动。

首先，沟通是保证科学决策的基本前提。在信息时代，决策的依据是信息，而科学的决策则依赖于及时、完整、准确的信息。领导者能否及时获取这些关键信息，关键在于沟通的效率。有效的沟通能够确保决策者在关键时刻掌握正确的信息，从而做出明智的决策。这种沟通不仅包括内部的信息流通，也包括对外部市场动态的敏感捕捉。因此，建立一个高效的沟通系统对于任何组织来说都是至关重要的。

其次，沟通是改善人际关系的基本手段。组织内部的人际关系直接影响工作氛围和团队士气。良好的沟通渠道和开放的沟通氛围能够促进员工之间的信任、互助和尊重，从而营造出一个和谐的工作环境。在这样的环境中，员工的工作积极性和责任心会得到提升，组织的凝聚力也会随之增强。这种正面的工作氛围能够降低员工流失率，提高工作效率，最终推动组织目标的实现。

再次，沟通是改变员工行为的重要方法。在组织内部，决策和措施的实施需要员工的理解和支持。良好的上下沟通能够确保员工对组织决策的真正接受，从而积极地执行。如果缺乏有效的沟通，即使员工表面上接受了决策，也可能只是敷衍了事，缺乏积极性和创造性。因此，组织需要通过沟通来获取员工的反馈，理解他们的需求和期望，进而调整管理策略，激发员工的潜力。

最后，沟通是适应外部环境的重要途径。在信息化时代，组织必须与外部环境保持密切的沟通，以获取生存和发展所需的信息。企业要在市场上生存和发展，就必须了解顾客的需求，遵循市场规律，把握市场动态，生产出适销对路的产品。同时，企业还需要通过沟通让市场了解其产品，激发用户的购买欲望。这种与市场的充分信息交流是企业成功的关键，也是广告业兴旺发达的原因。广告不仅是企业与用户间沟通的重要手段，也是企业塑造品牌形象、传递价值主张的有效途径。

在全球化和数字化的背景下，沟通的重要性更加凸显。组织不仅要在内部建立有效的沟通机制，还要与外部环境保持灵活的互动。这要求组织不断优化沟通策略，利用现代通信技术提高沟通效率，同时也要培养员工的沟通能力，确保信息的准确传递和有效接收。

沟通是组织成功的基石。它不仅关系组织的内部协调和外部适应，还直接影响组织的创新能力和竞争力。通过沟通，组织可以从外界环境中获得生存和发展的信息。这一点对所有正处在信息化时代的各类组织都是十分重要的。比如，企业要想在市场经济中求生存、谋发展，就必须了解顾客的需求，遵循市场的规律，把握市场的动态，才能生产出适销对路的产品。此外，还必须让市场了解本企业的产品，激发用户的购买欲望。所有这些，都需要企业与市场进行充分的信息交流。也正因为如此，当今广告业才兴旺发达，它是企业与用户间沟通的重要手段。

扩展阅读 1-1　远程办公下的团队协调挑战

四、提高管理沟通效果的方法

在企业管理中，建立明确的沟通渠道，培养倾听与表达技巧，强化反馈机制，营造开放与包容的沟通氛围，定期评估与改进对于提高管理沟通的效果具有明显的作用。

（一）建立明确的沟通渠道

企业应设立清晰的沟通渠道，包括正式的会议、报告制度和非正式的交流平台。确保信息能够准确、及时地传递到相关人员手中，避免信息延误或遗漏；同时也应营造开放、包容的沟通氛围，鼓励员工敢于表达自己的想法和观点；另外，也要尊重他人的意见和建议，促进多元化的思想碰撞和交融。

（二）培养倾听与表达技巧

沟通的目的在于传递信息。如果信息没有被传递到所在单位的每一位员工，或者员工没有正确地理解管理者的意图，沟通就出现了障碍。那么，管理者如何消除沟通障碍并与员工进行有效的沟通呢？

对不同的人使用不同的语言。在同一个组织中，不同的员工往往有着不同的年龄、教育和文化背景，这就可能使他们对相同的话产生不同理解。在传达重要信息的时候，为了消除语言障碍带来的负面影响，可以先把信息告诉不熟悉相关内容的人。比如，在正式分配任务之前，让有可能产生误解的员工阅读书面讲话稿，对他们不明白的地方先作出解答。

当员工发表自己的见解时，管理者也应当认真地倾听。当管理者听到与自己不同的观点时，不要急于表达自己的意见。积极的倾听应当是接受他人所言，把自己的意见推迟到说话人说完之后。有效的沟通不仅在于说，更在于听。企业应注重培养员工的倾听能力，鼓励员工在沟通中积极倾听对方的意见和建议。同时，也要提升员工的表达能力，确保信息能够清晰、准确地传达给对方。

（三）强化反馈机制

建立有效的反馈机制是管理沟通的重要环节。在企业管理中，企业应积极倡导开放沟通的文化，鼓励员工在日常工作中勇于提出问题、分享见解及提出改进建议。这要求管理层展现出高度的包容性，视员工反馈为宝贵的资源，而非负担或挑战。通过定期的员工座谈会、匿名意见箱、在线问卷等多种渠道，确保每位员工的声音都能被听见。

为确保反馈的及时性与有效性，企业应建立快速响应机制。无论是针对工作流程的优化建议，还是个人职业发展的困惑，都应得到及时且具体的回应。这不仅体现了企业对员工个体的重视，也是提升整体沟通效率的关键。

企业应将反馈视为持续改进的机会。每一次员工提出的建议或问题，都应被视为对现有沟通机制的一次审视。企业应定期汇总并分析反馈数据，识别沟通中的薄弱环节，如信息传递的滞后、误解的频发等，并据此调整沟通策略，如优化沟通渠道、提升沟通技能培训等。建立有效的反馈机制，还应注重反馈文化的培育。企业应通过表彰那些积极提出建设性意见的员工，树立正面榜样，激发全体员工的参与热情。同时，管理层应身体力行，通过主动寻求员工反馈，展现对双向沟通的承诺与重视。

（四）营造开放与包容的沟通氛围

营造开放与包容的沟通氛围应注意保持理性，避免情绪化行为。在双向沟通中，信息的发出者和接收者的情绪会影响他们对信息的理解。培养稳定的情绪和良好的心理，创造一个相互信任、有利于沟通的小环境，将有助于人们真实地传递信息和正确地判断信息，避免因偏激而歪曲信息。情绪化会使人们无法进行客观理性的思维活动，而代之以情绪化的判断。管理者在与员工进行沟通时，应尽量保持理性和克制，如果情绪出现失控，则应暂停下一步的沟通，直至恢复平静。

（五）定期评估与改进

在快速变化的商业环境中，管理沟通的有效性是企业持续发展的关键因素之一。为确保沟通效能的持续提升，企业应定期对管理沟通进行评估与改进。这一过程的起点是广泛收集员工的反馈和建议。企业应建立多种反馈渠道，如员工满意度调查、定期座谈会等，确保员工的意见能够被充分听取。这些反馈不仅反映了当前沟通机制的运行状况，还揭示了员工对于沟通的期望和需求。在收集到足够的反馈后，企业应进行深入分析，识别沟通中存在的问题和不足。这包括信息传递的滞后、误解频发、沟通渠道不畅等。针对这些问题，企业应制定具体的改进措施，如优化沟通流程、加强沟通技巧培训、拓宽沟通渠道等。

改进措施的实施并非一蹴而就，而是一个持续迭代的过程。企业应建立跟踪机制，定期评估改进措施的效果，并根据评估结果进行必要的调整。通过这种持续改进的方式，企业可以确保管理沟通效能的不断提升，为企业的稳健发展提供有力保障。由此可见，良好的管理沟通需要企业从多个方面入手，建立明确的沟通渠道，培养倾听与表达技巧，强化反馈机制，营造开放与包容的沟通氛围及定期评估与改进。这些措施的实施将有助于企业构建高效、顺畅的管理沟通体系，为企业的可持续发展提供有力保障，还可以增强员工的凝聚力和归属感，为企业的可持续发展奠定坚实的基础。

第二节　管理沟通的过程

管理沟通过程是一个复杂的系统，它涉及发送者将信息通过特定渠道传递给接收者的全过程。这一过程不仅包含信息的流动，还涵盖编码、解码、反馈等多个关键环节。

一、管理沟通的过程概述

（一）发送者与接收者的角色转换

发送者的主动性：作为信息传递的起点，发送者负责将思想、情感或数据编码成可理解的信息形式。其主动性体现在选择信息内容、编码方式及沟通渠道上。

接收者的响应性：接收者接收信息后，通过解码过程理解信息，并可通过反馈表达理解程度或提出疑问。

重要的是，发送者与接收者的角色在互动中是动态转换的，每一次沟通都可能伴随着角色的互换。

扩展阅读 1-2　跨部门项目合作中的沟通角色转换

（二）信息：沟通的核心要素

信息是沟通的媒介，承载着发送者的意图。信息的多样性（如文字、图像、声音等）和复杂性（如文化背景、专业领域等）影响着沟通的有效性。正确理解"符号—信息"关系，对于消除误解至关重要。

管理沟通过程就是发送者将信息通过选定的渠道传递给接收者的过程。该过程涉及发送者、接收者、通道与噪声、反馈等要素，以及两个子过程：一是发送者对信息的编码过程；另一个则是接收者对信息的解码过程。这两个过程通常被视为"黑箱"

过程，主要是因为无法监测且难以控制这两个过程，这是人脑的思维和理解过程。前者是反映事实、事件的数据和信息如何经过发送者的大脑处理、理解并加工成双方共知的语言的过程，而后者是接收方如何运用自己已有的知识，将其理解还原成事实、事件的过程，如图 1-1 所示。

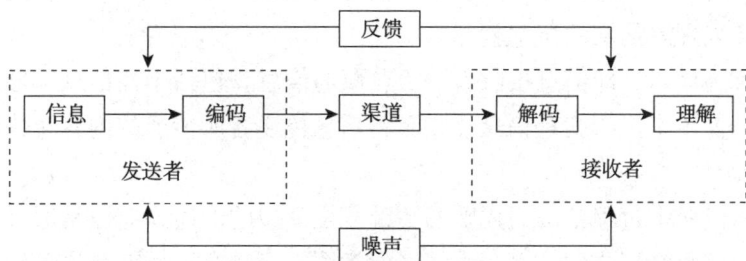

图 1-1　管理沟通过程模型

　　发送者把意图编码成信息，通过媒介物（如通道）传送至接收者；接收者对接收到的信息加以解码，并对发送者作出相应的反应，称为反馈。在沟通过程中，不可避免地会存在各种噪声干扰，导致沟通效果不理想。同时，由于每次沟通都处于一定的环境背景当中，在不同的时空背景下，沟通效果也会有所不同。

二、编码与解码的艺术

　　从沟通过程图可以看出，信息沟通结果的呈现，通过对相关要素按照解码和编码的流程进行处理来完成。

（一）发送者和接收者

　　沟通的主体是人，任何形式的信息交流都需要两个或两个以上的人参与。由于人与人之间的信息交流是一个双向互动的过程，所以将一方定义为信息的发送者，而另一方定义为信息的接收者，但需要指出的是，信息的发送者与接收者是相对而言的。双方身份是可以相互转换的。发送者作为信息的传递者，是整个沟通过程的起点，在沟通过程中其作用是提供用于交流的信息，处于主动地位。而接收者是信息到达的客体，是被告知的对象，处于被动地位。发送者和接收者这种地位对比的特点对于信息交流有着至关重要的影响。

（二）信息

　　信息是发送者要传递的内容，是沟通传递的客体。接收者通常不能直接地领会发送者内心的思想、观点和想法，他只有通过发送者所传递的信息来领会对方的情感、想法及观点。因此，实际上信息是传递者真正意图的物化。在沟通过程中，人们只有通过"符号—信息"的联系，才能理解传递内容的真正含义。由于不同的沟通主体所建立起来的"符号—信息"系统有所差异，因此接收者与传递者之间的沟通会存在偏差。信息涵盖的范围十分广泛，可以是图形图像、文字组合，也可以是声音信号、建筑造型，甚至可以是一种思想文化。

（三）编码与解码

编码是将所要传递的信息、思想与情感等内容转化成相应的语言、文字、图形或者其他非语言形式等接收者可以理解的一系列符号的过程。因此，沟通过程中信息是否能够被接收者正确理解是非常重要的，信息发送者编码越清晰、逻辑越严谨，那么信息接收者正确理解信息的概率就越高。

解码也称为译码，即信息接收者对所获取的信息（包括中性信息、思想、情感）的理解过程。简单来说，就是信息接收者将信息传递者所传递的内容转化成自己理解的内容的过程。

编码和解码两个过程是沟通成败的关键。最理想的沟通，应该是通过编码和解码两个过程后，接收者形成的信息与发送者的意图完全吻合，也就是说，编码和解码完全"对称"。"对称"的前提条件是双方拥有类似的知识、经验、态度、情绪和感情等。如果双方对信息符号和内容缺乏共同经验，则容易缺乏共同的语言，无法达到共鸣，从而使双方在编码和解码过程中不可避免地出现误差和障碍。

（四）渠道

渠道，也称通道或沟通媒介，是信息传递的媒介或桥梁。信息传递的媒介主要有两种：一种是语言符号，另一种是非语言符号。其中语言符号又可以分为口头和书面两种形式。非语言符号可以通过人的眼神、表情、动作和空间距离等来进行人与人之间的信息交流。在企业管理环境中，信息发送者要根据信息的性质选择合适的传递渠道。

（五）噪声

噪声是沟通过程中对信息传递和理解产生干扰的因素。根据噪声的来源，可以将噪声分为内部噪声、外部噪声和语义噪声。内部噪声来自沟通主体，外部噪声是指来源于环境的各种阻碍接收和理解信息的因素。语义噪声，指的是沟通的信息符号系统差异所引发的沟通噪声。人们个体的差异往往会导致内在的信息符号代码系统不能完全一致，因此也就在客观上存在产生系统差异噪声的可能性。

（六）反馈

反馈是指接收者把收到并理解后的信息返回给发送者，以便发送者对接收者是否正确理解了信息进行核实。通过反馈，双方能真正把握沟通的有效性，可以让沟通的参与者知道思想和情感是否按照他们计划的方式分享，有助于提高沟通的准确性，减少误解的概率。为了检验信息沟通的效果，反馈是必不可少的和至关重要的。与信息的传递一样，反馈有时是无意的。

通过上述内容，我们可以更深入地理解管理沟通过程的复杂性，掌握提高沟通效率和质量的关键要素，从而在实际工作中更加有效地进行信息交流和协作。

第三节　管理沟通的类型

在组织内，沟通的类型和方式多种多样。按照沟通渠道或途径不同，分为语言沟通与非语言沟通、正式沟通与非正式沟通、组织沟通与人际沟通、单向沟通与双向沟通等。

一、语言沟通与非语言沟通

（一）语言沟通

组织中最普遍使用的语言沟通方式有口头沟通、书面沟通和电子媒介沟通。

1. 口头沟通

口头沟通就是面对面地、以口头传递信息的沟通方式，这种沟通方式以肢体语言、声音语言、文字语言全面地传递信息，是人际沟通中的主要沟通方式。在生活中，可以通过面谈、小组讨论、演讲、会议等方式与人进行口头沟通，以此来获取所需的信息。

口头沟通具有全面、直接、互动、及时反馈的特点。口头沟通与其他沟通方式相比较，其优点在于：沟通过程中，信息发送者与信息接收者当面接触，有亲切感，并且可以运用一定的肢体语言、表情和语气等增强沟通的效果，使信息接收者能更好地理解、接收所沟通的信息。其不足之处包括：沟通范围有限；沟通过程受时间和空间的限制；沟通完成后缺乏反复性；对信息传递者的口头表达能力要求比较高；口头沟通的信息难以保存。

2. 书面沟通

书面沟通是指采用书面文字形式进行的沟通，包括信函、各种出版物、传真、平面广告、浏览网页、电子邮件、即时通信、备忘录、报告和报表等任何传递书面文字或符号的手段。

书面沟通的优点包括：书面沟通有形而且可以核实；与其他沟通方式相比，沟通的双方都拥有沟通记录，沟通的信息可以无限期地保存下去。如果对信息的内容有疑问，可以查询记录。对于复杂或长期的沟通来说，这一点尤为重要。另外，书面沟通还可使人更周密地思考。书面的形式往往会更为严谨、逻辑性强，而且条理清楚。一个新产品的市场推广策划可能需要好几个月的大量工作，书面记录下来，可以使计划的构思者在整个计划的发展过程中得以不断参考、修正。书面沟通的缺点是耗费了更多的时间，缺乏及时反馈。

3. 电子媒介沟通

随着时代的进步，信息技术的发展和网络的流行改变了人们原有的沟通方式。网络沟通现在变成了最常用的一种沟通方式。网络沟通是指在网络上以文字符号为主要语言信息，以交流思想和抒发感情为主要目的的沟通手段，常见的网络沟通方式有电子邮件（E-mail）、网上论坛（BBS）、网上聊天（IRC）、虚拟社区发表评论等，其中运用最多的就是电子邮件和网上聊天。

（二）非语言沟通

非语言沟通是相对于语言沟通而言的，是指通过身体动作、体态、语气语调、表情、空间距离等方式交流信息、进行沟通的过程。在沟通中，信息的部分内容往往通过语言来表达，而非语言则作为提供解释内容的框架，来表达内心的相关部分。

二、正式沟通与非正式沟通

在一个组织中，既有正规的权力系统，又有非正式的人际关系存在。因此，组织沟通分为两类：正式沟通和非正式沟通。

（一）正式沟通网络

所谓正式沟通，就是按照组织结构所规定的路线和程序进行的信息传递和交流，如组织间的信函往来、组织内部的文件传达、汇报制度等。一般将官方、有组织或书面的沟通视为正式沟通，它具有精确、内敛、技术性和逻辑性强、内容集中、有条理、信息量大、概括性强、果断、着重于行动、重点突出、力度大等特点。沟通越正式，对内容的精准性和对接收者定位的准确性要求就越高。但是正式沟通往往比较刻板，沟通速度很慢，层层传递之后存在着信息失真或扭曲的可能。

扩展阅读 1-3 华为年度战略发布会

正式沟通网络就是通过正式沟通渠道建立起来的网络，它反映了一个组织的内部结构，通常与组织的职权系统和指挥系统相一致。组织内部的正式沟通渠道有以下 5 种形态，分别是链式、环式、Y 式、轮式和全通道式。

1. 链式沟通网络

链式沟通网络呈现链条形状，是一种平行沟通网络，如图 1-2 所示。其中居于两端的人只能与内侧的一个成员联系，居中的人则可分别与两人沟通信息。在一个组织系统中，它相当于一个纵向沟通网络，代表一个五级层次，逐渐传递，信息可自上而下或自下而上进行传递。在这个网络中，信息经层层传递、筛选，容易失真，各个信息传递者所接收的信息差异很大，平均满意程度有较大差距。此外，这种网络还可表示组织中主管人员和下级部属之间中间管理者的组织系统，属于控制型结构。

在管理中，如果某一组织系统过于庞大，需要实行分权管理，那么，链式沟通网络是一种行之有效的方法。

2. 环式沟通网络

环式沟通网络可以看成是链式形态的一个封闭式控制结构，如图 1-3 所示，表示 5 个人之间依次联络和沟通。其中，每个人都可以同时与两侧的人沟通信息。在这个网络中，组织的集中化程度和领导人的预测程度都较低；畅通渠道不多，组织中成员具有比较一致的满意度，组织士气高昂。如果在组织中需要创造出一种高昂的士气来实现组织目标，环式沟通是一种行之有效的措施。这种沟通网络适合于分散小组，经常用于突击队、智囊咨询机构或特别委员会等组织形式之间的沟通。

3. Y 式沟通网络

Y 式沟通网络呈现大写英文字母 Y 的形状。它是在链式沟通网络的基础上发展而来的。同样，这也是一个纵向沟通网络，如图 1-4 所示。信息在不同层次之间逐级进行沟通，两位领导者通过一个人或一个部门进行沟通。该沟通网络的效率特征与链式沟通网络基本相似，只是 Y 式沟通网络容易产生多头领导的局面，同时面对两个上级指令的下属，当上级所发指令不一致时，下属容易陷入左右为难的困境。因此，组织内部的正式沟通，一般不采用 Y 式沟通网络来进行。

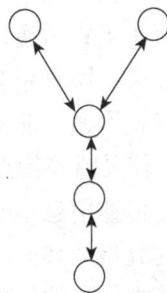

图 1-2　链式沟通网络　　　　图 1-3　环式沟通网络　　　　图 1-4　Y 式沟通网络

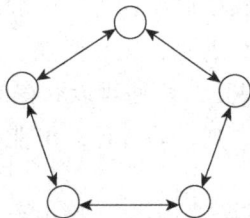

4. 轮式沟通网络

轮式沟通网络呈车轮状，属于控制型网络，如图 1-5 所示。其中，只有一个成员是各种信息的汇集点与传递中心，该成员与其他 4 个成员之间保持双向沟通，而另外 4 个成员之间不能相互沟通。在组织中，大体相当于一个主管领导直接管理几个部门的权威控制系统。此网络集中化程度高，解决问题的速度快。主管人的预测程度很高，而沟通的渠道很少，组织成员的满意程度低，士气低落。轮式网络是加强组织控制、争时间、抢速度的一种有效方法。如果组织接受紧急攻关任务，要求进行严密控制，则可采取这种网络。

5. 全通道式沟通网络

全通道式沟通网络是一个开放式的网络系统，这种网络允许所有成员之间彼此进行沟通，是一种没有正式机构，也没有领导者处于网络中心位置的沟通，如图 1-6 所示。这种沟通不受任何限制，所有成员都是平等的。在这种网络中，集中化程度很低，可以采取的沟通渠道很多，各个沟通者之间是完全开放的，因此，成员的平均满足程度很高，团体民主气氛浓厚，士气高昂，合作精神强。在组织中，如果需要加强民主气氛和合作精神，采取全通道式网络是行之有效的方法。但是这种网络沟通渠道太多，易于造成混乱，而且很费时，影响工作效率。

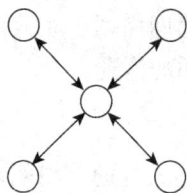

图 1-5 轮式沟通网络

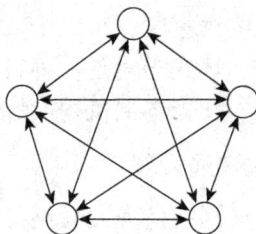

图 1-6 全通道式沟通网络

上述五种沟通网络各有其优缺点。作为一名主管人员，在管理工作实践中，要进行有效的人际沟通，就要发挥其优点、避免其缺点，使组织的管理工作水平逐步提高。

（二）非正式沟通网络

所谓非正式沟通，就是运用组织结构以外的渠道所进行的信息传递与交流，如员工私下交谈、朋友聚会时的议论及小道消息等。一般地，随意、口头或即兴的沟通被视为非正式沟通。非正式沟通具有迅速、交互性强、反馈直接、有创造力、开放、流动性强、较灵活等特点，可以提供正式沟通难以获得的"内幕新闻"。其缺点是沟通难以控制，传递信息不确切，容易失真，而且还有可能导致小集团、小圈子的滋生，影响组织的凝聚力和向心力。

群体中信息的传播，不仅通过正式沟通渠道进行，还通过非正式渠道传播。非正式沟通途径有四种传播方式，如图 1-7 所示。

（1）单线式：通过一长串的人把信息传给最终的接收者。

（2）流言式：一个人主动地把信息传递给其他许多人。

（3）偶然式：按偶然的机会传播小道消息。

（4）集束式：把小道消息有选择地告诉自己的朋友或有关人。集束式又称葡萄藤式。

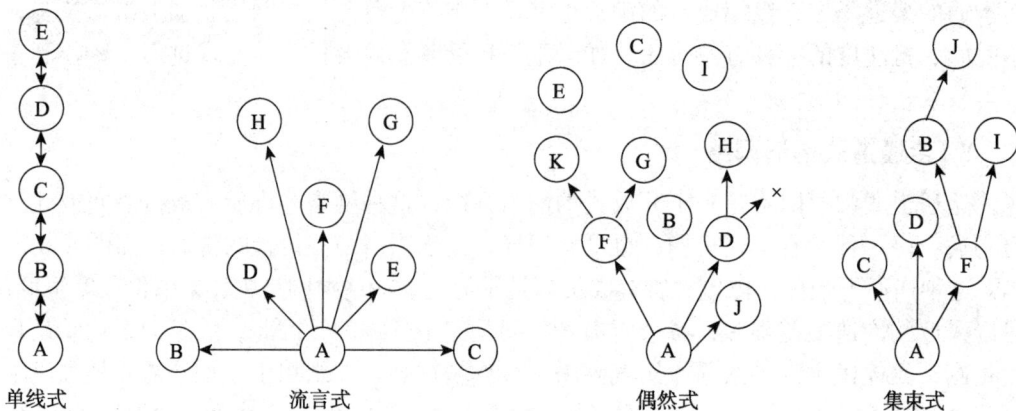

图 1-7 非正式沟通渠道

非正式沟通几乎存在于所有的正式组织之中，一个组织的正式沟通渠道越是有限，小道消息越可能盛行。小道消息具有五个特点：第一，新闻越新鲜，人们议论越多；第二，对人们工作越有影响，人们议论越多；第三，越为人们熟悉的，人们议论越多；第四，人与人在生活上有关系者，最可能牵涉到同一个谣言中；第五，人与人在工作中常有接触者，最可能牵涉到同一个谣言中。

三、下行沟通、上行沟通与平行沟通

组织内部沟通的渠道多种多样，按照划分标准的不同，可以划分出多种不同类型的沟通渠道。根据沟通信息的流向划分，可以分为下行沟通、上行沟通、平行沟通。

（一）下行沟通

下行沟通，又称为向下沟通，是指信息自上而下的沟通，也就是信息从组织的较高层次向组织较低层次传递的过程，是位居高位者向下属传达意见、发号施令等，即通常所说的上情下达、自上而下的沟通方式。一般用来传递这样几种信息：一是企业的战略目标；二是企业的管理制度和政策；三是对工作内容的具体指示；四是对下属的工作绩效进行反馈；五是提醒下属了解各项工作之间的相互关系。

自上而下的沟通方式能够加强上下级之间的联系，其主要优点包括：第一，可以帮助下级主管部门和组织成员明确工作的任务、组织的目标要求和领导的意图，增强员工的责任感和归属感；第二，可以增强上下级之间的联系，协调组织内部各个层次的活动，加强组织原则和纪律性，使组织各项工作正常地进行下去。同样，该种沟通方式的缺点也是显而易见的。下行沟通过程中，信息在传递时，往往会发生信息的遗漏和曲解，最高管理层发布的命令和指示有时根本没有被下属接收和理解，发下去的文件下属可能看也不看。因此，在进行下行沟通时，建立有效的反馈系统是非常有必要的。此外，采用下行沟通传递信息，一般需要花费的时间比较长，时间上的延误可能会错失工作的最佳时机。所以，为了快速传递信息，有些高层领导人采取直接把信息交给接收者的办法，绕开不必要的中间环节，以此来提高信息传递的效率和准确性。

（二）上行沟通

上行沟通，又称为向上沟通，即信息自下而上的传递过程。在这种沟通形式下，信息沿着组织层次向上流动，居下者向居上者陈述实情、表达意见，即人们通常所说的下情上达。上行沟通有两种表达形式：一是层层传递，即依据一定的组织原则和组织程序逐级向上级反映，下属和自己的直接上级领导进行沟通；二是越级反映，是指组织员工向比自己职位高两级或两级以上的领导反映。

自下而上的沟通方式容易提高员工的工作积极性，其主要优点是：员工可以通过上行沟通的方式直接把自己的意见向领导反映，获得一定程度的心理满足，并且使问题得到实际的帮助和解决。管理者也可以利用这种方式了解企业的经营状况，与下属形成良好的关系，改进自己的工作，提高管理水平。

但由于上级和下属之间思考问题的方式及地位差别，这种信息沟通方式容易受到身份差别和其他一些人为因素的影响。上行沟通的不足之处主要是：在沟通过程中，下属因级别差异造成的心理距离，从而形成了一些心理障碍，在沟通过程中不能畅所欲言；有些员工由于担心自己的意见会遭到领导的嘲笑或打击报复，不愿反映工作中出现的各种问题。有时，由于特殊的心理因素，信息经过层层过滤，出现严重失真甚至扭曲，造成适得其反的结果。因此，上行沟通常常效果不佳。只有上行沟通畅通无阻，各层次管理人员才能及时了解工作进展的真实情况，了解员工的需要和要求，体察员工的不满和怨言，了解工作中存在的问题，从而有针对性地做出相应的决策。因此，上行沟通过程中，应防止信息层层"过滤"，尽量保证信息的真实性和准确性。

（三）平行沟通

平行沟通也称为横向沟通，是指同阶层人员的横向联系。例如，公司内部同级部门之间需要平行沟通，以促进彼此的了解、加强合作，避免产生隔阂、影响团结。横向沟通是在分工基础上产生的，是协作的前提。做好横向沟通工作，在规模较大、层次较多的组织中尤为重要，它有利于及时协调各部门之间的工作，减少矛盾。横向沟通的目的是交换意见，以求心意相通。横向沟通与下行沟通、上行沟通有所不同。不管是下行沟通还是上行沟通，沟通主导者都是明确的。而横向沟通，由于是平级之间的沟通，大家级别一样，所以很容易产生"谁也不怕谁"的心态，对沟通十分不利。在这种情况下，要想进行顺利的沟通，要先从自己做起，尊重对方，对方才会用同样的态度对待你。

在企业管理过程中，横向沟通的优点有：第一，横向沟通可以使办事程序、手续简化，节省时间，提高工作效率；第二，横向沟通可以加强各部门之间的联系、了解、协作与团结，减少各部门之间的矛盾和冲突，有助于培养整体观念和合作精神；第三，横向沟通可以增加员工之间互谅互让，培养员工之间的友谊，改善人际关系，满足职工的社会需求，使员工提高工作兴趣，改善工作态度。其不足之处是：横向沟通头绪过多，信息量大，易于造成混乱。

四、单向沟通与双向沟通

根据信息沟通的可逆性，可将沟通分为单向沟通和双向沟通。

（一）单向沟通

单向沟通，是指信息沟通时，一方发出信息，另一方接收信息，不反馈意见，这就是单向沟通，如图 1-8 所示。上级发文件、作报告及组织向外单位发信函等即属此类。单向沟通一般比较适合以下情况：一是沟通的内容简单并要求迅速传递的信息；二是下属易于接受和理解的方案；三是下属没有了解问题的足够信息，反馈不仅无助于澄清事实反而容易出现沟通障碍；四是情况紧急又必须坚决执行的工作和任务。

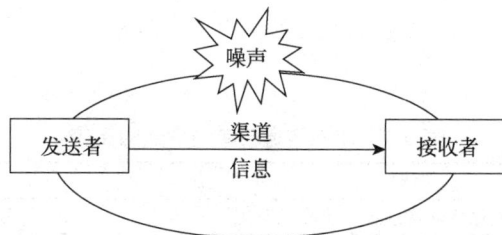

图 1-8 单向沟通

（二）双向沟通

双向沟通，是指信息沟通时，接收人接收到信息后，再把自己的意见反馈给发送者，如图 1-9 所示。双向沟通是发送者和接收者相互之间进行信息交流的过程，在沟通中双方位置不断变换，沟通双方往往既是发送者同时又是接收者。双向沟通中的发送者以协商和讨论的姿态面对接收者，信息发出以后还要及时听取反馈意见，必要时双方可进行多次重复商谈，直到双方共同明确和满意为止。双向沟通比较适合于以下情况：第一，沟通时间充裕，沟通的内容复杂；第二，下属对解决方案的接受程度非常重要；第三，上级希望下属对管理中的问题提供有价值的信息和建议；第四，领导者个人的素质对单向沟通和双向沟通的选择也有影响。

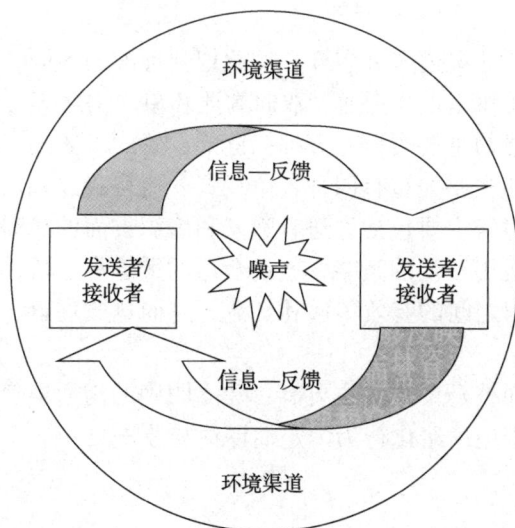

图 1-9 双向沟通

（三）单向沟通与双向沟通的比较

由于单向沟通和双向沟通特点各不相同，所适用的范围也不同，因此，管理者要学会在不同情境下选择不同的沟通方式。一个组织如果只重视工作的快速与成员的秩序，宜用单向沟通；大家熟悉的例行公事、低层次的命令传达，可用单向沟通；如果要求工作的正确性高、重视成员的人际关系，则宜采用双向沟通。处理陌生的新问题、上层组织的决策会议，双向沟通的效果较佳。从领导者个人来讲，如果经验不足，无法当机立断，或者不愿下属指责自己无能，想保全权威，那么单向沟通对他有利。二者的比较如表 1-1 所示。

表 1-1　双向沟通与单向沟通的比较

项　目	比　较
时间	双向沟通比单向沟通耗费更多的时间
信息准确度	双向沟通中，信息发送和接收的准确性大大提高
沟通者的自信度	双向沟通的接收者产生平等感和参与感，增加自信心和责任心，双方都比较相信自己对信息的理解
满意度	双向沟通的双方对沟通结果的满意度一般更高
噪声	双向沟通中与主题无关的信息较容易进行沟通，双向沟通的噪声比单向沟通大得多

　　成员可以明确各自的任务和职责，确保工作的顺利推进。同时，沟通还能够增强团队成员之间的信任感，提高团队的凝聚力和向心力。

本章小结

　　（1）沟通是信息、思想与情感凭借一定符号载体，在个人或群体间从发送者到接收者进行传递，并获得理解达成协议的过程。一般而言，沟通有两种类型：人际沟通和管理沟通。

　　（2）组织内部沟通的渠道多种多样，按照划分标准的不同，可以分为语言沟通和非语言沟通、正式沟通和非正式沟通、双向沟通和单向沟通等。

　　（3）正式沟通网络的主要类型有五种：链式、轮式、Y式、环式和全通道式。

　　（4）非正式沟通的主要类型有四种：单线式、流言式、偶然式、集束式。

　　（5）信息沟通的障碍主要包括发送者障碍和组织方面的障碍两种。

　　（6）管理沟通是运用一定的策略，通过合适的渠道和手段，实现信息、思想与情感在个体、群体或组织之间的有效传递和交流，进而达成理解、共识和妥协，实现管理目标的过程。

　　（7）提高管理沟通技巧的方法主要有：建立明确的沟通渠道、培养倾听与表达技巧、强化反馈机制、避免情绪化行为、定期评估与改进。

本章即测即练

自学自测　　扫描此码

本章复习思考题

　　1. 简述沟通在管理中的应用。

2. 沟通的形式主要有哪些？它们的优缺点分别是什么？

3. 如何实现有效的沟通？

4. 举例说明你在日常生活中采取的沟通方式。

5. 根据案例"韩鹏的竞聘"回答：

（1）韩鹏竞聘失败意味着这次沟通没有达成其目标，那么韩鹏竞聘失败的原因是什么？

（2）韩鹏应如何提高自我沟通能力？

本章案例：韩鹏的竞聘

沟通实战演练

角 色 扮 演

1. 分组与角色分配

学生分为若干小组，每组 4～5 人。

每个小组分配一个特定的沟通情境，如员工与经理的绩效面谈、团队内部的冲突解决等。

学生根据情境分配角色，如经理、员工、客户等。

2. 活动流程

学生根据角色进行角色扮演，模拟真实的沟通场景。

其他学生作为观众，认真观察并记录沟通过程中的亮点与不足。

3. 教师活动

观察学生的表现，记录关键点和需要改进的地方。

在角色扮演结束后，进行点评和总结，指出学生的优点和不足，提出改进建议。

4. 总结与反馈

通过本次管理沟通实训课的设计与实施，学生将能够掌握基本的管理沟通技巧和方法，并在实践中不断提升自己的沟通能力和团队合作能力。同时，通过角色扮演和团队合作项目等实践环节，学生还能够更好地理解和适应不同情境下的沟通需求，为未来的职业生涯打下坚实基础。

第二章

管理沟通的技巧

【学习目标】

1. 理解会议和面谈的概念、原则和特征。
2. 掌握会议和面谈的基本原则与技巧。
3. 理解非语言沟通与语言沟通的关系。
4. 了解倾听的含义和意义。
5. 掌握倾听的过程和策略。

本章思维导图

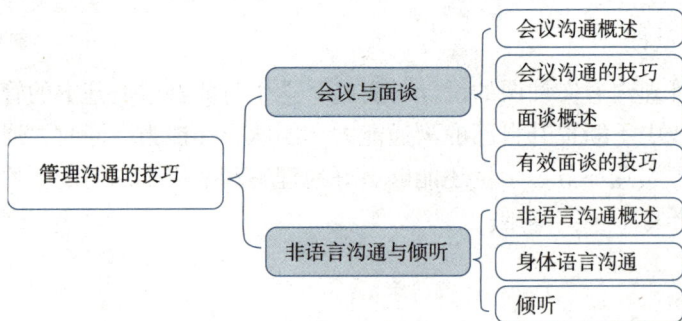

```
                                    ┌─ 会议沟通概述
                        ┌─ 会议与面谈 ─┤─ 会议沟通的技巧
                        │            │─ 面谈概述
管理沟通的技巧 ──────────┤            └─ 有效面谈的技巧
                        │            ┌─ 非语言沟通概述
                        └─ 非语言沟通与倾听 ─┤─ 身体语言沟通
                                     └─ 倾听
```

导入案例

按照议程开会

　　明辉制造公司的数据处理部门正紧锣密鼓地为汉江工厂的新建项目——部署一套先进的计算机化生产信息系统——做准备。这一项目被视为公司数字化转型的关键一步，旨在通过自动化和智能化提升生产效率，增强市场竞争力。项目的两大阶段经过精心设计，以确保每一步都能精准对接公司的战略目标。

在第一阶段，团队的重点是构建工厂内部的新型电脑网络。这不仅涉及硬件设备的采购与安装，还包括网络架构的设计与优化，以确保数据传输的高效与安全。同时，新型数据库项目的开发也是这一阶段的核心任务之一。赵婉晴作为李浩宇麾下的主程序员，带领着一支技术精湛的团队，致力于开发出既能满足当前生产需求又具备良好扩展性的数据库系统。他们面临着数据模型设计、数据迁移策略制定及数据安全性保障等多重挑战。

进入第二阶段，项目焦点转向将汉江工厂的网络与公司内网的无缝对接。这一步骤至关重要，它将使公司的管理层、销售部门、采购部门等多个关键机构能够实时访问工厂的生产数据，从而做出更加精准的决策。张伟杰作为负责公司内网的技术专家，负责确保这一连接的稳定性、高效性和安全性。他不仅要处理复杂的网络配置问题，还要确保工厂数据在与公司内网交互时遵守所有的数据保护和隐私法规。

为了确保项目按照既定的时间表和质量标准顺利推进，李浩宇作为系统分析师，精心规划了一系列的管理和控制措施。每周进度会议成为团队沟通、协调问题、分享进展的重要平台。这些会议不仅帮助团队成员保持对项目全局的理解，还促进了跨职能团队之间的有效协作。

然而，在项目执行前的一个月，一次特别会议的召开却暴露了团队沟通中的一些问题。这次会议旨在明确系统最终转换所需完成的各项具体任务，以确保转换过程的平稳进行。李浩宇作为会议主持人，详细阐述了转换最后一天的关键职责，包括数据迁移的最终验证、系统测试报告的提交，以及用户培训计划的完成情况等。

然而，当李浩宇转向征询赵婉晴和张伟杰的意见时，会议氛围突然变得紧张。赵婉晴试图提出自己负责的数据库项目中遇到的新挑战，却被李浩宇以"例行会议讨论"为由打断。这一举动让赵婉晴感到被忽视和不被尊重，她的沉默反映了内心的挫败感。而张伟杰虽然试图在转换任务清单上增加几项他认为至关重要的任务，并提及接口程序可能存在的问题，但也因为李浩宇的不耐烦回应而感到受挫。

这次会议的不愉快经历，无疑给团队内部的沟通和协作蒙上了一层阴影。李浩宇意识到，为了项目的成功，必须立即采取行动，修复团队间的信任，改善沟通机制，确保所有关键信息都能得到及时、有效的传递和处理。

思考：

1. 为了让会议围绕选定主题进行，你会怎么做？
2. 李浩宇应该怎样做才能避免干扰赵婉晴和张伟杰在会议中的自由交流？
3. 李浩宇和赵婉晴应该怎样提高沟通能力呢？

第一节　会议与面谈

在组织中，沟通无处不在。通常，非正式沟通多是即兴、随意和无明确的目的与目标，但会议和面谈是一种正式的沟通，它不同于简短的面对面、打招呼般的随意沟通，或通过电子媒介等进行刚性的沟通。

会议沟通是集结团队智慧、明确目标方向、提高决策效率的关键环节。精心策划与高效执行的会议不仅能够确保信息的准确传递与共享，还能加深团队成员间的相互理解，增强协作精神。会议沟通不仅关乎任务的顺利完成，更是培养领导力、激发创新思维、推动组织持续发展的重要手段。

面谈作为另一种不可或缺的正式沟通方式，其重要性同样不容忽视。通过一对一的深入交流，面谈能够精准把握对方的真实想法与需求，建立深厚的信任基础。无论是提供个性化反馈、解决工作冲突，还是激发员工潜能、规划职业发展，面谈都发挥着至关重要的作用。它不仅是维护良好工作关系的纽带，更是推动个人成长与组织进步的强大动力。

一、会议沟通概述

会议在管理工作中起着十分重要的作用，它是决策的重要方式，也是沟通信息的主要手段。一些管理者用于参加各种会议的时间超过总工作时间的三分之一。由此可见，会议开得好坏、效率高低，直接关系到管理效能的高低。

视频：中美外交会议

会议沟通是群体或组织中相互交流意见的一种形式，它是一种常见的群体活动。根据不同的目的和要求，既可以将会议看作一个集思广益的过程，也可以将其看作一种信息传递的方式。会议是向上沟通意见的途径之一，管理者也可以借开会的机会听取下属或员工的意见；通过会议，组织成员还可以聚集在一起，相互交换思想，进行横向沟通。

（一）会议的目的

会议是一种集合的载体。通过会议，不同的人、不同的想法汇聚一堂，相互碰撞，从而产生"金点子"（见图 2-1）。许多高水准的创意就是开会期间不同观念相互碰撞的产物。会议的首要目的在于开展有效的沟通与信息交流，通过这一平台，管理者不仅能够将组织的政策、指示及战略意图清晰地传达给下属，确保信息的准确传递，还能够从下属那里及时获取反馈，了解他们的想法、需求及工作中遇到的问题，从而实现信息的双向流动。同时，会议也为部门和部门之间、部门员工之间的横向沟通提供了机会，促进了信息和资源的共享，增强了组织的协同效应。

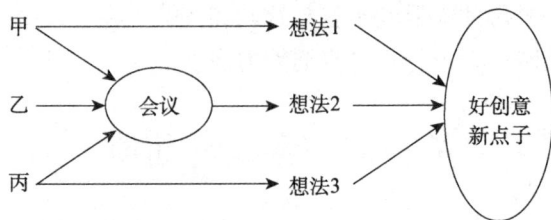

图 2-1　集思广益

此外，会议还承担着指导、监督员工的重要职责。企业常常通过组织会议来培训员工，提升他们的专业技能和工作能力，帮助他们更好地适应岗位需求。上级管理者在会议中可以通过听取下级的工作汇报、观察他们的工作表现，来了解下级的工作进展、存在的问题及心态变化，从而对工作提出具体的指导意见，督促员工不断改进，提升工作效率。同时，会议也是解决问题、协调矛盾的有效平台。通过会议，可以澄清误会，消除隔阂，处理各种冲突，并利用他人的知识和技巧来共同解决工作中遇到的各种问题。更重要的是，会议还能够激发组织的创造力，完善决策过程。在会议中，团队成员可以集思广益，共同讨论，从多个角度衡量解决方案的优劣，评估潜在的风险和问题，从而做出更加明智、科学的决策。会议还能够激励士气，提高员工的满意度。一次成功有效的会议，能够营造民主、开放、包容的氛围，给予员工共同参与和讨论的机会，让他们感受到自己的价值和贡献，从而增强他们的归属感和工作热情。

（二）会议成效的影响因素

在组织和安排会议的过程中，为了确保会议的高效性和实效性，就必须对影响会议成效的多种因素、有效会议的特征及相应的策略有清晰而深刻的认识。会议成效的衡量，从根本上讲，涉及两个核心维度：一是沟通效率，即问题是否得到有效解决；二是组织成员间的良性互动，具体表现为成员满意度的提升。

案 例

谷歌每周五举行的 TGIF 会议是面向全球所有员工的一项特别活动。会上，谷歌的高层领导，如创始人拉里·佩奇和谢尔盖·布林会出席，直接向全体员工通报公司的最新动态、战略方向及面临的挑战。这种直接沟通的方式，不仅让员工对公司有了更深入的了解，也增强了员工对公司的信任感和归属感。

会议中，除了高层的讲话，还设有 Q&A 环节，鼓励员工提问和发表意见。这种互动机制使员工能够直接参与到公司的决策过程中，同时也为高层提供了宝贵的反馈和建议。

TGIF 会议的内容丰富多样，既有公司最新产品的演示，也有员工成就的表彰，还有轻松有趣的团队建设活动。这种多样化的内容安排，不仅让员工在紧张的工作之余得到了放松，也增强了团队的凝聚力和向心力。

此外，谷歌还利用先进的技术手段来支持 TGIF 会议的举行，如在线直播、实时翻译等，使全球各地的员工都能够方便地参与会议，并理解会议的内容。这种高效的会议组织和时间安排确保了会议的顺利进行，也避免了占用员工过多的工作时间。

总的来说，谷歌的 TGIF 会议是一个成功的大型公司有效会议案例，它通过直接沟通、互动反馈、技术辅助等方式，实现了公司内部的有效沟通和团队协作，也促进了公司的创新和发展。

会议沟通，作为群体沟通的一种关键形式，其成效不仅受到一般群体沟通成效因素的影响，还受到会议本身特定属性的制约。因此，在筹划会议之前，全面考虑会议的具体特性和潜在挑战显得尤为重要。以下是对影响会议成效的几个主要因素的归纳与分析。

1. 会议目的不明确

会议目的不明确是制约会议成效的首要障碍。当与会者对会议的核心议题缺乏清晰认知时，讨论往往容易偏离主题，变得漫无边际。这种缺乏焦点的讨论不仅消耗了宝贵的时间资源，还可能导致会议成果的模糊和不确定。因此，明确会议目的，确保每位参与者都对此有共同的理解，是提升会议成效的基础。

2. 会议持续时间过长

长时间的会议容易使与会者感到疲惫不堪，进而削弱他们参与讨论的积极性。这种疲劳感不仅会降低会议的效率，还可能引发负面情绪，影响团队氛围。因此，合理规划会议时间，确保会议紧凑而高效，是提升会议质量的关键。

3. 将简单问题复杂化

将简单问题复杂化也是影响会议成效的一个常见问题。有时，与会者过于纠结于细节，对原本简单的问题进行反复讨论，这不仅浪费了时间，还可能使问题变得更加复杂，甚至引发不必要的矛盾。因此，保持讨论的简洁明了，避免过度复杂化，是确保会议高效推进的重要策略。

4. 发言者过于健谈

发言者过于健谈也可能成为影响会议成效的负面因素。当某些发言者过于滔滔不绝时，其他与会者的情绪和积极性可能会受到影响，导致会议氛围变得紧张或沉闷。这种不均衡的发言机会不仅阻碍了信息的全面交流，还可能损害团队的凝聚力和协作精神。因此，鼓励多样化的发言和积极参与，确保每位与会者都有机会表达自己的观点，是提升会议成效的重要手段。

总之，影响会议成效的因素是多方面的，且相互交织。为了组织和安排一次成功的会议，我们必须全面考虑这些因素，并采取相应的策略加以应对。

（三）有效会议的特征

冗长的会议不仅是对员工宝贵时间的无谓消耗，更是对其精力的极大耗费，容易导致与会者感到疲倦和精力分散，从而降低会议的整体效率与效果。为了确保会议的高效性和成果最大化，一系列精心策划与细致管理的措施显得尤为重要。

充分的事先筹划是会议成功的基石。成功的会议绝非偶然，而是经过深思熟虑和精心安排的产物。从确定会议的核心议题、筛选合适的参与人员、选择适宜的会议地点，到精确规划会议的时间安排，每一个环节都需要经过反复考量与优化，以确保会议能够聚焦于关键议题，避免不必要的冗长与偏离主题。

拟定并提前分发议程表是提升会议效率的关键步骤。通过明确会议的议题和时间安排，并提前通知与会人员，可以使他们有针对性地做好会前准备，从而在会议中更加积极地参与讨论，提出有价值的见解，促进会议的深入与高效。严格遵守时间是会议顺利进行的保障。与会人员应按时参加会议，会议进程也应严格按照设定的议程推进，避免无谓的拖延和打断，确保会议能够紧凑而有序地进行。

在举办会议过程中，邀请最合适的人员出席会议也是确保会议质量的重要因素。针对会议讨论的议题，会议的组织方应邀请最有发言权、最适合的人员参加，他们的专业知识和丰富经验能够为会议提供有价值的见解和建议，促进会议的深入交流与共识达成。

高效的会议还应注重当场做出明确的评论和归纳。会议最忌讳议而不决、议而不明。因此，在会议过程中应及时对讨论的内容进行总结和重申，消除理解上的歧义，达成共识，确保会议成果的明确性和可操作性。记录所有决定和建议是会议后续督办和检查的重要依据。会议的过程、与会人员的发言、会议达成的共识等关键信息都应详细记录下来，并经过会议负责人的确认，以确保会议成果的可追溯性和可验证性，为后续的实施与改进提供有力支持。

通过充分的事先筹划、拟定并分发议程表、严格遵守时间、邀请最合适人员出席、当场做出评论和归纳，以及记录所有决定和建议等措施，可以显著提升会议的效率与效果，确保会议成果的最大化。

练习：描述和评价

二、会议沟通的技巧

会议已经成为企业管理沟通的重要方式，高层领导大多数时间都花费在会议上，会议效率的高低直接影响企业管理效果的好坏。但会议的效果总是不尽如人意，友泰咨询 UTC 研究认为，70%的会议是无效会议，会议中 70%的时间是无效时间。正确的会议目的应该是：交流信息、解决问题和做出决策，而失败会议的目的被歪曲为：开会只是例行公事；开会成为领导或部门负责人展示权威的手段；开会成为领导的脱口秀。会议的低效直接导致管理低效。成功而高效的会议需要具备如下要素。

（一）充分的会前准备

会议是需要精心准备的，即使在非常紧急情况下召开的临时会议也是如此。

（1）准备会议备忘录，并提前发放给与会者，好让他们提前准备。如果讨论的内容是报告或是建议书，则应该附在备忘录的后边，一并提交给与会者。备忘录的内容应该至少包括：会议的议题、讨论的要点、要形成的结果、参会人员（如果他们相互之间不熟悉，应该附上简历）、会议时间及会议预计召开时长等。

（2）会议硬件工具的准备。包括：白板或大白纸、笔、投影设备（如果需要）、录音设备（如果可以）、扩音设备（如果需要）、录像设备（如果需要）等。

（3）会议室的准备。如果可以选择，会议室的空间应该比参会人数所需空间稍小一点，这样拥挤的空间容易让人产生兴奋感，从而促进踊跃发言。对于 5～30 人的会议，座位的摆设应以圆形或半圆形为主。

（4）参会人员的选择。参会人员应该是此次会议的相关者、此次会议结果可能的落实者，同时视情况邀请与会议议题相关的专家。

（二）具体且明确的目标

会议要讨论什么及要达到什么结果已经明确地在备忘录中作了描述，会议组织者只需要让每一位与会者清楚会议的目标，以及在讨论过程中，时刻围绕目标进行讨论。许多会议失败就是因为没有明确的会议目标，或者在讨论中偏离了主题。这就要求会议组织者时刻将跑题的人员拉回到会议讨论的主题上，也要求与会者清醒地记住会议的目标。如果开会跑题的问题比较严重，则应在会议一开始就将会议目标写在白板的醒目位置，并郑重提醒与会者牢记会议目标。此外，会议目标应该是尽可能具体的表述，而非模棱两可的陈述。如有必要，可以在会前向与会者详细解释会议目标的内容。如果与会人员不明白目标的准确指向，自然会发生跑题的现象。

（三）会议角色的选择

会议通常需要三种角色：主席（会议组织者）、记录员、参与者。会议主席是会议的组织者，通常他应该和会议的召开者分开。因为我国企业会议的召开者通常是该次会议参与者中职位最高的管理者，如果他充当会议主席，一方面会导致其精力的分散，另一方面会压制其他参会人员的发言。

会议主席最主要的职责就是保证会议按照预定的方向和进程进行。为了做到这一点，主席应该注意三个方面的问题。

（1）不断通过各种明示或暗示告诉与会人员会议的目标或讨论的主题。当有人偏离会议主题时，应及时予以制止。对于那些健谈的人员，应该礼貌但坚决地打断他们的谈话，然后将更多说话的机会留给其他人员。

（2）保证与会人员在发言时不会受到其他参会人员的攻击。当与会者相互攻击时，应加以制止。并再次声明会议的目标是解决问题，而非争论，大家坐在一起是为了寻求双赢方案，而不是被动接受非赢即输的结果。

（3）保持中立。主席是本次会议的主持人，应由与本次讨论没有利益关系的人员担任，通常从其他部门或外部聘请人员。即使如此，主席在会前要向大会宣布自己的中立立场，同时在会议过程中始终牢记自己的中立身份，不参与任何讨论，以获得与会者的信任。

会议的记录员可以由专门的人员担任，如秘书等，也可以由与会者中的一员担任（但当其发言时，应由另一人帮助记录）。记录员的唯一职责就是清晰准确地记录与会者的发言，并保证记录能让每一位在场的与会人员看清并理解。

做好记录员并非一件容易的事情，因此掌握一些技巧是必要的。

（1）抓住发言者的关键信息记录。写字的速度永远赶不上说话的速度，因此记录员必须抓住主要信息记录，没有必要也不可能一字不差地记录所有的发言。如果不确信是否正确理解发言人的意图，可以和发言者进行确认。但是所写到纸面上的字一定要清晰和容易辨认。

（2）借助各种符号。在关键词上可以标注下画线、星号或画圈。使用不同颜色的笔也是一个非常有效的方法，它可以帮助解决记录中内容分类的问题。

（3）牢记自己的职责——记录。记录员不参与任何讨论，如果参与也是在另外的人代为记录的时候。如果发言者对所记录的内容有异议，要按照其所提的意见进行当场修改。

与会者的责任就是充分、客观且不偏离主题地讨论会议的议题。为了鼓励发言，应该先由职位低的与会人员发言，然后由低向高，逐个发言。如果会议召开者非常希望知道下属的意见，可以采用隔离发言的方式：先让职位最低者进入会场发言，然后他们退场，再由职位高的与会者进入会场发言，以此类推。这样，与会者发言时就不会因为顾忌领导在场而不能畅所欲言。认真聆听是与会者在会议上最为主要的任务，许多争论的起源是由于与会者没有听懂对方的谈话就带着先入为主的偏见展开攻击，从而使问题恶化。聆听时可以随时提问，以确保自己理解的信息是发言者的准确意图；可以适度重复，以表明自己的理解。此外，在会议过程中，与会者要时刻关注白板上的记录，从而了解讨论的主题、各人的意见及讨论的进程等，这样才能使自己的发言做到不重复、不跑题。与会者同时负有监督主席和记录员的责任，一旦发现他们没有保持中立，应该立刻制止或提醒。一个合格的与会者应该带着客观的意见和积极寻求双赢方案的心态参加会议，本位主义、抵触情绪等都将为会议的进程设置障碍。

（四）会议时间的选择

会议应该选在与会人员有充分时间和精力的时段，而那些使与会人员没有心思参会或参与讨论的时间显然就不是理想的会议时间，如快要吃饭前、周末或是周一等（这些时间是目前大多数企业开会的主要时间）。吃饭前，与会人员饥肠辘辘、渴望早点吃饭；周末，与会人员会思考如何度过周末、如何参加早已约好的聚会或约会；周一，与会人员还没有从周末活动的兴奋中清醒过来，或是周末的事务还没有处理完毕。因此上述三个时间都不是理想的开会时间，其他的时间都可以考虑作为会议时间。尤其是周四，被认为是最佳的讨论问题的时间。心理学家曾经做过实验，发现周四讨论问题更容易达成一致。同时，会议应该严格遵守时间限制，否则会让与会者产生会议没有终点的心理，讨论问题时也会由于失去了时间的压力而变得不积极，以后参会时，他们也会对会议时间置若罔闻，很难遵守。

（五）总结与跟踪

会议结束时，由会议主席总结会议成果，尤其要在会上明确会议达成的任务分别由哪些部门或个人负责落实解决。会议结束后，由记录员整理会议记录，并将会议记录发给与会者。会议的最高管理者或此次会议的发起者负责跟踪会议结果的落实情况。

作为现代管理最重要的沟通方式，会议的成败影响着企业决策的效率、执行的效率及整个企业文化的健康发展。如果管理者能够在会议管理中遵守上述五个要素，并按其要求组织会议，会议效率将会大大提高。

三、面谈概述

面谈之所以发生，是因为其中某一参与者或所有参与者相信，通过面谈可能满足或有助于满足他们的个体需要。各种面谈的共同点都显示了其与广泛的沟通技巧有关。

面谈发生的媒介主要是以语言为基础的口头沟通，也包括非语言沟通的使用，如体态、姿势、面部表情、倾听、距离与界限的使用等。

（一）面谈的含义

中国古代帝王对群臣的召见、国家领导人与外宾的约见、上司就某一任务与下属的见面及恋人的约会等，都可以说是面谈。简单地说，面谈就是面对面近距离地即时会面交谈。

从古至今，从国家到个人，面谈可以说是出现频率最高的活动，是在日常的沟通中运用最广泛和最普遍的一种沟通管理工具，主要目的是收集信息、传达命令、交换意见和解决问题。既然是管理工具，从管理意义上讲，它区别于非正式的寒暄，或日常生活中的招呼式闲聊，是有明确目的、目标、计划和过程控制要求的。从本质上讲，面谈是由两个或两个以上个体参加的信息交流的互动过程。对于管理者来说，在每天的管理工作中，需要与各种各样的人打交道，形式大多是进行面谈。

（二）面谈的类型

按照不同的标准，可以将面谈划分为不同的类型。

1. 结构化面谈、非结构化面谈和半结构化面谈

结构化面谈是指按照事先设计好的问题进行提问的面谈，这种面谈可以避免遗漏一些重要的问题，但是缺乏灵活性，不利于对某些问题进行深入了解。非结构化面谈是指根据实际情况随机进行提问的面谈，这种面谈方法的优缺点正好和结构化面谈相反。半结构化面谈是指将前两种方法结合起来进行的面谈，它可以有效地避免结构化和非结构化面谈的缺点。

2. 陪审团式面谈和集体面谈

按照面谈的组织方式，可以分为陪审团式面谈和集体面谈两种类型。陪审团式面谈是指多个面谈者与一个被面谈者进行的面谈，这种方法可以对被面谈者做出比较全面的评价，但是却比较耗费时间。集体面谈则是指一个面谈者同时与多个被面谈者进行的面谈，它虽然可以节省大量的时间，但由于面谈者要同时观察多个被面谈者的表现，容易出现观察不到位的情况。

3. 一次性面谈和系列面谈

按照面谈的过程，可以分为一次性面谈和系列面谈两种类型。一次性面谈是指与被面谈者只进行一次面谈就做出决策的面谈；系列面谈则是指根据面谈目的与被面谈者依次进行几轮的面谈，然后再做出决策的面谈。

4. 信息收集面谈、招聘面谈、绩效面谈和辞退面谈

按照面谈的目的,企业中的面谈种类主要有信息收集面谈、招聘面谈、绩效面谈和辞退面谈等类型。信息收集面谈是收集关于某个话题的事例或在不能解决问题的情况下需要帮助时所进行的类似于谈话的面谈;招聘面谈是为挑选组织新成员而进行的面谈;绩效面谈是以绩效为中心,给员工以正确的导向,指出其长处与不足,最终起到激励效果的面谈;辞退面谈是在辞退员工时进行的面谈。

扩展阅读 2-1 主管和员工的面谈

(三)面谈的步骤

有效的面谈是一个有计划、受控制的过程,面谈双方都应把握以下基本规律。面谈作为有目的的沟通活动,不是自然发生的,而是参与一方或双方认真计划和准备的结果。

1. 面谈准备

确立面谈的目的。任何有计划的沟通活动,首先要清楚地确定面谈的目的。若要成功地进行某个面谈,或者使自己成为一个有效的沟通者,在每次面谈之前要通过以下问题来检验目的:第一,为什么谈;第二,想达到什么结果;第三,需要什么样的信息,是新的信息、劝说、提供建议还是对业绩进行评估;第四,如何处理与被面谈者之间的关系。只有这些问题解决了,才能够进一步确立面谈的策略、时间、地点等问题。

案例

《爱丽丝漫游奇境记》中有这样一段对话:"请您告诉我,在这里我应该走哪条路?"爱丽丝问。"这完全取决于你要到哪里去。"柴郡猫说。"我根本就不在乎到哪里去。"爱丽丝说。"那你走哪条路都无所谓。"柴郡猫说。

凡事要先确定目标,在这里指的是确立面谈目的。面谈的四个基本目的是:信息的传播;寻求信念和行为的改变;解决问题和决策;探求与发现新的信息。

2. 问题设计

(1)开放式问题。它是没有标准答案和回答范围的问题,目的是让被访者感到谈话过程很轻松,有利于发展面谈双方之间的关系。但开放式问题很难控制面谈进程。设计开放式问题需要明确:了解被访者优先考虑的事情;找出被访者喜欢的节奏;让被访者无拘束地讨论;明确被访者的知识深度,弄清被访者的表述能力。

(2)封闭式问题。它是有标准答案和明确的回答范围的问题,目的是控制被面谈者,得到特定的信息。设计封闭式问题要考虑:节省时间、精力和金钱;维持、控制面谈的形式；从被访者处获取非常特定的信息；鼓励被访者完整描述一个特定事件；鼓励腼腆的受访者表达。

（3）中性问题与引导性问题。中性问题中不含有任何有关面谈者偏好的暗示，被面谈者的回答真实性很高，所获信息也比较可靠，如"你对这个问题怎么看？"引导性问题是指面谈者的提问带有一定的倾向性，常常有意无意地将被面谈者的反应导向自己期望的方面，如"你同意我刚才的观点，对吗？"在面谈中，使用该类问题进行提问应非常慎重，避免造成信息的扭曲与偏差。

（4）引诱性问题。此类问题相比引导性问题具有更强的诱导性，从表面上看，这类问题的提问很正常，但其实对被面谈者具有一定的欺骗性，通常被用在需要了解被面谈者情感的场合，面谈者通过这类问题配以适当的语气向被面谈者施加一定的压力。在对需要承受较强压力岗位的应聘者的面试时可以使用。

（5）追踪性问题。追踪性问题通常是基于被面谈者对前一个问题的回答而提出的，目的是更多地了解被面谈者在前一个问题回答中涉及的细节。它有助于面谈者对被面谈者加深认识，也有助于进一步了解被面谈者对问题所持的观点，有时也可以帮助面谈者辨别被面谈者回答的真实性。

3. 安排面谈环境

面谈环境应当是一个安静、私密且舒适的空间，以确保对话双方能够集中注意力，减少干扰，并建立起一种信任和开放的氛围。理想的面谈环境应使参与者感到放松和自在。此外，座位安排也应考虑交流的便利性，通常采用面对面的坐姿，以便双方能够清晰地看到对方的面部表情和肢体语言，从而更准确地理解彼此的信息和情感。必要时，还可以配备录音或录像设备，以便记录面谈内容，确保信息的准确性和完整性。一个精心设计的面谈环境将为双方提供高效、专业且舒适的交流平台。

练习：描述和评价

四、有效面谈的技巧

在面谈的过程中，面谈者要掌握一定的技巧，才能达到预期的面谈效果。开始的三五句话，必须让对方产生好印象，必须让对方高兴，必须吸引对方，让对方产生兴趣，打动对方。如果做不到这一点，就要停下来，好好地斟酌一下，如何让所说的话动听且精炼。

（一）以寒暄、赞美作为铺垫

我们说一件事、办一件事，一般都要有个过渡和铺垫。比方说，你要老张做一件事，总要先说点别的什么。比如"老张，你最近在忙什么呢？身体怎么样？""你这条领带很漂亮。"等等。说完这个铺垫之后，你再说："老张，我跟说件事，具体是……"这样过渡一下，老张接受起来就容易多了。

同样，你到别人那里，也应该有个过渡。如果你一进门马上就说正事，对方神都没缓过来，摸不清你的东南西北，你就滔滔不绝地说一大通，这样效果肯定不好。

开场白怎么说？就是以寒暄、赞美作为铺垫。寒暄、赞美的内容可结合现场环境、对方的特点（穿着、工作），或对方和企业的某个事件来展开（某次讲话、他的一本书等）。铺垫的话不能太多，一般三两句就可以了。

比如，"你这个办公室真是气派，很有品位""你这件衣服很好看，大概要几千块""上次在学习型大会上，我听了你的发言，你讲得真棒……""上次电视台播了你们公司的事迹，我对你们公司非常佩服……""听口音你是东北人吧，我也是……""看你的架势，好像以前当过兵，我曾经也在某某兵团……"

寒暄不是目的，主要是为了缓和气氛，拉近彼此心理的距离，解除对方的戒备心理，为后面的谈判打下良好的基础。

（二）善于倾听且语言得体

在面谈过程中，倾听不仅是一种技巧，更是一种态度。它要求面谈者关注被面谈者的言语和非言语信息，通过眼神交流、肢体语言（如点头、微笑）等方式，传达出尊重、理解和接纳的态度。这种倾听方式能够营造出一种安全、开放的沟通氛围，鼓励被面谈者更加坦诚地分享自己的想法、感受和需求。

例如，在员工绩效面谈中，主管可以运用倾听技巧，耐心听取员工对过去工作表现的自我评价，以及对未来职业发展的期望和担忧。在倾听过程中，主管应保持中立和开放的态度，避免过早下结论或打断员工发言。通过适时的点头、微笑或简短的话语给予正面反馈，让员工感受到自己的话语被认真倾听和理解。这样的倾听态度不仅有助于收集到更加准确、全面的信息，还能增强员工的归属感和满意度。

同时，语言得体也是面谈中不可或缺的一环。面谈者在表达观点、提出建议或反馈时，应使用简单明了、易于理解的语言，避免使用过于复杂或专业的术语，以免造成沟通障碍。语速要适中，既要确保信息传达的清晰度，又要考虑被面谈者的理解能力。语气要平和、谦逊，避免使用攻击性或指责性的言辞，以免伤害对方的自尊心和积极性。声调要合适，保持自然、流畅的节奏，有助于营造轻松愉快的沟通氛围。

在面谈中，适当的停顿也是语言得体的重要体现。停顿不仅可以让双方有时间消化和理解对方的话语，还能为接下来的发言做好充分的准备。例如，在提出敏感话题或批评性反馈前，面谈者可以稍作停顿，以缓解紧张气氛，给对方一个心理准备的时间。在倾听对方发言后，也可以利用停顿来整理思绪，确保自己的回应更加准确、得体。

（三）察言观色，注意反馈

在面谈过程中，身体语言（如目光、手势、动作等）的运用是一项至关重要的技能，它不仅能够提升自己的面谈表现，还能从对方的行为中解读出隐藏的信息，从而更加准确地把握面谈的进程和对方的真实意图。

目光是身体语言中最为直观且富有表现力的元素之一。当被面谈者的目光游离不定时，这可能意味着其回答的真实性存在疑问，或者内心存在某种不安或犹豫。此时，作为面谈者，可以采取追问的方式加以确认，通过进一步提问来观察对方的反应，从而判断其回答的真实性。这种及时而有效的反馈机制，有助于最大限度地减少误解和潜在问题，确保面谈的准确性和有效性。

同时，手势和动作也是身体语言中不可忽视的部分。被面谈者在回答问题时可能会不自觉地做出一些手势或动作，这些细微的动作往往能够透露出其内心的真实想法或情绪状态。例如，当被面谈者不自觉地挠头或抿嘴时，可能表示其对自己的回答缺乏信心或存在疑虑。此时，面谈者可以敏锐地捕捉到这些信号，并据此调整自己的提问策略，以更加温和、鼓励的方式引导对方继续发言，从而获取更加准确、全面的信息。

第二节　非语言沟通与倾听

非语言沟通与倾听紧密相连，倾听者通过观察对方的肢体语言、面部表情和语调等非语言信号，能更深入地理解对方的情感和意图，从而增强沟通效果。同时，非语言反馈也是倾听者对对方话语理解和响应的重要方式。"非语言沟通"是相对于语言沟通来讲的，指的是通过身体动作、体态、语气、语调、空间距离等众多方式进行信息交流、沟通的过程。

一、非语言沟通概述

非语言沟通是指通过身体语言、面部表情、眼神交流、语调、手势、姿势及时间和空间的使用等非文字性的方式来进行信息传递和交流的一种沟通形式，它在日常人际交往中起着重要作用，常常与语言沟通相辅相成。非语言作为提供解释内容的框架，通常被错误地认为是辅助性或支持性角色。

扩展阅读 2-2　你的心思他永远不懂

（一）非语言沟通的方式

非语言沟通，作为人类交流的重要组成部分，以其独特的方式传递着丰富的信息和情感。它超越了语言的界限，通过标记语言、动作语言和物体语言等多种形式，展现出个体或群体的内在特质、情感状态及社交意图。

1. 标记语言

标记语言是一种通过特定的符号、手势或标志来传达信息的非语言沟通方式。它广泛应用于各种领域，具有直观、快捷的特点。

聋哑人手语：聋哑人群体通过手语进行沟通交流，手语不仅是一种语言，更是他们文化身份的重要体现。聋哑人通过手指的排列组合、手掌的朝向和手臂的动作来表达不同的词汇和句子。例如，"你好"通常通过伸出食指和中指，轻轻触碰对方的掌心来表示。

海军旗语：在航海时代，海军利用不同颜色的旗帜和旗语信号进行远距离通信。每种旗帜和旗语组合都代表着特定的指令或信息。例如，升起一面红旗表示战斗准备，两面红旗交叉则表示紧急集合。

交通警察指挥手势：交通警察通过标准的手势信号指挥交通，确保道路畅通和安全。例如，直行手势是左臂向左平伸，掌心向前；左转手势则是右臂向前平伸，掌心向左，然后向左摆动。

通用手势："OK"手势（拇指和食指形成一个圆圈）在全球范围内被广泛接受为"好的"或"同意"的意思；而"V"手势（食指和中指竖起，形成"V"字形）则通常代表胜利或和平。

2. 动作语言

动作语言是指通过身体动作、面部表情和姿态等非言语行为来传达信息的方式。它往往能够更直接地反映出一个人的情感状态和内心世界。

餐桌礼仪：在餐桌上，一个人的吃相能够反映出其修养和教养。例如，细嚼慢咽、不发出声响、使用餐具得当等良好的餐桌礼仪，能够给人留下文明、有教养的印象。相反，狼吞虎咽、大声喧哗、随意翻动菜肴等行为则可能让人觉得粗鲁无礼。

排队行为：在排队等待时，一个人的动作也能透露出其性格和情绪状态。不停地把口袋里的硬币弄得叮当响的顾客，可能表明他内心焦急不安；将商品拿起又放下的顾客，则可能显示出他犹豫不决的性格特点。

肢体语言：肢体语言是非语言沟通中最直观、最生动的形式之一。例如，点头表示同意或赞许，摇头表示否定或不满；拥抱和握手则分别传递亲昵和友好的情感。此外，眼神交流也是肢体语言的重要组成部分，它能够传达出信任、尊重或疑虑等复杂情感。

3. 物体语言

物体语言是指通过物品的摆放、选择和使用等方式来传递信息的一种非语言沟通方式。它往往能够反映出一个人的生活习惯、审美趣味和个性特点。

办公物品摆放：一个人办公桌的整洁程度往往能够反映出其工作效率和生活态度。如案例中所述，总把办公物品摆放得很整齐的人，通常具有干净利落、讲效率的性格特点；办公桌杂乱无章的人则可能显得缺乏条理和自律性。

穿着打扮：一个人的穿着打扮也是其个性特点和审美趣味的直接体现。例如，追求质地、不盲目跟随时尚潮流的人往往具有独特的品位和档次感；穿着随意、不修边幅的人则可能给人一种不拘小节、随和自在的印象。此外，服装的颜色、款式和配饰等也能传递出不同的情感和态度信息。

居住环境布置：一个人的居住环境布置也能够反映出其性格特点和生活方式。例如，喜欢简洁明快风格的人可能具有理性、务实的性格特点；偏爱温馨浪漫风格的人则可能更加感性、注重情感交流。

综上所述，非语言沟通方式以其独特而丰富的表现形式在人类交流中发挥着重要作用。通过标记语言、动作语言和物体语言等多种形式的综合运用，人们能够更加全面地了解他人的内心世界和社交意图，从而建立更加和谐、有效的人际关系。

（二）非语言沟通的特点

非语言沟通作为人类交流的重要组成部分，具有一系列独特且显著的特征，这些特征使非语言沟通在信息传递和情感交流中扮演着不可或缺的角色。以下是对非语言沟通四大特性的阐述。

1. 无意识性

非语言沟通往往具有无意识性，即个体在表达非言语行为时，往往并非出于主观意识的控制，而是对外界刺激的直接、自然的反应。这种无意识性体现在多个方面。例如，个体在与自己不喜欢的人站在一起时，会不自觉地保持较远的距离，以表达内心的排斥或不适；当个体有心事或压力时，其面部表情、肢体语言等非言语行为也会不自觉地流露出忧心忡忡或紧张焦虑的情绪状态。正如弗洛伊德所言，人的内心世界往往难以完全隐藏，即便言语保持沉默，非言语行为也会如指尖般泄露秘密。因此，非语言沟通的无意识性揭示了人类行为背后的深层心理动机和情感状态。

2. 情境性

非语言沟通还呈现出显著的情境性特征。与语言沟通一样，非语言沟通也依赖于特定的语境和情境来解读其含义。相同的非语言符号，在不同的情境下，可能会传递出截然不同的信息。例如，拍桌子的行为，在一种情境下可能表示怒不可遏的愤怒情绪（如"拍案而起"），而在另一种情境下则可能表示对某事物的极高赞赏（如"拍案叫绝"）。这种情境性要求我们在解读非语言沟通时，必须结合具体的语境和背景信息，以避免误解或歧义的产生。

3. 可信性

非语言沟通在信息传递中还具有较高的可信性。当个体的言语行为与非言语行为所传递的信息不一致时，人们往往更倾向于相信非言语行为所代表的意义。这是因为非言语行为往往是个体内心真实感受的自然流露，难以通过主观意识进行伪装或掩饰。例如，当某人声称自己毫不畏惧时，其手部却在发抖，那么人们更倾向于相信其实际上是感到害怕的。英国心理学家阿盖依尔等人的研究也支持了这一点。他们发现，当语言信号与非语言信号发生冲突时，人们更倾向于信任非语言信号所传递的信息。因此，非语言沟通的可信性使其成为评估个体真实感受和态度的重要依据。由于语言信息受理性意识的控制，因此容易作假。而人体语言则不同，人体语言大都发自内心深处，极难压抑和掩盖。

4. 个性化

一个人的肢体语言，与说话人的性格、气质是紧密相关的。爽朗敏捷的人与内向稳重的人的手势和表情肯定是有明显差异的。每个人都有自己独特的肢体语言，它体现了个性特征，人们时常从一个人的形体表现来解读他的个性。

（三）非语言沟通的功能

非语言沟通在人际互动中扮演着至关重要的角色，其作用广泛而深刻，归纳起来主要体现在以下几个方面。

1. 强化与补充功能

非语言沟通符号常被用来重复或加深语言信息所表达的意义。当人们使用言语进行沟通时，往往会伴随着相应的表情、姿态和动作等非语言符号，这些符号能够增强言语信息的表达效果，使接收者更加深刻地理解并记住所传递的信息。例如，在表达喜悦时，言语上的"我很开心"配合上扬的嘴角和明亮的眼神，能够更生动地传达出内心的喜悦之情。

2. 替代表达功能

在某些情况下，即使一方没有使用言语进行沟通，其非语言符号如面部表情、肢体语言等也能清晰地表达出意图和情感。这时，非语言符号起到了替代语言符号表达意思的作用。例如，一个微笑可能意味着友好或满意，而皱眉则可能传达出不满或困惑。这种替代表达功能在跨文化交流、聋哑人沟通及特定情境下的无声交流中尤为重要。

3. 辅助与丰富功能

非语言符号作为语言沟通的辅助工具，能够丰富语言表达的内涵，使其更加准确、有力、生动和具体。通过结合非语言符号，言语信息得以在情感色彩、强调重点、细节描述等方面得到增强。例如，在描述一个美丽的风景时，言语上的描述配合手势的描绘和眼神的向往，能够让听众更加身临其境地感受到风景的魅力。

4. 调控与引导功能

非言语符号在沟通中还扮演着调控和引导的角色。它们能够传递出交流过程中不同阶段的意向和变化，帮助双方调整沟通策略，确保沟通顺利进行。例如，点头表示赞同或鼓励对方继续说话，而摇头则表示反对或请求对方停止。此外，非言语符号还能传递出沟通者的情绪状态和心理变化，引导对方做出相应的反应。这种调控与引导功能在谈判、演讲、教学等需要高度互动的沟通场景中尤为重要。

综上所述，非语言沟通在传递信息、沟通思想、交流感情方面发挥着不可或缺的作用。它不仅能够强化和补充言语信息，替代语言符号表达意思，还能丰富语言表达的内涵，调控和引导沟通过程。因此，在人际互动中，我们不仅要注重言语的表达，还要善于运用非语言符号来增强沟通效果，实现更加和谐、有效的交流。

练习：你的非语言沟通行为

二、身体语言沟通

身体语言是指通过姿态、动作、面部表情等非语言方式来传达信息和情感的。在人际交往中，身体语言起着非常重要的作用，它能够补充和增强语言交流的效果，帮助人们更好地理解对方的意图和情感。

（一）身体语言的重要性

1. 传递情感和态度

身体语言能够表达人们的情感和态度。通过面部表情、肢体动作和姿态，我们能够传达出喜怒哀乐、信任与不信任、友好与敌意等情感和态度，使我们与他人的交流更加直观和真实。

2. 加强沟通效果

身体语言可以弥补语言交流的不足，使信息更加明确和容易理解。例如，在演讲中，演讲者的肢体动作和姿态可以增强语言表达的力度和效果，使听众更容易接受和理解演讲内容。

3. 增强说服力

身体语言可以增强说服力，使人们更容易相信和接受说话者的观点。例如，在销售和谈判中，通过自信的姿态、肯定的肢体动作和坚定的眼神，销售员或谈判者能够更加有效地影响对方的决策。

4. 体现自信和权威

身体语言可以展现个人的自信和权威。通过直立的姿态、坚定的目光及稳定的肢体动作，人们能够给他人留下一个自信、有能力的印象，从而提升自己的形象和影响力。

（二）身体语言的应用场景

（1）面试场景。在面试中，身体语言是一个非常关键的因素。面试者要通过自信、坦诚和专注的身体语言来给面试官留下良好的印象。例如，保持直立的姿态，展现自信的微笑及与面试官进行眼神交流，都可以增加自己在面试中的竞争力。

（2）谈判场景。在谈判中，身体语言可以帮助谈判者更好地传递自己的意图和立场，同时也能够观察对方的身体语言，从而更好地了解对方的想法和态度。例如，坚定的姿态、直视对方的眼神及适当的手势可以增强自己的说服力。

（3）教育场景。身体语言在教育场景中也起着重要作用。教师的姿态、肢体动作和面部表情可以影响学生对教师的认可和信任，进而促进学生的学习兴趣和积极性。同时，教师还可以通过观察学生的身体语言，了解他们的情感状态和学习需求，从而更好地调整教学策略。

（4）演讲场景。在演讲中，演讲者的身体语言能够使演讲更加生动有趣，同时也能够增强演讲者的说服力。通过灵活的手势、丰富的表情和变化的声音语调，演讲者能够更好地吸引听众的注意力，使演讲更具有说服力和吸引力。

身体语言在人际交往中扮演着重要的角色，它能够传递情感和态度，加强沟通效果，增强说服力，展现自信和权威。在各个场景中，我们都可以运用身体语言来达到更好的交流效果。因此，我们应该注重培养和运用身体语言的能力，不断提升自己在人际交往中的表达和沟通能力。

（三）身体语言常见形式与解读

1. 目光

目光接触：表示对对方的注意和关注，是沟通中的重要反馈方式。

目光回避：可能表示回避、害羞、不安或缺乏自信。

目光闪烁：可能表示紧张、不安或说谎。

2. 面部表情

微笑：表示友好、欢迎、赞同或开心。

皱眉：表示不满、困惑或痛苦。

瞪眼：表示惊讶、愤怒或不满。

3. 手势

指向：表示方向、兴趣或强调。

摆手：表示制止、否定或不同意。

鼓掌：表示赞同、鼓励或庆祝。

4. 姿态

站姿：直立表示自信、开放；低头表示羞涩、不安。

坐姿：端正表示尊重、认真；斜靠表示放松、随意。

走姿：稳健表示自信、从容；慌张表示紧张、不安。

5. 空间距离

亲密距离：适用于亲密关系，如家人、恋人之间。

个人距离：适用于朋友、同事之间的日常交流场合。

社交距离：适用于商务场合、会议等正式场合。

公共距离：适用于陌生人之间或公共场合。

小测试：身体语言密码

三、倾听

美国学者尼科尔斯和史蒂文斯发现，在正常状态下，我们每天用于沟通的所有时间中，45%用于倾听，30%用于交谈，16%用于阅读，只有9%用于写作。倾听在沟通中具有重要的主导作用。在管理沟通过程中，倾听是其中的一个关键要素。倾听不仅仅指的是听到别人说话的声音，更重要的是理解并积极回应对方的意见和观点。

（一）倾听的定义

倾听是指受众全身心地接收表达者的语言和非语言信息，并对信息进行判断、解读和评价，以及对此做出反应的过程。作为沟通过程中的重要环节，倾听的重要意义体现在以下三个方面。

1. 获取重要信息

通过倾听，我们可以了解倾诉者所要传达的信息，同时感受到对方的情感，从而可以推断出对方的观点、倾向、性格甚至是否友好等。越是重要的信息，越是需要我们善于倾听才能把握得到。

2. 激发谈话兴趣

如果你对对方的谈话始终抱着一种真诚的、享受的倾听感觉，那么谈话者就会觉得自己的话有价值，进而会说出更多更有价值的信息。在交谈过程中，沉默的力量往往是很伟大的。某知名节目主持人在谈及他采访的心得时说，他总是用真诚的眼光注视对方，学会适度沉默，用沉默的力量来唤起对方打破沉默的念头，激发对方的谈话欲望。

3. 防止主观偏见

当我们和一个陌生人接触时，很多时候，第一眼就会对对方的相貌、衣着、举手投足等做出评判，觉得这个人就是"怎样怎样的"。但通常，当你经过仔细倾听对方对某一观点的论述后，你会因为他智慧的头脑、幽默的谈吐而改变之前的观点。因而，学会倾听能有效防止我们对他人"妄下结论"或"以貌取人"。

（二）倾听的环节

倾听在沟通中强调的是双方的互动，在这个互动的过程中，可以是思想和观点的交流，也可以是情感的交流。所以，倾听者不仅要仔细听取谈话者的内容，还要积极努力地理解对方，并给予对方支持和鼓励，同时在适当的时候给予反馈，这样才能保证谈话者有积极性，保障交流的顺利进行。

总的来说，完整的倾听过程包括接收信息、加工信息和传递信息。

来访者发出的每一条信息，咨询者都会接收它。信息的接收是一个内隐的过程，即我们不能直观看到咨询者如何接收及接收到的信息内容。当咨询者不再专注倾听时，就可能无法接收到任何信息。

一旦信息被接收了，它就会以某种方式被加工。加工信息的过程也是内隐的，在咨询者的头脑中进行，除非咨询者的某些非言语行为可能会提示某些线索。加工的过程包括思考和分析信息、推敲其意义。加工过程之所以重要，是因为咨询者的认知、自我对话和心智的（内隐的）预备和想象决定了他接下来的行为反应。信息加工过程很容易出现失误。例如，当咨询者的偏见或盲点让他无法接收到部分信息或使他无法正确地理解信息时，咨询者可能听到的是他们想听的而不是真正传送的信息。

有时咨询者可以正确地接收和加工信息，但因为缺乏技巧而无法有效传递信息。比起接收和处理信息的内隐过程中所发生的失误，传送信息时出现的问题较容易纠正。

（三）倾听的类型

1. 身体倾听

身体倾听是指在咨询过程中，咨询者的全身姿势传递出他对来访者的关切，愿意聆听与陪伴。身体倾听是心理咨询中一项至关重要的技巧，它要求咨询者通过全身的姿势和动作，向来访者传递出真诚的关切、倾听的意愿及陪伴的温暖。在交流过程中，咨询者的身体可以略微倾向来访者，以表达对其话语的重视与关心。此外，良好的目光接触也是必不可少的，它能让来访者感受到咨询者的专注与支持。咨询者还要保持身体的放松，以平静的心态感染来访者，共同营造一个轻松愉悦的交流氛围。这一系列动作共同构成了一个全面而细致的身体倾听过程，为来访者提供了一个安全、舒适、被倾听的环境。

2. 心理倾听

心理倾听是指咨询者不仅倾听来访者的语言内容，而且注意来访者语言叙述中语调的抑扬顿挫、声音的高低强弱，以及伴随来访者的非语言行为。非语言行为蕴藏的信息，往往比语言行为更丰富、真实。咨询者在聆听来访者的叙述时，只有仔细观察来访者的身体动作，才能真正看透来访者的内心世界，设身处地，感同身受，让来访者感动于咨询者的理解与陪伴，自愿地卸下面具，呈现本来的面目，倾吐心声。

3. 非选择性倾听与选择性倾听

非选择性倾听意味着咨询者对会谈内容很少产生影响，而是让来访者掌握主动权，给来访者充分时间述说，咨询者给予注意并作出反应，其目的是鼓励和激发来访者自由地述说，以便最终弄清他的问题是什么。主要适用于尚未弄清来访者问题的咨询阶段。

选择性倾听是指咨询者从来访者所述说的内容中选择他认为重要的方面。选择性倾听以非选择性倾听为前提和基础。

（四）倾听的方法

倾听在沟通过程中有着重要的意义，然而人们却不可避免地会由于环境原因与个人原因导致倾听效果不佳。为此，我们需要采取相应的技巧来实现有效倾听。

1. 充分准备，营造环境

在沟通前，要根据本次沟通的内容及性质，在沟通时间选择、场所安排和距离确定上做好充分准备，确保沟通能在不受外界环境干扰的情况下进行，为有效倾听营造一个良好的沟通环境。首先，选择恰当的时间。沟通时间的选择必须得到双方的认可，安排较充分完整的时间，尽量避免在倾听过程中因其他事而被打断。其次，安排合适的场所。一个安静、舒适的场所能够避免外部噪声的影响，确保双方能够互相听清楚，在沟通过程中应尽量避免固定电话、手机和他人的干扰。最后，保持一定的距离。在正式的沟通场合，沟通双方应该保持一定的距离，过远不容易听清楚，过近则容易使说话者感到不自在。

2. 真诚理智，消除偏见

沟通由心开始，交流贵在真诚。只有双方敞开心扉，用心对待，真诚交流，才能达成有效沟通。因而，在沟通过程中，应时刻提醒自己通过交谈到底要解决什么问题，告诫自己应摒除偏见，做到坦诚相对，认真倾听，理智判断。在倾听过程中，应该把注意力集中在对方所传递的信息本身，而不应将个人情绪与主观成见掺杂进来，以免影响我们对信息的正确判断。更不能因为自己与谈话者或者谈话者所谈内容涉及的人有过矛盾，就刻意在沟通中忽略其所传达的信息。除了消除对谈话者的偏见外，还需要消除对其所传递信息的偏见。即使你不完全同意对方的观点，也要敞开心胸倾听对方的话语，以免遗漏重要的信息。

3. 适度沉默，认真听讲

在沟通过程中，适度的沉默往往能够达到无声胜有声的效果。因此，我们要正确对待沉默，灵活运用沉默，借助沉默达到最好的沟通效果。一方面，我们要理解对方的沉默。当对方突然沉默，我们应反思：是否自己的沟通表现让对方产生了不满情绪？自己认真倾听了吗？另一方面，要学会沉默。当对方在认真陈述观点时，应该保持沉默，认真倾听，不要急着插话打断对方。

4. 及时反馈，适时总结

反馈可以强化沟通效果，并且为沟通者创造出一个真正的互动交流过程。倾听者在进行反馈时，应该是真诚的、友好的、开放的、直接的、有建设性的、有意义的。第一，在沟通过程中，应适当以"是的""我明白了""好"等语言来积极回应对方，或者有礼貌地提出问题，鼓励对方作进一步的解释或澄清。第二，适时表达自我，即必要时可用自己的话准确简洁地将对方所说的要点予以概况重述，以表示你在认真听和认真记录，同时也可以检验自己是否正确理解了对方所传达的意思。而当你对对方的观点不甚了解、给不出语言反馈时，此时行为反馈显得尤为重要，你可以给对方一个肯定的眼神、一个微笑、一个点头的动作，这也会让对方感觉到你在重视他的讲话，对其话题感兴趣，并且赞同他的观点。

在沟通过程中，要适时地对谈话内容进行归纳、提炼和总结，从而达到明确要点、概括中心、澄清真相、得出结论的目的。在记录和归纳时，应注意区分事实和原理、观点和举例、证据和辩解，挖掘讲话者身体语言所隐藏的信息，以准确提炼和归纳出讲话者所要传递的主要思想和观点。此外，还应适时总结本人的思想，即个人对沟通内容的看法和立场，在倾听过程中的感悟都应及时记录和总结，为后面的反馈与互动讨论做好铺垫。

5. 耐心听完，再下结论

一个好的倾听者应该主动激发自身的倾听意愿，即使谈话者所谈的内容让你感到无趣、枯燥或者厌烦，作为一个好的倾听者也应该自我调动情绪，耐心地听说话者讲完其观点，听清楚全部内容，然后再做评价。在倾听过程中要学会克制自己，要避免直接的质疑或反驳，让对方畅所欲言。在谈话时，即使有问题，也应留到稍后再来查证，以避免中途打断对方。如果倾听者缺乏耐心，在讲话者刚开始讲话不久就断言该讲话毫无价值，那么就会影响接下来的倾听，也会失去一些重要信息甚至机会。

本章小结

（1）会议和面谈是组织内部重要的沟通方式，它们有助于集结团队智慧、明确目标方向、提高决策效率，同时也是加深团队成员相互理解、增强协作精神的重要手段。

（2）会议沟通的技巧：成功的会议需要有充分的会前准备，包括准备会议备忘录、硬件工具、会议室等。会议应有具体且明确的目标，并邀请最合适的人员出席。会议主席应确保会议按预定方向和进程进行，保持中立，鼓励多样化的发言。会议结束后应进行总结与跟踪，确保会议成果得到有效落实。

（3）面谈分为结构化、非结构化、半结构化等多种类型，适用于不同的沟通需求。

（4）有效的面谈需要明确目的、设计问题、安排环境，并运用适当的沟通技巧，如以寒暄、赞美为铺垫，善于倾听且语言得体等。

（5）非语言沟通包括身体语言、面部表情、语调等，在日常人际交往中起着重要作用。非语言沟通能够传递情感和态度，加强沟通效果，增强说服力，并展现自信和权威。

（6）倾听是指全身心地接收并理解对方的语言和非语言信息，是沟通中的重要环节。倾听有助于获取重要信息、激发谈话兴趣、防止主观偏见。倾听分为身体倾听、心理倾听、非选择性倾听与选择性倾听等类型。有效的倾听需要充分准备环境、真诚理智、适度沉默、及时反馈和耐心听完。

本章即测即练

自学自测　　　　　　　　　　　扫描此码

本章复习思考题

1. 身体语言（非语言沟通）如何与口头言语相辅相成、增强信息的传递效果？举例说明，并分析身体语言在这种情境下的具体作用。

2. 身体语言可能因文化差异而产生误解。请列举至少两个在不同文化中身体语言含义差异显著的例子，并讨论如何在跨文化沟通中有效管理和减少这些误解。

3. 阐述有效倾听的五个关键方法，并讨论如何在日常沟通中实践这些方法，以提高倾听质量。

4. 根据案例"发货为何推迟了"思考回答：

（1）由厂长钟海彪主持召开的这次计划协调会主要解决什么问题？

（2）你认为作为会议主持人，厂长钟海彪主持和控制会议的能力如何？他在会议中的表现如何？

（3）基于生产配制部王亚龙在计划协调会上的表现，你认

本章案例：发货为何推迟了

为会前他应做哪些准备？

（4）配制部值班长吴亮在会上的参与意识如何？需要改进的方面有哪些？

5. 请就如何开好部门协调会谈谈你的想法。

沟通实战演练

角 色 扮 演

1. 分组与角色分配

分组方式：3 人一组，每组分配讲话者、倾听者、观察者三个角色。

角色说明：

讲话者：选择话题（如"我最开心/难受的一次经历"），主动表达。

倾听者：通过提问、反馈或肢体语言回应讲话者（可故意表现兴趣或冷漠）。

观察者：记录互动细节，控制时间（讲话 5 分钟，倾听反馈 3 分钟）。

2. 活动流程

第一轮：

角色扮演：A（讲话者）、B（倾听者）、C（观察者）。

流程：

讲话者发言（5 分钟）→ 倾听者反馈（3 分钟）→ 观察者简要总结。

角色轮换：

第二轮：B 讲话、C 倾听、A 观察。

第三轮：C 讲话、A 倾听、B 观察。

全员体验：确保每人扮演过所有角色。

3. 教师活动

前期准备：提供话题示例（如情绪经历、未来计划等），示范倾听技巧（点头、提问、重复关键词等）。

过程监督：提醒时间控制，观察小组互动情况。

引导讨论：提问，鼓励学生分享角色体验。

4. 总结与反馈

讨论问题：

（1）哪种角色最难扮演？为什么？（如倾听需专注，观察需客观等。）

（2）倾听者的哪些表现会让讲话者更愿意继续讲？（如积极提问、眼神接触等。）

（3）讲话者是否能敏锐察觉倾听者的肢体语言？（如低头、看手机。）如何影响表达？

（4）有效的倾听技巧有哪些？（如共情反馈、避免打断等。）

（5）讲话者如何表达能吸引倾听者？（如结构清晰、情感真挚等。）

总结结论：强调倾听与表达的重要性，反思非语言沟通的影响。

第三章

团队沟通与协作

【名人名言】

　　一个篱笆三个桩，一个好汉三个帮。

——中国谚语

【学习目标】

1. 理解团队协作的重要性，以及团队沟通与团队协作在团队成功中的作用。
2. 了解提高团队协作效率的方法，掌握提升企业团队沟通效率的技巧。
3. 掌握团队决策沟通的方法，识别成功团队的特征。

本章思维导图

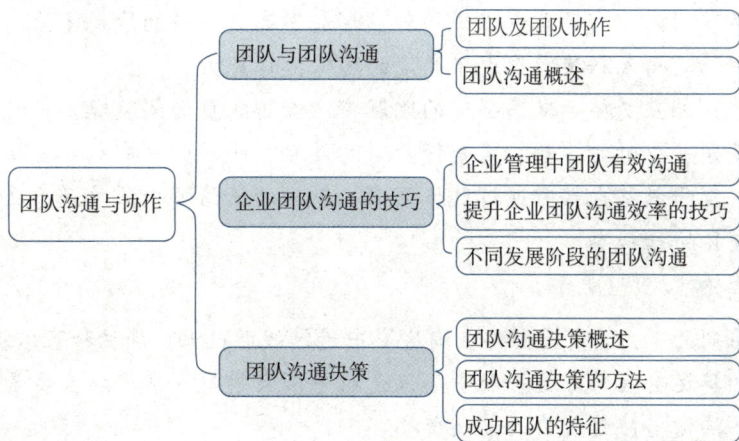

```
                              ┌─ 团队与团队沟通 ─┬─ 团队及团队协作
                              │                 └─ 团队沟通概述
                              │
                              │                 ┌─ 企业管理中团队有效沟通
 团队沟通与协作 ──────────────┼─ 企业团队沟通的技巧 ─┼─ 提升企业团队沟通效率的技巧
                              │                 └─ 不同发展阶段的团队沟通
                              │
                              │                 ┌─ 团队沟通决策概述
                              └─ 团队沟通决策 ──┼─ 团队沟通决策的方法
                                                └─ 成功团队的特征
```

导入案例

中国女排的辉煌之路

　　自20世纪80年代以来，中国女排一直是中国体育界的骄傲，以顽强的拼搏精神、精湛的技术和卓越的团队协作能力闻名于世。尤其是在2016年里约奥运会上，中国女排在小组赛表现不佳、排名第四的不利情况下，凭借团队间的高效沟通与紧密协作，最终逆袭夺冠，上演了一场震撼人心的"女排精神"回归大戏。这一案例不仅展示了体育竞技的魅力，更是团队沟通与协作的经典教材。

团队构成与挑战

中国女排由主教练郎平带领，队员包括主攻手朱婷、张常宁，副攻手袁心玥、颜妮，二传手丁霞，接应龚翔宇，自由人林莉等一众优秀球员。在里约奥运周期，队伍面临着新老交替、伤病困扰、国际对手实力增强等多重挑战。特别是在小组赛阶段，中国女排连续遭遇强敌，成绩不尽如人意，团队士气一度受到严重影响。

沟通与协作的关键行动

明确目标，统一思想：在主教练郎平的带领下，女排姑娘们首先明确了"每一场都是决赛，每一分都要拼尽全力"的目标，通过团队会议和个别谈心，确保每位队员都理解并认同这一目标，形成了强大的精神凝聚力。

开放沟通，解决问题：面对小组赛的不利局面，女排内部展开了深入的战术分析和心理调适讨论。郎平教练鼓励队员提出自己的想法和建议，无论是技术上的改进还是心理上的调整，都通过开放、直接的沟通找到了解决方案。这种氛围促进了信息的透明流通，增强了团队的信任感。

角色定位，互补协作：女排根据每位队员的特点，明确了各自在场上的角色和责任。例如，朱婷作为核心主攻手承担主要得分任务，而其他队员则根据比赛形势灵活调整，有的负责拦网，有的负责保障一传，形成了高效互补的战术体系。这种精细的角色分工和灵活的角色转换，体现了高度的团队协作能力。

情绪管理，相互支持：在高强度的比赛中，女排队员之间展现出了极强的情绪管理能力。无论是领先时的冷静，还是落后时的鼓励，队员间总能相互支持，保持积极的比赛态度。郎平教练也经常通过肢体语言、简短的话语给予队员正面反馈，有效调节了队伍的整体情绪状态。

成果与启示

经过一系列的努力，中国女排在淘汰赛中连续战胜巴西、荷兰和塞尔维亚等强队，最终夺得里约奥运会金牌。这一胜利不仅是对中国女排技术水平和身体素质的肯定，更是对其团队沟通与协作能力的最高赞誉。

思考：

1. 在中国女排的案例中，你认为哪些具体的沟通策略对团队的成功起到了关键作用？

2. 在面对团队逆境（如中国女排小组赛的不利局面）时，你认为有效的团队协作和沟通对于克服挑战的重要性体现在哪些方面？

第一节　团队与团队沟通

团队沟通是每个人都需要面对的重要内容。

团队成员分为领导者和追随者，只有知己知彼，才能在团队中学习成长，合作共赢。

团队沟通是连接团队成员、推动项目进展、增强团队协作与凝聚力不可或缺的一环。针对不同团队建设阶段的沟通策略进行区分，能够帮助管理者灵活调整沟通方式，以适应团队发展的动态需求。此外，我们还需要分析不同类型的团队决策及其适用场景，掌握提升团队决策质量的技巧，如促进多元化思维、鼓励积极参与、有效整合意见等，这些都是构建成功团队特征的关键要素。

一、团队及团队协作

团队是由具有不同背景、技能和经验的个体组成的，他们共享共同目标，通过分工合作、相互支持，共同推动项目进展。优秀的团队强调开放沟通、相互尊重与支持，为成员提供成长平台。团队协作，作为团队成功的核心，涉及信息共享、决策制定、问题解决等多个层面，要求成员具备专业技能与人际交往能力。高效协作能显著提升团队生产力、创新力和适应性，是推动项目成功、实现组织愿景的关键。

（一）团队及其特征

团队是一个特定的正式群体。团队能通过成员共同的协作努力产生积极的协同作用，团队为组织创造了一种潜力，能够使组织在不增加投入的情况下，提高产出水平。可以给团队下一个简明的定义：团队，是在可操作的范围内，为实现共同目标而自觉合作、积极努力、凝聚力强并且技能互补的若干成员组成的共同体。

相对于群体，团队拥有明显的特征，这些特征正是团队优于群体的所在，其特征主要体现在以下 9 个方面。

1. 共同目标

团队成员必须拥有一个清晰且共享的目标，这是构建团队凝聚力的基石。这个目标应该是具体、可衡量且能够实现的，它不仅能够激励团队成员朝着同一方向努力，还能在团队面临挑战时提供明确的指引。共同目标让团队成员明白自己的工作对于整个团队成功的重要性，从而激发出更强的责任感和使命感。在追求目标的过程中，团队成员会不断相互磨合，形成更加紧密的团队关系。

2. 多样性与互补性

团队成员在背景、技能和经验上的多样性是团队的一大优势。这种多样性意味着团队成员能够从不同的角度思考问题，提出创新性的解决方案。同时，团队成员之间的互补性也至关重要，不同的技能和经验可以相互补充，形成合力，增强团队的整体实力。例如，一个擅长数据分析的成员可以与一个富有创意的成员合作，共同推动项目的进展。这种互补性不仅提升了团队的工作效率，还促进了团队成员之间的学习和成长。

3. 明确角色与责任

每个团队成员都应该清楚自己的职责范围和工作任务，这是高效完成任务的基础。在团队中，角色和责任应该被明确界定，并且得到所有成员的认可。当团队成员明白自己的职责所在时，他们就能更加专注于自己的工作，减少不必要的冲突和误解。同时，明确的角色和责任也有助于团队成员在出现问题时迅速找到责任人，及时解决问题，确保项目的顺利进行。

4. 开放沟通

团队内部应该鼓励开放、诚实的交流，确保信息流通无阻。开放沟通不仅有助于团队成员之间的理解和协作，还能提升团队的决策质量。在团队中，应该建立一种鼓励成员表达意见和反馈的文化，让每个人都能够畅所欲言。同时，团队成员也应该学会倾听他人的观点，尊重不同的意见，共同寻找最佳的解决方案。通过开放沟通，团队成员之间的信任和合作会得到加强，团队的凝聚力和执行力也会得到提升。

5. 相互信任与支持

在团队中，成员间建立深厚的信任是至关重要的。信任是团队合作的基石，它能够让团队成员更加放心地与他人合作，共同面对挑战。当团队成员之间建立起信任关系时，他们会更加愿意分享自己的知识和经验，相互支持和帮助。这种信任和支持不仅有助于提升团队的工作效率，还能在团队面临困难时提供强大的精神支持。团队成员应该学会相互欣赏和尊重，珍惜彼此之间的合作机会，共同创造更加美好的未来。

案 例

华为 2019 年应对美国技术封锁积极寻求团队协作

2019 年 5 月，美国商务部将华为列入出口管制实体清单，限制美国企业向华为出售关键技术和零部件，包括芯片、操作系统等。这一举措给华为的业务带来了巨大的挑战，因为华为在部分高端产品和技术上高度依赖美国供应商。

面对这一突如其来的危机，华为迅速启动了应急计划，并与国内供应链伙伴展开了前所未有的紧密合作。以下是这一时期的几个关键协作行动。

芯片替代与研发加速：华为立即与国内芯片制造商如中芯国际、紫光展锐等展开合作，加快自主研发芯片的进程，并推动国内供应链伙伴提升产能，以替代被限制的美国芯片。在这一过程中，华为不仅提供了技术支持和市场资源，还通过资金注入和联合研发等方式，帮助国内芯片制造商快速提升技术水平。

操作系统自主研发：在操作系统方面，华为宣布推出自主研发的鸿蒙操作系统（HarmonyOS），以替代被限制的谷歌安卓系统。这一决策背后，是华为与国内多家软件开发商、系统集成商的紧密合作，共同构建鸿蒙系统的生态体系，包括应用开发、系统优化、用户体验提升等多个方面。

供应链多元化：华为开始积极寻找和培育新的供应商，减少对单一来源的依赖。在国内，华为与众多零部件制造商、材料供应商等建立了更加紧密的合作关系，通过技术共享、联合研发等方式，提升供应链的整体竞争力。

政府与企业合作：在这一关键时刻，华为还积极与政府部门沟通，争取政策支持和指导。同时，华为也与其他中国企业合作，共同应对外部挑战，如与中国移动、中国联通、中国电信等运营商合作，推动 5G 技术的商用化进程。

通过这一系列紧密协作的行动，华为不仅成功应对了美国技术封锁带来的挑战，还在一定程度上促进了国内供应链的发展和升级。华为与国内供应链伙伴之间的协作，不仅提升了华为自身的竞争力，也为中国高科技产业的自主发展注入了新的活力。

这一案例充分展示了团队协作在应对外部危机时的重要性，以及华为作为国内高科技企业的领导地位和责任担当。通过紧密合作和共同努力，华为与国内供应链伙伴共同书写了中国高科技产业的新篇章。

6. 适应性

团队必须具备快速适应环境变化的能力，以便在激烈的市场竞争中保持领先地位。随着市场环境、客户需求和技术趋势的不断变化，团队需要不断调整自己的战略和战术。适应性强的团队能够迅速识别变化，灵活调整自己的工作计划和流程，确保项目的顺利进行。同时，团队成员也应该具备自我调整的能力，能够在不同的环境和情境下发挥出自己的最佳水平。通过不断提升团队的适应性，团队能够更好地应对未来的挑战和机遇。

7. 决策参与

鼓励成员参与决策过程是提升团队凝聚力和执行力的关键。当团队成员有机会参与决策时，他们会更加珍惜自己的工作机会，更加投入地参与到团队的工作中。同时，成员的参与也有助于提升决策的质量和准确性，因为不同的观点和经验可以相互补充，形成更加全面的决策方案。在团队中，应该建立一种鼓励成员参与决策的文化，让每个人都能够有机会表达自己的观点和意见。通过共同参与决策，团队成员之间的合作和信任会得到加强，团队的凝聚力和执行力也会得到提升。

8. 持续改进

团队应注重自我评估与反馈，不断寻求改进机会。在团队中，应建立一种持续改进的文化，鼓励成员不断反思自己的工作表现，寻找提升的空间。通过定期的评估和反馈，团队成员可以了解自己的优点和不足，从而制订更加有效的改进计划。同时，团队也应关注外部环境的变化，及时调整自己的战略和战术，以保持竞争力。持续改进不仅有助于提升团队的工作效率和质量，还能促进团队成员之间的学习和成长。

9. 成果导向

团队应该以结果为导向，注重效率与效果，追求共同成功。在团队中，应该明确每个项目的目标和期望成果，并根据这些目标来制订工作计划和评估标准。通过关注成果，团队成员能够更加清晰地了解自己的工作重点和方向，从而更加高效地完成任务。同时，成果导向也有助于激发团队成员的积极性和创造力，让他们更加努力地追求成功。在追求成功的过程中，团队成员应该相互协作、共同努力，以实现团队的整体目标。

练习：情景模拟

（二）团队协作的重要性

团队协作是企业内部实现目标的核心机制。在当今高度竞争的市场环境下，团队协作的优劣直接影响企业的生存与发展。团队协作能够集合成员的智慧与力量，提高工作效率，促进创新，增强企业竞争力。良好的团队协作还能培养员工的团队精神，提升员工的工作满意度和忠诚度。

对于团队协作而言，第一，共同目标是团队协作的出发点和归宿。一个清晰、具体且可实现的共同目标能够激发团队成员的积极性和向心力，使他们在面对困难和挑战时保持坚定的信念并不懈努力。共同目标不仅为团队提供了明确的方向，还促进了团队成员之间的沟通和协调，使他们在工作中能够相互支持、相互补充，形成强大的团队合力。在设定共同目标时，团队领导者需要与成员充分沟通，确保目标既符合团队的整体利益，又能体现每个成员的期望和诉求，从而增强团队成员的归属感和责任感。

第二，角色分工是团队协作的重要保证。在团队中，每个成员都拥有独特的专长和经验，这些差异构成了团队多样性的宝贵资源。为了充分发挥每个成员的优势，提高团队协作的效率，团队领导者需要根据任务需求和成员特点，合理地进行角色分工。这包括明确每个成员的职责范围、工作目标和时间节点，以及建立相应的绩效考核机制。通过角色分工，团队成员能够各司其职、各尽其能，既保证了任务的高效完成，又避免了资源的浪费和冲突的产生。

第三，有效的沟通与交流是团队协作的润滑剂。在团队中，成员之间需要频繁地交换信息、分享观点、协调行动。良好的沟通与交流能够消除误解、化解矛盾、促进共识，从而提高决策效率和团队整体的协同作战能力。为了实现有效的沟通与交流，团队成员需要具备良好的沟通技巧和倾听习惯，尊重他人的意见和感受，积极表达自己的观点和想法。同时，团队领导者还需要建立定期的沟通机制，如会议、报告等，以确保信息的及时传递和反馈。

第四，建立团队成员之间的信任与尊重是团队协作的基石。信任能够增强团队成员之间的默契和合作意愿，使他们愿意为了团队的共同目标付出更多的努力。尊重则能够激发团队成员的自尊心和自信心，使他们更加积极地投入工作中。为了

扩展阅读 3-1 阿里巴巴的崛起

建立信任与尊重，团队成员需要保持诚信、公正和透明的行为准则，遵守团队的规章制度和决策结果。同时，团队领导者还需要关注成员的个人成长和发展需求，为他们提供必要的支持和帮助。

第五，合理的激励机制是推动团队协作持续优化的重要手段。激励机制能够激发团队成员的积极性和创造力，使他们更加主动地参与到团队协作中。合理的激励机制应该包括物质奖励和精神激励两个方面，既能够满足团队成员的物质需求，又能够激发他们的荣誉感和成就感。在实施激励机制时，团队领导者需要注重公平性和可持续性，确保每个成员都能够得到应有的回报和认可。

因此，团队协作的成功离不开共同目标、角色分工、沟通与交流、信任与尊重以及激励机制等要素的协同作用。只有不断优化这些要素的配置和运作方式，才能打造出高效、和谐、富有创造力的团队。

（三）提高团队协作效率的方法

提高团队协作效率是组织成功的关键要素之一，它不仅依赖于个体的能力，更在于团队整体的协同作用。

1. 明确团队目标，增强凝聚力

明确团队目标是团队协作的起点，它如同一盏明灯，指引着团队成员共同努力的方向。例如，一家科技创新企业决定在六个月内推出一款全新的智能家居产品。为了确保项目成功，团队领导者在项目启动之初，就通过全体会议、项目计划书及目标分解图等形式，清晰地向每位成员传达了这一目标。这不仅让团队成员有了明确的工作方向，还激发了大家的积极性和创造力。在共同目标的驱动下，团队成员之间形成了强大的凝聚力，面对挑战时能够迅速响应，共同克服，最终按时完成了产品的研发与上市。

2. 加强沟通与交流，提升信息流通效率

高效的沟通与交流是团队协作的润滑剂。一家全球咨询公司，为了提升跨国团队的协作效率，采用了多元化的沟通工具，如视频会议软件、即时通信平台及项目管理软件等，确保信息能够跨越时区，实时传递。同时，公司还定期举行团队会议，让成员有机会面对面交流，分享经验，解决困惑。这种高效的沟通机制极大地减少了误解和冲突，提升了决策速度和执行力，使项目能够顺利推进，客户满意度持续上升。

3. 建立合理的激励机制，激发团队活力

合理的激励机制是激发团队成员积极性和创造力的关键。一家电子商务企业为了鼓励团队成员不断创新、提升业绩，实施了一套全面的激励方案，包括绩效奖金、股票期权、年度优秀员工评选及职业发展路径规划等。这种正向激励不仅增强了团队成员的归属感和忠诚度，还激发了大家的竞争意识和合作精神，形成了积极向上的工作氛围。在这种氛围下，团队成员愿意主动承担责任，积极寻求解决方案，从而推动了团队整体协作效率的提升。

4. 优化团队结构，确保技能互补

优化团队结构，根据项目需求灵活调整团队成员，确保每位成员都能发挥所长，实现技能互补。这要求团队领导者具备敏锐的洞察力和高效的人力资源管理能力，能够准确识别团队成员的优势和潜力，进行合理的角色分配，以实现团队效能最大化。

5. 培养团队精神，增进相互信任

团队精神是团队协作的基石。通过组织团队建设活动、共享成功案例、庆祝团队成就等方式，可以增进成员间的了解和信任，提升团队凝聚力。一个充满正能量的团队中，成员之间更愿意相互支持，共同面对挑战，从而推动团队向前发展。

6. 提升个人能力，促进团队成长

个人能力的提升是团队协作效率提升的重要支撑。通过提供专业培训、鼓励自我学习、分享最佳实践等方式，可以促进团队成员的专业成长，提升整体协作水平。一个不断学习、持续进步的团队将更具竞争力，能够更好地应对市场变化和业务挑战。

7. 及时反馈与调整，保持敏捷性

在团队协作过程中，及时反馈与调整至关重要。通过建立有效的监控和评估机制，及时发现问题，迅速调整策略，可以确保项目始终沿着正确的方向前进。这种敏捷性不仅有助于提升团队协作效率，还能增强团队的适应性和创新能力。

综上所述，提高团队协作效率需要综合运用明确目标、加强沟通、建立激励机制等核心策略，以及优化团队结构、培养团队精神、提升个人能力和及时反馈与调整等辅助策略。这些策略相互支持，共同作用于团队协作的全过程，为组织的高效运作和持续发展提供了有力保障。

二、团队沟通概述

（一）团队沟通的定义

团队沟通是指在团队内部成员之间，以及团队与外部相关方之间，为了实现共同目标、协调行动、分享信息、解决问题和促进协作而进行的信息交流和互动过程。它涉及口头、书面、电子等多种沟通方式，旨在确保团队成员对任务、目标、进度、挑战和解决方案具有清晰、一致的理解。有效的团队沟通能够促进信息共享、增强信任、减少误解和冲突，是团队成功运作的关键要素之一，有助于提升团队整体效能和成员满意度。

（二）团队沟通的要素

团队沟通的要素包括信息发送者、信息接收者、沟通渠道、反馈机制和情境因素。这些要素相互关联、共同作用，构成了团队沟通的基础框架。

1. 信息发送者：确保信息准确、清晰

在团队沟通中，信息发送者是沟通的起点，其责任重大。为了确保信息的准确性和清晰度，发送者需要做到以下几点。首先，对要传达的信息有深入的理解和全面的把握，避免传递错误信息或遗漏关键细节；其次，使用简洁明了的语言和表达方式，避免使用过于专业或模糊的术语，以确保信息易于被接收者理解；最后，在必要时，提供额外的背景信息或上下文，帮助接收者更好地把握信息的整体意义。这一要素对于新员工而言尤为重要，因为在团队合作中，他们经常需要向同伴或直属领导清晰、准确地传达自己的思想和观点。

2. 信息接收者：理解并反馈接收到的信息

信息接收者是沟通的另一端，其角色同样关键。接收者需要做到以下几点。首先，积极倾听发送者的信息，避免分心或打断；其次，对接收到的信息进行解码和理解，确保自己准确把握了发送者的意图；最后，通过反馈机制向发送者确认信息的接收和理解情况，如有误解或疑问，应及时提出并寻求澄清。这一要素的应用性体现为：在团队合作中需要不断接收并理解同伴或直属领导的信息，以确保团队工作的顺利进行。

3. 沟通渠道：包括面对面交流、电子邮件、会议等多种形式

沟通渠道是信息传递的媒介，其多样性和适用性对于团队沟通至关重要。面对面交流能够即时反馈和深入讨论，适合解决复杂问题或建立信任关系；电子邮件便于记录和追踪信息，适合传递非紧急或需要详细记录的信息；会议则能够集中讨论和决策，适合团队共同规划或解决问题。在团队合作中，应根据实际情况选择合适的沟通渠道，以确保信息的及时、有效传递。

4. 反馈机制：确保信息交流的闭环，及时调整沟通策略

反馈机制是团队沟通中不可或缺的一环，它确保了信息交流的闭环和持续改进。通过反馈机制，发送者可以了解接收者对信息的理解和反应，从而判断沟通效果并调整沟通策略。同时，接收者也可以通过反馈表达自己的需求和期望，促进双方更好地协作。在团队合作中，应建立有效的反馈机制，鼓励成员之间积极反馈和交流，以提升团队沟通的整体效果。

5. 情境因素：文化、组织结构、技术条件等外部环境影响沟通效果

情境因素是团队沟通中不可忽视的外部环境，它们对沟通效果产生重要影响。文化背景差异可能导致沟通中的误解和冲突，因此，在团队合作中，应尊重并理解不同文化背景的成员；组织结构决定了团队成员之间的权力关系和职责分工，影响着信息的传递和决策的制定；技术条件则决定了沟通渠道的选择和效率。

（三）团队沟通的原则

团队一般都有众多的参与方，各方既有共同目标，又有各自目标；既有整体利益，

又有各自利益。团队各参与方之间存在着相互依存的利益关系，因此，需要各参与方沟通和协调，最大限度减少冲突。沟通是在整个团队生命周期内，各参与方之间知识、信息等在团队内部和团队之间进行共享、交换和传递的过程。它是团队计划、实施、控制、决策等的基础和重要手段。

案例

沟通不畅成冤家

小贾是公司销售部的一名员工，为人比较随和，不喜争执，和同事的关系比较好。但是，前一段时间，不知道为什么，同一部门的小李老是处处和他过不去，有时候还故意在别人面前指桑骂槐，对跟他合作的工作任务也都有意让小贾多做，甚至还抢了小贾的好几个老客户。

起初，小贾觉得都是同事，没什么大不了的，忍一忍就算了。但是，看到小李如此嚣张，小贾一赌气，告到了经理那儿。经理把小李批评了一通，从此，小贾和小李成了绝对的冤家。

小贾的遭遇在工作中经常会出现。在一段时间里，同事小李对他的态度大有改变，这应该是让小贾有所警觉的，应该留心是不是哪里出问题了。但是，小贾只是一味忍让，这不是一个好办法，更重要的应该是多沟通。

但是结果是，小贾到了忍不下去的时候，他选择了告状。其实，找主管说明一些事情，不能说方法不对，关键是怎么处理。在这里，小贾、部门主管、小李三人犯了一个共同的错误，那就是没有坚持"对事不对人"。主管做事也过于草率，没有起到应有的调节作用，他的一番批评反而加剧了小贾和小李二人之间的矛盾。正确的做法是应该把双方产生误会和矛盾的疙瘩解开，加强员工的沟通来处理这件事，这样做的结果肯定会好得多。

每一个团队成员都应该学会主动地沟通、真诚地沟通、策略性地沟通，如此一来，就可以化解工作与生活中很多完全可以避免的误会和矛盾。

其实，在一个公司里，这样的情况每一个人都经常遇到，而且还会遇到非常多类似的情况。怎样合理地处理这样的沟通问题非常有实际意义。在团队沟通中，良好的沟通原则必不可少。

1. 沟通要一致

沟通管理有助于团队建设制定统一的运转管理模式，保证从信息的产生、传递、接收到反馈的全过程是一致的。沟通与团队建设的有关规定、说明、报告及规范操作办法紧密相连。沟通需要随着团队的进展与经验的积累而不断充实、调整与完善。因此，沟通必然要具备统一性，这样一个模板的建立越来越体现出沟通管理统一性原则的实用价值和关键所在。

2. 沟通要有效

所有的沟通工作都是为了使某一事件或问题矛盾得到解决，使矛盾各方最终达成一致而开展的。对信息的接收与理解是否符合信息发出者的意图，接收者与发出者间是否存在歧义，是衡量沟通是否有效的标准。有效的沟通起始于积极有效的聆听。在沟通中经常出现这样的情况：虽然你听到了我的话，并表示理解了，但是你所理解的并不是我说话的本意。因此，有效聆听是首要的。在团队管理实践过程中，在口头沟通和会议沟通时，沟通各方要集中精力，适时提问以真正弄清概念，避免词不达意或理解偏差，造成"你讲你的，我想我的"。聆听者要有耐心听清、弄懂讲话者的整个思路，不打断、不跑题、不排斥不同意见、不拒绝不同观点，更不要带着偏见去听。

信息发布者在表达中要使用准确、坦率的语言，尽量避免由于婉转客套的表达方式带来的误解。为了确认接收者是否准确地接收了信息，可以请其复述对内容的理解。只有信息发布者与接收者的理解一致了，沟通才可称为有效。

3. 沟通要适时

沟通管理也是有成本的，如果因过度的沟通工作或繁杂的制度规定使团队管理工作效率低下，那将得不偿失。因此，沟通工作的时机与频率的把握至关重要，一切要以必要原则为准绳，在团队管理环节，如工作结束、出现问题、统一目标等这些关键的时间点展开。

4. 沟通要有据

在团队建设过程中，所有信息都可能成为基准与依据，影响团队的规模、工作内容等，并可能引发变更，这直接关系到建设目标能否实现。因此，在按照团队规划进行操作时，变更不可避免。为了确保各项团队活动的合理性有据可查，沟通工作必须做到有据可依。随着时代的发展与科技的进步，录音、录像、图片等先进手段可以更准确、细致地记录沟通的过程与结论。这些手段作为传统备忘录的有力补充，能够充分说明实际工作的真实情况，为团队建设中问题的产生与解决、变更的处理提供了不可或缺的依据。因此，沟通要有据，是确保团队建设顺利进行的关键。

5. 沟通要及时

信息的产生、传递与接收就是为了使团队建设顺利进行，及时沟通可以使团队建设中出现的问题尽快得到解决，团队建设得以持续进行，这也是团队目标能够实现的重要保障。团队沟通采用语言、文字、身体语言、各种专业符号、影音资料等进行的人与人之间的交流，使彼此间能知道并理解其意图。沟通可以是口头的或书面的，可以是面对面的或是通过沟通媒介，如电话、文件、书信、电子邮件等。沟通可以是正式的，如例会、报告会、发布会等，也可以是非正式的。

第二节　企业团队沟通的技巧

团队有效沟通的意义在于确保信息的准确传递与理解，促进成员间的协作与信任。

通过有效沟通，团队成员能够明确各自的任务与目标，减少误解与冲突，提高工作效率。同时，它还能激发团队成员的创造力与积极性，增强团队凝聚力。在决策过程中，有效沟通能汇集多方意见，使决策更加全面合理。总之，团队有效沟通是团队成功的关键。要实现团队有效沟通，需要掌握一定技巧。团队有效沟通结合相应技巧，能让团队在复杂多变的环境中迅速适应，共同应对挑战，实现团队目标。

一、企业管理中团队的有效沟通

（一）团队有效沟通的意义

1. 充分挖掘员工的潜力

人的潜能是无穷的，然而，在很多情况下，人的潜能都是被不断挖掘出来的，而有效的沟通是挖掘员工潜能的一种有效方式。通过良好的沟通，可以对员工有一个更加正确、客观的认识，同时，还可以发现员工的优势和短板。充分发挥员工的优势、克服短板不仅可以提升员工自身发展，还能够提升企业的经济效益，从而实现员工和企业共赢的目标。沟通是相互了解的一种途径和方式。通过有效沟通，企业可以更加了解员工，也可以使员工对企业有更加深入的理解，从而进一步增加员工对企业的认同感。

2. 提升团队凝聚力

众人拾柴火焰高，企业的发展离不开每一位员工的努力，所有员工都拧成一股绳，劲往一处使，为企业的目标共同努力，这样才能有效提升企业的发展。而沟通则是提升企业团队凝聚力的一种有效途径，如果每个员工都只顾做自己的事，彼此之间不配合，那也就谈不上企业凝聚力。有效沟通可以增加彼此之间的交流，激发创新的火花，从而齐心协力为企业的发展出谋划策，进而有效加强团队的凝聚力，增加员工的认同感和集体荣誉感，进一步推动企业的良性发展。

（二）企业团队沟通管理中存在的问题

1. 沟通观念有待改进

很多企业在团队管理中都没有认识到沟通的重要性，严重缺乏有效沟通，从而导致团队管理出现问题。一般情况下，在团队中都由管理者做主，直接对员工实施命令，而没有充分考虑员工的需求，更谈不上与员工主动交流。不仅上下级之间的沟通交流比较少，团队也没有给员工提供互相交流的机会，团队之间很难做到信息共享，这对于团队的发展非常不利。在这种情况下，团队很难有良性的发展，而且还会影响团队成员的关系，从而使团队工作效率降低。没有良好的沟通意识，人际关系处于僵硬、隔阂、冷漠的状态，在团队管理工作中就很难开展有效的沟通，这样员工的价值和潜力就很难被挖掘，企业的发展也就会受到一定程度的阻碍。

2. 缺乏健全的制度规范

越来越多的企业认识到团队管理的重要性，并且团队管理工作也取得了一定的成效。但是对于团队管理中的沟通管理还没有制定具体、完善的规章制度，从而导致员工对团队沟通的重视程度偏低，在团队沟通中也比较随意，这样团队沟通就难以发挥有效的作用，在团队中可能会出现严重的自我意识，而忽视了团队的发展。此外，每个人的沟通能力和水平也存在明显的差异，在这种情况下就需要健全的制度，否则就会影响沟通的效率，给工作造成一定的影响。

3. 沟通方式比较单一

团队沟通的方式主要有口头形式和书面形式两种，口头形式多以开会、面谈为主。从实际情况来看，无论是口头形式还是书面形式都没有取得良好的效果，这主要是因为采用的沟通方式比较单一，员工的积极性不高，而且也没有真正地将沟通的理念和情感投入进去，从而导致沟通的效果较差。比如说开会，在有些公司中，开会是常态，每天会开各种各样的会，不仅浪费时间，还起不到良好的效果，员工对开会的积极性非常低。也有的公司开会仅仅是流于形式，完全没有任何意义和价值。因此，在团队沟通管理中需要不断丰富沟通的方式，使沟通真正达到良好的目的和效果。

二、提升企业团队沟通效率的技巧

提升企业团队沟通效率是优化团队管理、激发员工潜能、推动企业发展的关键环节。以下将从转变沟通理念、健全沟通管理制度、营造良好沟通氛围及丰富沟通渠道和途径四个方面，详细探讨如何有效提升企业团队沟通效率，进而构建高效协作、积极向上的团队文化，为企业的持续稳健发展奠定坚实基础。

1. 转变沟通理念，倡导以人为本

在企业团队管理中应该加强以人为本的理念。人的潜力和智慧是无穷的，充分挖掘员工的潜力和价值不仅能够有效提升员工的自我发展，还能使其更好地服务于企业，进而有效推动企业的发展。企业应该将人员因素摆在首位，坚持以人为本，加强管理者与员工之间的有效沟通。企业只有认识到团队沟通的重要性，并不断转变沟通理念，才能有效提升沟通的效果。员工是企业重要的财富资源，在团队管理中要确保沟通效果的最大化，从员工角度出发，转变沟通理念，尊重员工的想法，使员工积极参与到团队建设中，这样才能够有效提升沟通的效果，使团队合作达到最佳的状态。

2. 健全团队沟通管理制度

在团队沟通管理中还需要健全沟通管理制度，这样可以帮助员工进行更加高效的沟通。健全团队沟通管理制度可以从以下几个方面入手。一是双向沟通机制。加强双向沟通可以让员工充分表达自己的意见和看法，从而激发员工内在的潜能。同时，还可以使员工更加了解领导，提升对领导的满意度。二是沟通培训机制。开展沟通培训工作提升员工的沟通能力，让他们掌握沟通的技巧，这不仅有助于团队沟通管理，而且对于员工自身的成长发展也是比较有利的。三是沟通反馈机制。沟通有结果才能算作有效沟通，有必要建立完善的沟通反馈机制，从而有效提升沟通效果。

3. 营造良好的沟通氛围，提升员工沟通的积极性

在团队中，每个成员之间既是合作伙伴，也是竞争对手。因此，想要做好团队沟通管理，首先需要各成员之间坦诚以待、彼此交心，这样才有助于团队管理发展。在团队沟通管理工作中需要营造良好的沟通环境和氛围，让每个员工都把团队当作自己的家一样，彼此信任、相互扶持、相互帮助，从而有效地提升团队的凝聚力，使每个员工都敢于表达，为团队的发展献计献策。

4. 丰富沟通渠道和途径

想要提升团队沟通的效果，就需要不断丰富沟通的渠道，并把握每一次沟通的机会，这样才能真正发挥沟通的作用，进而有效提升团队管理。建立多元化的沟通渠道可以使团队之间的沟通更加高效顺畅，并且还可以让管理者及时了解员工的想法，进而为其提供相应的帮助。丰富沟通渠道可以从以下几个方面入手。一是充分利用网络技术；二是搭建正式的沟通渠道；三是充分利用非正式沟通，比如，组织团建、年会、外出旅游等娱乐形式的活动，在活动中进行有效的交流沟通，进而充分了解员工内心的真实想法和意见。各种不同形式的沟通渠道可以进一步提升沟通的效果。

三、不同发展阶段的团队沟通

团队的发展是一个动态且复杂的过程，正如生命的成长，它经历了从初创期的萌芽到成熟阶段的蜕变。在这个过程中，每个阶段的团队沟通特点与成员特性紧密相连，对沟通方式与效率提出了不同的要求。深入了解并适应这些变化，对于构建高效团队、推动项目成功至关重要。

（一）初创期的团队沟通：信任与愿景的基石

在初创期，团队成员多为志同道合的新面孔，他们往往怀揣着共同的梦想和愿景，对未知的未来充满探索与期待。这些成员可能有着不同的背景，但他们对团队的目标和使命有着高度的认同感。由于团队规模较小，成员间的互动频繁，关系相对紧密，这为团队的快速发展奠定了良好的基础。

在初创期，团队沟通的特点与策略聚焦于建立信任、明确愿景与目标，以及促进角色定位。信任是这一阶段沟通的核心，团队成员需要相互了解，明确各自的职责和期望。通过面对面的直接沟通，分享个人经历、职业背景和价值观，有助于快速建立个人与个人之间，乃至对整个团队的信任感，从而增强团队的凝聚力和向心力。与此同时，团队沟通应紧密围绕共同愿景和目标展开，确保所有成员对团队的发展方向有清晰的认识。定期的团队建设活动，如团队会议、愿景研讨会等，为成员提供分享见解和想法的平台；共同制订团队的目标和计划，形成开放、诚实的交流氛围，有助于塑造共同的价值观和行动准则。此外，在初创期，团队成员的角色定位可能并不明确，因此，通过沟通了解每个成员的专业能力和兴趣点，为他们分配合适的任务和角色，不仅有助于发挥每个人的优势，提高团队的整体效率，还能促进成员间的相互理解和尊重，为团队的长期发展奠定坚实的基础。

案 例

字节跳动初创：信任·愿景·团队成长

字节跳动，作为一家在 2012 年成立的本土科技企业，其初创期的团队沟通实践充分体现了信任与愿景对于团队成长的重要性。

在初创阶段，字节跳动就确立了一个清晰的愿景——"连接人与信息，激发创造，丰富人们的精神世界"。这个愿景不仅为团队提供了明确的奋斗方向，更激发了团队成员的积极性和创造力。团队成员围绕这一愿景，共同努力，形成了强大的团队凝聚力。

为了建立团队之间的信任，字节跳动注重营造开放与透明的沟通环境。团队成员之间能够迅速分享信息，共同讨论和解决问题。这种高效的沟通机制确保了信息的及时传递和团队决策的快速响应。同时，字节跳动还倡导相互尊重与支持的文化氛围。在团队中，无论职位高低，每个成员都能得到平等对待和尊重。这种氛围让团队成员感到被重视和认可，从而更加愿意为团队贡献自己的力量。

在愿景的引领下，字节跳动团队持续追求创新和学习。他们敢于尝试新事物，勇于面对挑战。团队成员之间经常进行思想碰撞和创意交流，不断激发新的灵感和想法。这种持续的创新和学习精神不仅推动了产品的不断迭代和优化，也提升了团队成员的个人能力和素质。

正是基于信任与愿景，字节跳动团队在初创期取得了显著的成果。他们成功开发出了多款深受用户喜爱的产品，如抖音、今日头条等。这些产品的成功不仅为公司带来了巨大的商业价值，也提升了字节跳动在科技行业的地位和影响力。

字节跳动初创期的团队沟通实践表明，信任与愿景是构建高效团队的重要基石。只有建立起相互信任的团队氛围，明确共同的愿景和目标，才能激发团队成员的积极性和创造力，推动企业的快速发展。

视频：字节跳动主题视频

（二）初见成效阶段的团队沟通：协作与协调的关键

在初见成效阶段，团队沟通的特点与策略侧重于强调协作与协调、引入双向沟通机制及培养团队精神。为了确保信息的透明与共享，团队需要通过定期的会议、项目复盘等方式，让成员分享项目的进展、遇到的问题及解决方案。这些会议不仅促进信息的流通，还通过讨论和协商，及时解决团队内部的分歧和冲突，为团队的和谐与稳定奠定了坚实的基础。同时，为了激发成员的内在潜能和提高团队的创新能力，团队引入了双向沟通机制。这种机制允许信息的发出者和接收者在沟通中不断变换地位，如交谈、协商等，使成员能够更加自由地表达自己的想法和建议，同时也增进了对领导的理解，提升了满意度和忠诚度。此外，团队还通过团队建设活动，如团队培训、团队游戏等，来增进成员间的理解与信任。这些活动不仅让成员共同面对挑战、解决问题，还增强了团队的凝聚力和向心力，为团队的长期发展注入强大的动力。

例如，某软件开发团队在项目开发过程中遇到了技术难题。为了解决问题，团队定期召开会议进行复盘和讨论。在会议上，成员积极发言，分享自己的见解和想法。通过讨论和协商，团队最终找到了解决问题的方案。同时，团队还引入了双向沟通机制，鼓励成员提出建设性意见。这种沟通方式不仅解决了团队内部的分歧和冲突，还激发了团队成员的创新精神。在团队的努力下，项目最终取得了圆满成功。

（三）持续发展阶段的团队沟通：制度与技巧的并重

随着团队规模的扩大，成员背景更加多元。为了提升团队的整体效能与和谐氛围，建立健全的沟通管理制度、培养团队成员的沟通技巧及保持团队活力成为沟通策略的关键要素。

首先，设立专门的沟通渠道和反馈机制是确保信息流通顺畅、问题得到及时处理的基础。通过内部邮箱、即时通信工具等多样化的沟通渠道，成员间能够高效协作与交流。同时，构建反馈机制，鼓励成员积极提出问题和建议，有助于不断优化沟通流程，确保信息的准确性和时效性。其次，重视团队成员沟通技巧的培养至关重要。通过组织沟通技巧培训课程，教授成员有效表达、倾听及处理冲突等关键技能，不仅能提升沟通效率，还能促进更深层次的团队协作与理解。最后，保持团队活力同样不可或缺。定期举办户外拓展、团队聚餐等团队建设活动，不仅加深了成员间的相互了解与信任，还能使其共同面对挑战、解决问题，从而显著增强团队的凝聚力和向心力。这些活动还有效地缓解了工作压力，提升了团队成员的满意度和幸福感，为团队的持续健康发展注入了源源不断的活力。

（四）成熟阶段的团队沟通：创新与优化的永恒追求

在成熟阶段，团队形成了稳定的文化与结构，成员间默契十足。此时，团队成员对团队的目标和使命有着深刻的理解，能够高效地协作完成任务。然而，随着市场环境的变化和技术的不断发展，团队需要不断创新和优化以保持竞争力。

在团队发展的成熟阶段，沟通特点与策略主要聚焦于注重创新与持续优化、利用现代科技手段以及建立持续改进的文化。首先，团队高度重视创新与持续优化，鼓励成员不断提出新想法和创意。通过跨部门的沟通与合作，不同领域的知识得以共享，创新思维得以碰撞，这为团队带来了发现新机会和增长点的重要机遇，推动业务的持续发展和创新。其次，为了保持团队沟通的灵活性与即时性，团队充分利用现代科技手段，如企业社交平台、在线协作工具等。这些工具不仅极大地提高了沟通效率，还使团队成员能够随时随地获取所需信息和资源，从而更加高效地协同工作。最后，团队致力于建立持续改进的文化氛围，这包括鼓励成员积极提出改进建议，定期评估和优化沟通流程，并建立有效的反馈机制。通过这些措施，团队能够不断发现并解决沟通中存在的问题，进一步提升沟通效率和团队协作能力，为团队的长期稳定发展奠定坚实基础。

总的来说，团队的发展是一个动态且复杂的过程。在不同阶段，团队沟通的特点与成员特性紧密相连，对沟通方式与效率提出了不同的要求。深入了解并适应这些变化，采取相应的沟通策略，对于构建高效团队、推动项目成功具有重要意义。在未来的发展中，团队应继续注重沟通与协作能力的培养，不断创新和优化沟通方式，以适应快速变化的市场环境和业务需求。

第三节 团队沟通决策

团队沟通决策是团队管理过程中的关键环节，它涉及如何有效地传递信息、协调行动、解决问题及促进团队协作。一个高效的团队沟通决策机制能够确保团队成员之间的信息流通顺畅，促进团队目标的实现。

一、团队沟通决策概述

团队沟通决策是指在团队内部，为了达成共同目标，团队成员之间通过有效的沟通手段，对团队事务进行决策的过程。这个过程不仅涉及信息的传递和接收，还包括对信息的理解、分析和反馈。团队沟通决策的核心在于确保每个团队成员都能够充分表达自己的意见和看法，同时理解和尊重他人的观点，最终达成共识，形成有效的决策。

（一）团队沟通决策的重要性

团队沟通决策在提升团队整体效能方面发挥着至关重要的作用。首先，它能够显著提高决策的质量。通过汇聚多个成员的智慧和经验，团队沟通决策能够从多个角度对问题进行全面而深入的思考和分析，避免了单一视角可能带来的片面性和局限性，从而确保决策的全面性和准确性。其次，团队沟通决策有助于增强团队协作。在决策过程中，成员通过充分的沟通和交流，能够更好地理解彼此的角色和职责，明确各自的任务和目标，进而在协作中更加默契和高效，从而提高工作效率。此外，团队沟通决策还能促进团队创新。它鼓励成员勇于提出新想法和创意，并在讨论和交流中不断碰撞和融合，这种开放和包容的氛围能够激发团队的创新思维和创造力，为团队带来新的发展机遇。最后，团队沟通决策对于提升团队凝聚力具有重要意义。共同参与决策过程不仅让成员感受到自己的价值和影响力，还增强了他们对团队的归属感和责任感，从而提升了团队的凝聚力和向心力，为团队的稳定发展奠定了坚实基础。

（二）团队沟通决策的步骤

团队沟通决策是一个既复杂又精细的系统工程，它遵循一系列有序且细致的步骤来确保决策的有效性和团队的高效运作。

1. 明确决策目标的具体化

在启动团队沟通决策之前，首要任务是清晰界定决策的具体目标。这要求团队成员共同讨论并确定决策的核心议题，如提升产品性能、优化客户服务流程或开拓新市场等。同时，还要明确期望达成的具体结果，如提高客户满意度至 90% 以上、在 6 个月内完成新产品上市等。此外，设定决策的时间框架，如两周内完成初步讨论、一个月内形成最终决策等，有助于保持决策的时效性和紧迫感。

2. 收集和分析信息的具体化

一旦决策目标确定，团队需要广泛收集相关信息。这包括通过市场调研了解行业动态、竞争对手策略及客户需求；通过内部讨论掌握公司资源现状、技术能力及团队优势；通过专家咨询获取专业意见和解决方案。信息收集后，团队成员需要对信息进行整理和分析，提炼出关键数据和见解，为决策提供有力支持。

3. 确定决策参与者和沟通渠道的具体化

鉴于决策的重要性和复杂性，团队需要精心挑选参与决策的成员。这些成员应具备与决策议题相关的专业知识、经验和见解，能够提出有建设性的意见和建议。同时，选择合适的沟通渠道至关重要，如使用视频会议工具进行远程讨论，或组织面对面的研讨会以加深交流。确保信息的准确传递和及时反馈，是提升决策效率的关键。

4. 开展讨论和交流的具体化

在确定参与者和沟通渠道后，团队需要组织一系列讨论和交流活动。这可以包括定期召开项目会议，邀请专家进行专题讲座，或组织跨部门的工作坊，以促进不同背景和观点的碰撞与融合。在讨论过程中，鼓励团队成员积极发言，尊重并倾听他人的意见，共同探索解决问题的最佳路径。

5. 制定决策方案的具体化

基于讨论和交流的结果，团队需要综合各方意见，制定一个或多个决策方案。这些方案应充分考虑团队成员的提议，结合实际情况和需求进行精心设计。方案应具有明确的实施步骤、预期效果和评估标准，以确保其可行性和有效性。

6. 评估决策风险和影响的具体化

在制定决策方案后，团队需要对方案可能带来的风险和影响进行全面评估。这包括分析方案的正面效果，如提高市场份额、降低成本等；识别潜在的风险和挑战，如市场竞争加剧、技术难题等。通过风险评估，团队能够更加全面地了解方案的可行性和潜在问题，为后续的决策调整和优化提供依据。

7. 做出决策并实施方案的具体化

在充分评估风险和影响后，团队需要基于共识和方案的有效性做出最终决策。决策一旦做出，即应制订详细的实施计划，明确责任分工和时间节点。在实施过程中，团队成员应密切协作，确保方案的顺利执行。同时，建立监控和评估机制，及时发现并解决问题，确保决策目标的实现。

8. 总结经验和教训的具体化

决策方案实施完成后，团队需要对整个决策过程进行总结和反思。这包括评估决策目标的达成情况、方案的有效性及团队成员的协作情况。通过总结经验教训，团队能够发现自身在沟通决策方面的优点和不足，如沟通效率、决策质量、团队协作等方面的问题。这些经验和教训将为未来的决策提供宝贵的参考和借鉴，帮助团队不断提升决策能力和水平。

团队沟通决策是团队管理过程中的重要环节，它涉及团队成员之间的信息传递、协调行动、解决问题及促进团队协作等方面。一个高效的团队沟通决策机制能够确保团队成员之间的信息流通顺畅，促进团队目标的实现。在团队沟通决策过程中，需要明确决策目标、收集和分析信息、确定决策参与者和沟通渠道、开展讨论和交流、制定决策方案、评估决策风险和影响、做出决策并实施方案，以及总结经验和教训等步骤。通过遵循这些步骤，团队能够做出更加明智和有效的决策，推动团队的持续发展和创新。

二、团队决策沟通的方法

团队决策沟通是确保团队高效协作、快速响应市场变化、制定并执行有效策略的关键环节。在众多沟通方法中，两种被广泛认为能够有效促进团队决策的方法分别是"头脑风暴法"和"德尔菲法"。

（一）头脑风暴法

头脑风暴法是一种激发团队创造力、收集多样化想法的决策沟通方法。它鼓励团队成员自由思考，不受限制地提出各种可能的解决方案，旨在通过集体智慧的碰撞，产生富有创新性的想法。

具体步骤：

1. 准备阶段

确定目标：明确头脑风暴会议的目标，即要解决的问题或达成的目标。

组建团队：邀请具有不同背景和专长的团队成员参与，确保多样性。

设定规则：制定并宣布会议的基本规则，如鼓励所有想法、禁止批评和评判、保持积极态度等。

准备场地：选择一个舒适、无干扰的环境，便于团队成员放松思维。

2. 热身阶段

破冰活动：通过轻松的团队建设活动或小游戏，营造开放和友好的氛围。

问题阐述：清晰、简洁地介绍待解决的问题或目标，确保每位成员都理解。

3. 创意生成阶段

自由发言：鼓励团队成员自由发言，记录所有想法，无论多么微小或看似不切实际。

思维发散：使用思维导图、概念图等工具帮助团队成员拓展思维，从不同角度探索问题。

鼓励多样性：鼓励团队成员从个人经验、行业知识、外部趋势等不同角度提出想法。

4. 想法整理阶段

分类归纳：将收集到的想法进行分类整理，识别出相似或相关的想法。

初步筛选：去除明显不可行或重复的想法，留下有潜力的创意。

5. 评估与选择阶段

小组讨论：将团队成员分成小组，对每个创意进行深入讨论，评估其可行性、创新性、影响力等。

投票或打分：采用投票、打分等方式，选出最具潜力的几个创意。

细化与行动计划：

细化方案：对选出的创意进行进一步细化，制定实施步骤、资源需求、时间表等。

分配任务：根据团队成员的专长和兴趣，分配具体的实施任务。

设定监控机制：建立项目监控和评估机制，确保方案的有效执行。

头脑风暴法过程中需要保持会议节奏，避免时间过长导致疲劳。同时确保每位成员都有发言机会，避免主导性人物过度影响讨论。鼓励团队成员在会后继续思考，可能产生新的灵感。

（二）德尔菲法

德尔菲法是一种结构化的专家决策方法，通过多轮匿名调查和反馈，逐步收敛意见，达成共识。它特别适用于解决复杂、不确定性强的问题，能够在保持专家独立性的同时，充分利用集体智慧。

具体步骤：

1. 问题定义与专家选择

明确问题：清晰界定需要解决的问题或决策的目标。

组建专家小组：选择具有相关领域知识和经验的专家，确保多样性和独立性。

2. 第一轮调查

设计问卷：根据问题设计详细的调查问卷，包括开放式和封闭式问题，以收集专家的初步意见。

分发第一轮问卷：匿名向专家小组分发问卷，确保每位专家独立表达观点。

收集反馈：汇总专家的回答，进行初步分析。

3. 反馈与第二轮调查

编制反馈报告：将第一轮调查的结果（不包括个人身份）汇总成报告，包括统计分析和主要观点。

分发反馈：将反馈报告匿名分发给专家，鼓励他们基于新信息调整自己的意见。

第二轮问卷：设计新的问卷，针对第一轮中的分歧点或关键问题进行深入探讨。

4. 多轮迭代

重复反馈与调查：根据上一步的反馈，继续设计问卷，进行多轮迭代，直到专家的意见趋于一致或达到预定的迭代次数。

收敛性分析：在每一轮后，分析意见的收敛情况，判断是否需要继续迭代。

综合分析与决策：

汇总意见：将最终轮的调查结果进行综合分析，形成共识。

制定决策：基于共识，制定具体的决策或行动方案。

评估与调整：对决策方案进行初步评估，必要时进行微调，确保其可行性和有效性。

德尔菲法需要确保专家小组的多样性和独立性，避免利益冲突。问卷设计要精心，既要全面覆盖问题，又要避免引导性提问。迭代过程中，保持耐心，允许专家有足够的时间思考和反馈。最终决策时，考虑所有专家的意见，但也要认识到形成完全一致的意见可能难以实现，需要权衡各方观点。

无论是头脑风暴法还是德尔菲法，都是集中团队智慧、促进有效沟通的重要工具。头脑风暴法强调自由思考和创意的碰撞，适合快速激发新想法；而德尔菲法则通过结构化的调查和反馈，确保决策的严谨性和共识性。在实际应用中，团队应根据问题的性质、时间紧迫性、资源可用性等因素，选择最适合的沟通方法，并灵活运用，以达到最佳决策效果。同时，无论采用哪种方法，保持开放的心态、尊重多元意见、鼓励创新思维，都是确保团队决策质量和效率的关键。

三、成功团队的特征

成功团队的特征，在于其卓越的团队沟通与无缝的团队协作，这两者如同团队的血液和骨架，共同支撑起团队的活力与效能。首先，从团队沟通的角度来看，成功团队展现出高度的开放性和包容性。团队成员之间建立了基于信任与尊重的沟通氛围，每个人都能够畅所欲言，表达自己的观点和建议，而不必担心被否定或忽视。这种开放性的沟通环境促进了信息的自由流动，确保了决策过程中的全面性和多样性。团队成员不仅愿意分享自己的想法，也乐于倾听他人的意见，通过有效的双向沟通，团队成员能够更加深入地理解彼此的观点和需求，从而减少了误解和冲突。此外，成功团队还注重沟通的技巧和效率。他们懂得如何运用有效的沟通技巧，如积极倾听、清晰表达、及时反馈等，来增强沟通的效果。在会议或讨论中，团队成员能够紧扣主题，高效交流，避免冗长和无效的讨论，确保每次沟通都能产生实质性的进展。

案例

中国乒乓球队五金壮举：混双冠军之路的不易

在万众瞩目的2024年巴黎奥运会上，中国乒乓球队再次展现了其无与伦比的实力与风采，史无前例地包揽了混双、男单、女单、男团和女团五个项目的金牌。这一辉煌成就的背后，是团队沟通与协作的完美结合，更是每一位队员不懈努力与坚持的结果。其中，混双冠军的争夺尤为激烈，其不易之处更是令人动容。

团队沟通：细致入微，精准传递

中国乒乓球队内部建立了良好的沟通机制，教练与队员之间、队员与队员之间都能够保持密切的交流。在混双项目中，这种沟通显得尤为重要。教练团队不仅会根据对手的特点和比赛形势及时调整战术布局，还会通过细致入微的沟通，将战术意图精准地传递给队员。

在备战过程中，教练团队会深入分析对手的技术特点、比赛风格和心理素质，制定出针对性的战术方案。然后，他们会通过模拟比赛、视频分析等方式，将这些战术方案逐一演练，确保队员能够熟练掌握。在比赛中，教练团队会根据场上的实际情况，通过手势、眼神等方式，及时给队员传递战术调整的信息，确保队员能够迅速适应比赛节奏，发挥出最佳水平。

同时，队员之间也会通过眼神、手势等方式进行默契的配合。在混双比赛中，男女队员之间的默契程度直接关系到比赛的胜负。中国乒乓球队的混双组合在训练中会加强彼此之间的沟通与配合，通过不断的磨合与调整，形成了默契十足的搭档关系。在比赛中，他们能够通过眼神交流、手势示意等方式，迅速理解对方的意图，共同应对对手的挑战。

团队协作：相互支持，共同拼搏

中国乒乓球队在比赛中展现出了强大的团队协作能力。在混双项目中，这种团队协作能力更是得到了淋漓尽致的展现。

在混双比赛中，男女队员需要共同面对对手的挑战。中国乒乓球队的混双组合在比赛中能够相互支持、相互鼓励，共同面对困难与挑战。当一方出现失误或状态不佳时，另一方会及时给予鼓励与帮助，共同调整心态，重新投入比赛。

在团体比赛中，中国乒乓球队将团队协作发挥到了极致。队员不仅要在单打比赛中发挥出自己的最佳水平，还要在双打比赛中与队友默契配合，共同为团队的胜利贡献力量。在比赛中，他们能够根据对手的特点和比赛形势，灵活调整战术布局，通过默契的配合和出色的发挥，共同应对各种挑战和困难。

特别是在混双决赛中，中国乒乓球队的混双组合面对实力强劲的对手，展现出了顽强的斗志和出色的团队协作能力。在比分落后的情况下，他们没有放弃，而是相互鼓励、共同拼搏，最终凭借着默契的配合和出色的发挥，逆转对手，夺得了混双冠军。

在团队协作方面，成功团队展现出高度的协同性和目标一致性。团队成员深知，个人的力量是有限的，只有通过团队的共同努力，才能实现更大的目标和价值。因此，他们愿意放下个人的私利，以团队的整体利益为重，展现出强烈的团队精神和合作意识。在任务分配和角色定位上，成功团队能够做到人尽其才，物尽其用。他们能根据每个成员的专业技能、性格特点和个人兴趣，合理分配任务和角色，确保每个人都能够在自己擅长的领域发挥最大的作用。同时，团队成员之间也能够相互支持，互补短板，形成强大的团队合力。在面对挑战和困难时，成功团队能够迅速集结力量，共同应对。他们懂得如何调动团队的积极性和创造力，通过集思广益，找到最佳的解决方案。在执行过程中，团队成员之间保持着紧密的协作和沟通，确保每个环节都能够顺利进行，从而实现了高效的团队协作和目标的顺利达成。此外，成功团队还注重团队文化的建设。他们通过定期的团建活动、分享会等形式，增强团队成员之间的凝聚力和归属感。在团队文化中，鼓励创新、追求卓越、勇于担当等价值观得到了充分的体现和践行。这种积极向上的团队文化，不仅激发了团队成员的积极性和创造力，也为团队的长期发展奠定了坚实的基础。

成功团队的特征在于其卓越的团队沟通与无缝的团队协作。他们通过开放性的沟通环境、高效的沟通技巧和包容性的沟通氛围，促进了信息的自由流动和决策的全面性。同时，他们通过高度的协同性和目标一致性、合理的任务分配和角色定位、紧密的协作和沟通，以及积极向上的团队文化，形成了强大的团队合力，共同应对挑战，实现更大的目标和价值。这些特征不仅使成功团队在竞争激烈的环境中脱颖而出，也为团队成员的个人成长和职业发展提供了宝贵的经验和机会。

本章小结

（1）团队沟通是连接团队成员、推动项目进展、增强团队协作与凝聚力的关键环节。有效的团队沟通能促进信息共享、减少误解和冲突，提高团队整体效能。

（2）团队沟通的基本要素包括沟通者、沟通对象、沟通内容和沟通渠道。这些要素共同构成了团队沟通的基础框架，确保信息的准确传递与理解。

（3）有效沟通的技巧：通过倾听、清晰表达、恰当的非语言沟通及建立反馈机制等方式，可以实现更有效的团队沟通。此外，还应注意沟通的时机和情境，确保沟通的适时性和有效性。

（4）团队沟通的不同阶段策略：在团队初创期，应建立信任和明确愿景；初见成效时，强调协作与协调；持续发展阶段，注重制度与技巧的并重；成熟阶段，则追求创新与优化。

（5）团队沟通决策的方法主要有头脑风暴法和德尔菲法。头脑风暴法强调自由思考和创意碰撞，适合快速激发新想法；德尔菲法通过多轮匿名调查和反馈，确保决策的严谨性和共识性。

（6）成功团队展现出高度开放的沟通环境、高效的沟通技巧、高度的协同性和目标一致性。这些特征共同支撑起团队的活力与效能，推动团队目标的实现。

本章即测即练

自学自测  扫描此码

本章复习思考题

1. 分析不同的文化背景、年龄层和专业领域如何影响团队沟通，并提出至少三项策略来促进跨文化、跨代际和跨专业的有效沟通。

2. 讨论在何种情况下团队应倾向于提高信息透明度，以及在何种情况下需要更加注重信息的保密性。给出具体例子来说明这些决策的实际应用。

3. 分析远程工作环境下团队沟通面临的主要挑战，并提出至少三项策略来优化远程团队沟通的效率和质量，同时保持团队成员之间的连接感和归属感。

4. 根据案例"远程软件开发团队的沟通挑战与解决方案"回答：

（1）在创新科技跨国项目团队的工作过程中，团队成员面临哪些沟通挑战？

（2）他们是如何通过有效的团队沟通与协作策略来克服这些挑战，确保项目顺利推进的？

（3）请结合团队沟通的原则、障碍及解决方法等相关知识点，对团队成员的沟通行为进行深入分析。

本章案例：远程软件开发团队的沟通挑战与解决方案

沟通实战演练

设计一款面向学生的创新学习工具

1. 分组与角色分配

随机分组，每组 5～7 人，成员性格与能力多样。角色有：组长，组织讨论、协调任务与沟通进度；记录员，记录讨论要点、决策和进展；创意提出者，贡献新颖想法推动方案制定；协调者，解决分歧、促进有效沟通与和谐氛围；执行者，落实方案并反馈执行问题。

2. 活动流程

任务发布：教师设定任务，假设学校举办大型校园文化节，各小组需设计特色项目，涵盖主题、形式、宣传及预算，以吸引全校师生。同时说明任务要求与评估标准，强调团队沟通协作的重要性。

小组讨论与方案制定：组长组织围坐讨论，创意提出者激发思维，成员分享想法。记录员认真记录，协调者把控氛围，避免僵局。经充分讨论，筛选整合创意确定方案，执行者规划执行步骤，与成员商讨资源和时间安排，组长适时总结讨论内容并把握方向。

方案展示：小组推选代表向全班展示方案，阐述主题、特色、活动形式、宣传策略及预算。其他小组倾听后提问交流，展示小组解答疑问。

小组互评与教师点评：各小组依据评估标准互评，从创新性、可行性等方面评价，派代表发言提建议。教师全面点评，肯定亮点，指出问题并给出改进意见，强调沟通协作的体现与影响。

3. 教师活动

活动准备阶段：设计具有挑战性和趣味性的任务与背景资料，准备评估标准、评分表、参考案例等教学材料，布置好活动场地。

活动进行阶段：小组讨论时巡视，发现偏离或僵局及时介入引导。鼓励学生表达，关注内向和参与度低的学生。方案展示时维持秩序，倾听并记录关键信息。

活动总结阶段：组织互评与点评，引导多视角思考，培养批判性思维和团队意识。全面总结，结合小组表现分析案例，加深理论理解。

4. 总结与反馈

学生自我总结：成员反思自身角色表现，总结沟通协同的经验教训，撰写心得报告。

小组总结：小组讨论团队整体表现，分析沟通、协作等方面的优缺点，探讨改进措施，形成书面总结报告。

教师总结与反馈：教师收集学生报告分析反馈，总结活动，肯定小组和个人，剖析普遍问题，鼓励学生持续提升沟通协作技能，并反思活动设计与组织。

第四章

冲突管理与谈判技巧

【学习目标】

1. 了解冲突的基本概念及冲突在不同情境下的表现形式。
2. 明确谈判的基本概念，理解谈判的构成要素，掌握谈判的过程。
3. 具备运用不同冲突管理策略解决实际问题的能力，掌握有效的谈判技巧。
4. 在谈判过程中，能够运用所学的沟通与协作技巧，增强与他人的交流与合作，达成共赢的谈判结果，同时提升个人在团队和组织中的影响力。

本章思维导图

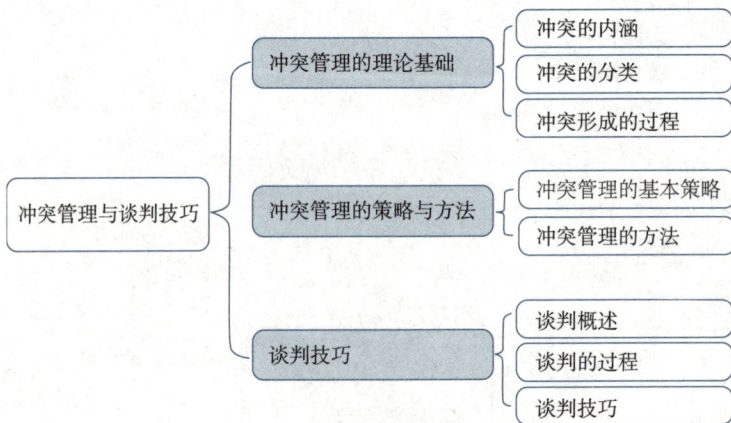

```
                                              ┌─ 冲突的内涵
                           ┌─ 冲突管理的理论基础 ─┼─ 冲突的分类
                           │                  └─ 冲突形成的过程
                           │
冲突管理与谈判技巧 ─────────┼─ 冲突管理的策略与方法 ┌─ 冲突管理的基本策略
                           │                     └─ 冲突管理的方法
                           │
                           │                  ┌─ 谈判概述
                           └─ 谈判技巧 ─────────┼─ 谈判的过程
                                              └─ 谈判技巧
```

导 入 案 例

中国—东盟自贸区 3.0 版谈判实质性结束

2024 年，中国—东盟自贸区 3.0 版谈判取得了实质性进展。这一事件不仅是亚太地区经贸合作的重要里程碑，也是在沟通中化解分歧、推动谈判的典范。在谈判过程中，双方围绕数字经济、绿色发展、供应链安全等新兴领域展开了深入讨论，这些领域都是当前全球经济发展的前沿和热点，因此谈判过程中不可避免地出现了诸多分歧和冲突。

在谈判初期，由于双方对新兴领域的理解、利益诉求和立场差异，导致在一些关键问题上存在严重分歧。例如，在数字经济领域，中国希望推动数据流动和跨境电子商务的便利化，而东盟部分国家则担忧数据安全和隐私保护问题；在绿色发展领域，双方对于环保标准的设定和实施方式也存在不同看法。这些分歧和冲突如果处理不当，很可能导致谈判陷入僵局甚至破裂。

为了有效化解冲突，推动谈判顺利进行，双方采取了多种策略。

加强沟通：双方通过定期举行谈判会议，就分歧问题进行深入交流。在会议上，各方充分阐述自己的立场和诉求，同时倾听对方的意见和关切，通过沟通增进理解和信任。

寻求共同点：在分歧中寻找共同点，是推动谈判的关键。双方意识到，尽管在具体问题上存在分歧，但在推动区域经济发展、加强经贸合作等方面双方有着共同的目标和利益。因此，双方努力将这些共同点作为谈判的基础，寻求双方都能接受的解决方案。

灵活妥协：在谈判过程中，双方都展现出了灵活性和妥协精神。对于一些非原则性问题，双方愿意做出适当让步，以换取整体谈判的进展。这种妥协不仅体现了双方的诚意和合作意愿，也为最终达成协议奠定了坚实基础。

经过多轮磋商和谈判，双方最终就数字经济、绿色发展、供应链安全等问题达成了共识，并签署了升级议定书。这一成果标志着中国—东盟自贸区 3.0 版谈判的实质性结束，为双方未来的经贸合作奠定了更加坚实的基础。同时，这一成果也充分展示了有效沟通在化解冲突、推动谈判中的重要作用。

思考：

1. 双方最初可能采取了哪种冲突处理倾向？（如竞争、回避、妥协等。）
2. 案例中"寻求共同点"策略如何体现了冲突解决模式的核心逻辑？
3. 若你作为中方谈判代表，如何通过"利益而非立场"谈判突破数据安全分歧？

第一节　冲突管理的理论基础

在纷繁复杂的组织环境与社会交往中，冲突作为一种普遍存在的现象，无时无刻不在影响着我们的工作与生活。冲突，既可能是推动变革、激发创新的催化剂，也可能成为阻碍合作、破坏和谐的绊脚石。因此，如何有效地管理冲突，将其负面影响降至最低，同时发掘并利用其潜在的积极价值，成为现代管理沟通中一个不可或缺的重要课题。

一、冲突的内涵

在人类社会组织中，人与人、人与群体、群体与群体之间必然会发生这样或那样的交往和互动关系。在这些错综复杂的交往与互动过程中，人们会由于各种各样的原因而产生意见分歧、争论、竞争和对抗，从而使彼此之间的关系出现不同程度、不同表现形式的紧张状态。这种紧张状态为交往和互动双方所意识到时，就会发生"冲突"。有关冲突的定义多种多样，我们可以从以下几个方面理解其内涵。

其一，冲突通常表现为两种形态：行为对立与心理矛盾。前者是外显的，体现为不同行为主体之间的对抗性互动；后者是内隐的，反映个体内部认知、情感或价值观的自我博弈。

其二，管理场域中的冲突具有双重维度：既包含客观存在的人际行为冲突，也涉及主观感知的心理冲突。值得注意的是，客观层面的行为对立必须经过个体的认知加工——只有当人们通过心理体验意识到不同主体行为间的严重对立，并因此产生显著的内心矛盾时，才能形成完整的冲突认知。这种特性决定了冲突既是客观存在的实体，也是主观建构的产物：其存在性既取决于可观测的对抗行为，更依赖于相关主体的主观认知与诠释。

其三，冲突的主体可以是组织、群体或个人，冲突的客体可以是利益、权力、资源、目标、方法、意见、价值观、感情、程序、信息、关系等。

其四，冲突是一个过程，它是从人与人、人与群体、人与组织、群体与群体、组织与组织之间的相互关系和相互作用过程中发展而来的，它反映了冲突主体之间交往的状况、背景和历史。

二、冲突的分类

冲突，作为人类社会组织中不可避免的现象，其分类方式多种多样。依据不同的视角和侧重点，可以对冲突进行如下详细划分。

（一）以冲突对组织的作用性质为依据

冲突在组织中的性质，决定了其是建设性的还是破坏性的。

（1）建设性冲突：又称适度冲突，这类冲突对组织具有积极的影响。它能够促进成员之间的交流与讨论，激发创新思维，推动组织变革与发展。建设性冲突通常发生在目标一致但方法或路径存在分歧的情况下，通过冲突与协商，能够找到更优的解决方案。

案例

苹果公司的产品创新过程

在苹果公司，新产品开发团队经常面临目标一致但方法或路径存在分歧的情况。例如，在开发 iPhone 的过程中，设计团队与工程团队对于产品的外观设计和内部构造有着不同的看法。设计团队希望外观更加简洁、美观，而工程团队则更注重产品的实用性和耐用性。这种分歧引发了建设性冲突。

然而，苹果公司的管理层并没有压制这种冲突，而是鼓励团队成员充分表达自己的观点，并通过冲突与协商来寻找更优的解决方案。在多次的讨论和辩论中，设计团队和工程团队逐渐找到了平衡点，既保证了产品的外观设计简洁美观，又确保了产品的实用性和耐用性。这种冲突不仅促进了成员之间的交流与讨论，还激发了创新思维，最终推动了 iPhone 产品的成功上市和公司的变革与发展。

通过冲突与协商，苹果公司找到了更优的解决方案，推动了产品的创新和组织的发展。这也验证了建设性冲突能够促进成员之间的交流与讨论，激发创新思维，推动组织变革与发展的观点。

（2）破坏性冲突是指在沟通和协作过程中，冲突双方以对抗性、攻击性的方式处理分歧，导致关系恶化、目标受阻，并对组织或团队产生负面影响的冲突类型。与建设性冲突不同，破坏性冲突的核心特征在于其对抗性和破坏性，它不仅无法推动问题的解决，反而可能加剧矛盾，甚至引发更广泛的人际冲突。

（二）以冲突呈现的基本形式为依据

冲突的形式多种多样，根据冲突主体之间的分歧点，可以将其划分为以下四种类型。

1. 认识冲突

源于冲突主体内部或各方之间对某一问题存在不一致的看法、想法和思想。这种冲突通常发生在知识、信息或理解层面，通过加强沟通、分享信息和增进理解，可以逐步化解。

2. 情感冲突

核心动因是冲突主体在情感上的不一致。当冲突各方在情感上产生隔阂或对立时，就会引发情感冲突。处理这类冲突需要关注情感层面的交流与沟通，寻求情感上的共鸣与理解。

小贴士

情感冲突的核心动因

情感冲突产生的核心动因是冲突主体在情感上的不一致，这种不一致源于多方面的因素，包括沟通差异、个体差异及组织结构差异等。

首先，沟通差异是情感冲突产生的一个重要原因。在沟通过程中，由于文化和历史背景的不同，语义困难、误解及沟通过程中的噪声干扰，都可能造成人们之间意见的不一致。这种沟通不良会进一步导致情感上的隔阂和对立，从而引发情感冲突。例如，在国际谈判中，谈判精英对于特定谈判议题可能形成不同的政治情感与价值判断，如果双方无法有效沟通，就可能产生情感冲突。

其次，个体差异是情感冲突产生的一个重要因素。每个人的社会背景、教育程度、阅历和修养都不同，这些差异塑造了每个人各不相同的性格、价值观和作风。这种个体差异往往导致合作和沟通的困难，成为某些冲突的根源。当个体在情感上无法认同或理解他人的观点和行为时，就容易产生情感冲突。

最后，组织结构差异也可能导致情感冲突的产生。在组织中，由于分工和职责的不同，各部门、各单位、各岗位之间可能存在利益和目标的不一致。这种不一致在资源分配、绩效奖惩等问题上尤为突出，容易导致人们之间产生对立和冲突。当这种冲突涉及情感层面时，就会引发情感冲突。

因此，从管理沟通的角度来看，要处理情感冲突，就需要关注情感层面的交流与沟通，寻求情感上的共鸣与理解。这包括改善沟通技巧、增强沟通效果、尊重个体差异、协调组织结构差异等方面的努力。只有这样，才能有效地化解情感冲突，促进组织的和谐与发展。

3. 目标冲突

源于冲突主体在结果追求上的不一致。当各方对目标的理解、期望或价值取向存在分歧时，就会产生目标冲突。解决这类冲突需要明确共同目标，协调各方利益，寻求共赢的解决方案。

4. 程序冲突

主要因为冲突主体在特定事情的运行过程或优先次序上存在分歧。这类冲突通常发生在工作流程、任务分配或决策过程中，需要通过协商、制定明确的规则和流程来化解。

（三）以冲突表现出来的激烈程度为依据

根据冲突的激烈程度，可以将其划分为以下三种类型。

1. 论辩性冲突

这是冲突过程最缓和的一种情况。在这类冲突中，冲突主体保持理性与克制，通过摆事实、讲道理、各抒己见等方式来影响对方、维护自身。论辩性冲突有助于沟通各方、情感宣泄、积极思维及催生新思想和新方法。

2. 战斗性冲突

这是冲突程度最激烈的一种情况。在这类冲突中，冲突主体自我控制能力急剧下降，认为彼此之间存在根本性利害冲突，陷入非赢即输的生存威胁式的极端立场。战斗性冲突往往导致破坏性结果，需要尽快采取措施进行干预和制止。

3. 竞争性冲突

这是介于论辩性冲突与战斗性冲突之间的冲突类型。在这类冲突中，冲突各方对自己的言行保持一定的理性控制，考虑策略对自身的影响及对方的反应。竞争性冲突能够营造你追我赶、优胜劣汰的竞争态势，在相同的"游戏规则"下追求有利于自身的差别均衡状态，并在竞争中解决冲突。

三、冲突形成的过程

冲突是一个动态的过程。实际的冲突一般是"冲突相关主体的潜在矛盾映射为彼此的冲突意识——酝酿成彼此的冲突行为意向——表现出彼此显性的冲突行为——造成冲突的结果与影响"这样一个逐步产生、发展和变化的互动作用过程。组织冲突是由相互依赖、相互作用的不同冲突主体之间的差异性和矛盾性所引起的一种对抗情形的产生、发展与变化的过程。

目前，有关冲突形成过程分析影响最大的理论是美国行为科学家庞蒂提出的"五阶段模式"，如图 4-1 所示。

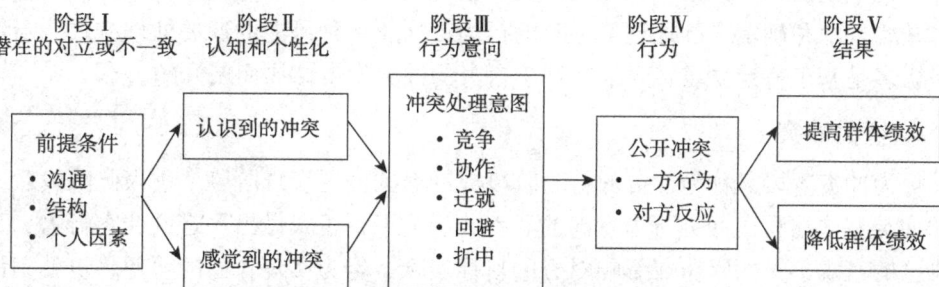

图 4-1 冲突的过程

庞蒂的冲突过程分析模式对于冲突理论研究与应用的重要贡献在于，他把冲突的产生和变化的历程划分为五个可以辨认的不同发展阶段：潜在的对立或不一致、认知和个性化、行为意向、行为、结果。这五个阶段比较全面、准确、形象地描述了冲突的萌生、形成、发展与影响的内在变化阶段的性质特征，较好地剖析了一般冲突形成过程及其内在的演变机制。冲突的五个阶段也可以看作冲突形成过程中循序渐进的五种不同冲突形态（见图 4-2）或五种不同性质的冲突、升级、演变、反馈的循环过程。

图 4-2 冲突的形态演变

1. 潜在冲突

潜在冲突阶段是冲突的萌生阶段，又称为冲突的潜伏期，主要表现形式为发生交互关系和互动过程的不同主体，彼此间存在和积累了能够引发冲突的一些前提条件。虽然这些前提条件并非必然导致冲突，但是它们聚集了冲突的根源，是冲突产生的必要条件。一旦这类冲突的前提条件积聚到位，或者说对这些交互作用主体潜在的对立或不一致处理不当时，冲突的过程就会开始，互动主体之间潜在的冲突（潜在的对立或不一致）就会转化成显在的冲突（显在的对立或不一致）。

2. 知觉冲突

知觉冲突阶段又称为冲突的认知期，是冲突主体对冲突的条件和根源——潜在冲突的认识和感觉阶段。也就是说，在冲突的这一阶段，客观存在的双方对立或不一致将被冲突主体的主观所意识到，产生了相应的知觉，开始推测辨别是否会有冲突、是什么类型的冲突、是什么性质的冲突等。冲突的主体也已体验到紧张或焦虑，从而使冲突问题与矛盾明朗化，潜在冲突向显在冲突发生转化。需要注意的是，潜在冲突虽与知觉冲突之间存在一定联系，但两者之间并非始终存在严格的前后顺序。

3. 意向冲突

意向冲突阶段又称为冲突的行为意向阶段。在此阶段，冲突主体要在自身的主观认知、情感与外显的行为之间做出究竟应采取何种行为的决策或特定行为意图取向的选择。也就是说，冲突主体在知觉冲突的基础上，依据自己对冲突的认识、定义和判别，开始酝酿和确定自己处理冲突时的行为策略及各种可能的冲突处理方式。当然，这一切多是基于特定立场、谋求有利于自身的冲突发展结局而展开的。

4. 行为冲突

行为冲突阶段又称为冲突的行为阶段或冲突的公开表现阶段。进入此阶段后，不同的冲突主体在自己冲突行为意向的导引或影响下，正式做出一定的冲突行为，来贯彻自己的意志，试图阻止或影响对方的目标实现，努力实现自己的愿望。也就是说，在此阶段冲突的主体自觉或不自觉地采取了公开的冲突处理行为，从而使潜在的冲突演变成为明显可见的公开冲突。此时的冲突行为往往带有刺激性、对立性和互动性，包括不同冲突主体的说明、争辩、活动和态度等。往往一方有所行为，对方就会做出反应行为，双方处于一种公开可见的相互作用与施加影响的动态过程，从而形成了人们通常最容易认识、感受和强调的冲突状态。当然，相互作用各方的不同类型和强度的行为表现，会导致不同强度和类型的冲突。

5. 结果冲突

在此阶段中，冲突主体之间的行为导致了冲突的最后结果，冲突的最后结果又会间接或直接地影响冲突的主体，并反馈形成新冲突的前提条件酿造新一轮"潜在冲突"。

单就冲突双方的关系来看，冲突的后果可以归结为胜胜、负负和胜负这三种形式。这三种形式的冲突后果说明，冲突主体在冲突结果中会有不同的损益（只有少数冲突结果能使双方满意，多数冲突的结果是后两种形式）。冲突主体在一场冲突结束后，由于面对的结局不同，从而会出现不同的反应或后续行

视频：东方甄选"小作文"
事件

为，所以冲突的结果并不一定意味着冲突的终结。

第二节　冲突管理的策略与方法

发现冲突、认识冲突是分析冲突的前提，分析冲突是处理冲突的基础，而处理冲突、正确有效地管理冲突则是研究冲突的目的和主体。

一、冲突管理的基本策略

冲突管理或冲突处理的策略模式已有多种，应用最广的通用策略模式是美国行为科学家托马斯用二维空间描述的冲突模式，如图 4-3 所示。

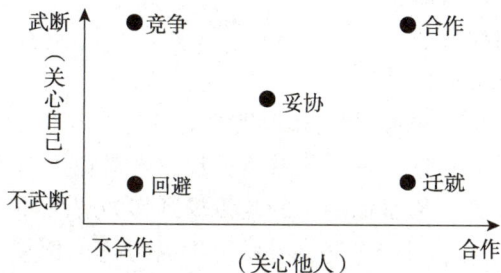

图 4-3　托马斯冲突管理模式

托马斯模式中的横坐标维度"关心他人"表示冲突主体在追求自身利益过程中与对方的合作程度，也就是其试图使他人的关心点得到满足的程度；纵坐标维度"关心自己"表示冲突主体在追求自己利益过程中的武断程度，也就是其试图使自己的关心点得到满足或坚持己见的程度。托马斯以冲突主体的潜在行为意向为基础，通过这样的横、纵坐标轴，定义了冲突行为的二维空间，并组合形成了通用的五种冲突管理基本策略。

（一）竞争策略

竞争策略又称为强制策略，是一种"我赢你输"、武断而不合作的冲突管理策略。奉行这种策略者，往往只图满足自身目标和利益，却无视对方的目标和利益，常常通过权力、地位、资源、信息等优势向对方施加压力，迫使对方退让、放弃或失败来解决冲突问题。这种策略难以使对方心悦诚服，是较少用的解决冲突做法，但在冲突主体实力悬殊或应付危机时较为有效。

竞争策略的常见表情形式有：

产生"赢—输"局势。

敌对争斗。

迫使对方认输。

运用权力等优势以达到自身目的。

竞争策略经常发生或常被用于以下场合：冲突各方中有一方具有压倒性力量；冲突发展在未来没有很大的利害关系；冲

扩展阅读 4-1　微软与网景公司的浏览器之争

突中获胜的成本很高、"赌注"很大；冲突一方独断专行，另一方则消极而为；冲突各方的利益彼此独立，难以找到共赢或相容部分；冲突一方或多方坚持不合作立场。

（二）回避策略

回避策略是指既不合作又不武断、既不满足自身利益又不满足对方利益的冲突管理策略。奉行这一策略者无视双方之间的差异和矛盾对立，或者保持中立姿态，试图将自己置身事外，任凭冲突事态自然发展，回避冲突的紧张和挫折局面，以"退避三舍""难得糊涂"的方式处理冲突问题。回避策略可以避免冲突问题扩大化。当冲突主体相互依赖性很低时，还可避免冲突或减少冲突的消极结果，但当冲突双方相互依赖性很强时，回避则会影响工作，降低绩效，并可能会忽略某些重要的看法、意见和机会，招致对手的受挫、非议和影响冲突的解决。故拟长期使用回避策略时，务必三思而后行。

回避策略的常见表现情形有：

忽略冲突，并希望冲突消失；

以缓慢的程序节奏来平抑冲突。

思考问题，该问题不作为主要考虑对象或将此问题束之高阁。

以保密手段或言行控制来避免正面冲突。

以官僚制度的政策规则作为解决冲突的方法。

回避策略会导致冲突各方进入僵局，所以也称为回避僵局方法。回避策略常被使用或经常发生在以下场合：①冲突主体中没有一方有足够力量去解决问题；②与冲突主体自身利益不相干或输赢价值很低；③冲突一方或多方不关心、不合作；④彼此缺少信任、沟通不良、过度情绪化等，不适合解决冲突。

扩展阅读 4-2 《三国演义》中的"空城计"，司马懿的回避策略

（三）合作策略

合作策略指的是在高度合作精神和果断的情况下，尽可能地满足冲突主体各方利益的冲突管理策略。奉行这种策略者必须既考虑自己关心点满足的程度，又考虑使他人关心点得到满足的程度；尽可能地扩大合作利益，追求冲突解决的"双赢"局面。合作策略的基本观点（或基本前提）是：①冲突是双方不可避免的共同问题；②冲突双方相信彼此平等，应有平等待遇；③双方充分沟通，信任对方，了解冲突情境；④每一方都积极理解对方的需求和观点，寻找"双赢"方案。

合作策略的常见表现情形有：

解决问题的姿态。

正视差异并进行思想与信息的交流。

寻求整合性解决方式。

寻找"双赢"的局面。

把冲突问题看作是一种挑战。

合作策略经常被使用或经常发生于以下场合：①冲突双方不参与权力斗争；②双方未来的正面关系很重要，未来结果的赌注很高；③双方都是独立的问题解决者；④冲突各方力量对等或利益互相依赖。

案例

中 美 建 交

"中美建交"是 20 世纪 70 年代的一个重大历史事件。当时，中美两国之间存在着多年的政治、经济和军事对抗。然而，随着国际形势的变化，两国都意识到合作的重要性。为了缓和紧张关系，实现共同利益，中美两国开始了一系列的外交接触和谈判。最终，在 1979 年，中美正式建立外交关系，实现了两国关系的正常化。

在这一过程中，中美双方都展现了高度的合作精神和坚持，通过多次的谈判和协商，逐步解决了彼此之间的分歧和冲突。美国方面关注其在国际上的地位和影响力，而中国方面则关注其国家安全和经济发展。双方都在合作中找到了满足各自关心点的途径，实现了互利共赢。中美建交不仅为两国带来了巨大的政治、经济和军事利益，也为世界的和平与稳定做出了重要贡献。

（四）迁就策略

迁就策略又称为克制策略或迎合策略，指的是一种高度合作且武断程度较低（不坚持己见），当事者主要考虑对方的利益、要求，或屈从对方意愿，压制或牺牲自己的利益及意愿的冲突管理策略。通常的迁就策略奉行者要么从长远角度出发换取对方的合作，要么是不得不屈从于对手的势力和意愿。

迁就策略的常见表现情形有：

退让或让步。

屈服或顺从。

赞扬、恭维对方。

愿意改进关系，提供帮助。

迁就策略的核心是迎合别人或其他群体的利益让步，或将己方需求的利益让与他人（他方）。此策略常被使用的场合为：①各自利益极端相互依赖，必须牺牲某些利益去维持正面关系；②力量过于悬殊，希望以让步换取维持自身利益或在未来其他问题上的合作；③己方缺乏使用其他策略处理冲突的能力；④己方对冲突结果的期望值低或低度投资，采取消极的或犹豫不决的态度。其中有着正面和负面两类理由。

（五）妥协策略

妥协实质上是一种交易，也称为谈判策略。妥协策略指的是一种合作性和武断性均处于中间状态，适度（居中）地满足自己的关心点和满足他人关心点，通过一系列的谈判、让步，避免陷入僵局，"讨价还价"地部分满足双方要求和利益的冲突管理策略。妥协策略是一种被人们广泛使用的处理冲突的方式，反映了处理冲突问题的实利主义态度，有助于改善和保持冲突双方的和谐关系。尤其在促成双方一致的愿望时十分有效。奉行此策略时，应在满足对方最小期望的同时做出让步，冲突双方应当相互信任并保持灵活应变的态度，着重防止满足短期利益在前、牺牲长远利益在后的妥协方案或妥协策略的消极影响。

妥协策略的常见表现情形有：

谈判。

寻求交易。

寻找满意或可接受的解决方案。

妥协策略可能发生或常被使用于以下场合：①冲突双方无一方有能力稳赢，从而决定按各方的有限资源和利益来分配（结果）；②双方未来的利益有一定的相互依赖性和相容性，有某些合作、磋商或交换的余地；③双方实力相当，任何一方都不能强迫或压服对方；④双方各自独立，互不信任，无法共同解决问题，但赢的赌注较多。

五种冲突管理策略的有效情境和无效情境如表 4-1 所示。

表 4-1　冲突管理基本策略的有效性

策略方式	有 效 情 境	无 效 情 境
竞争策略	• 问题很琐碎 • 必须尽快做出决策 • 有必要征服固执己见的下属 • 对你来说，另一方做出的不受欢迎的决策成本太高 • 下属缺乏做出技术性决策的能力 • 问题对你来说很重要	• 问题很复杂 • 问题对你来说并不重要 • 双方实力相当 • 一定要立即做出决策 • 下属的能力很强
回避策略	• 琐碎的问题 • 与另一方进行对抗的潜在破坏性超出了问题得到解决的收益 • 需要一定的"冷处理"的时间	• 问题对你来说很重要 • 做出决策是你的责任 • 双方都不愿意拖延，问题必须马上解决
合作策略	• 问题总是很复杂 • 为了得到更好的解决办法，双方的结合是有必要的 • 为了成功地实施，另一方承担一定的义务是必需的 • 时间上允许彻底解决问题 • 一方不可能单独解决问题 • 为了解决共同的问题，需要利用双方拥有的资源	• 问题或任务很简单 • 要求迅速做出决策 • 另一方不关心最终的结果 • 另一方没有解决问题的技巧
迁就策略	• 你相信自己是错的 • 问题对另一方来说更为重要 • 你愿意放弃某些利益以从另一方获取一定的未来收益 • 你是从处于弱势的角度出发处理问题 • 维持双方的关系非常重要	• 问题对你来说很重要 • 相信自己是对的 • 另一方是错误的或不道德的
妥协策略	• 双方的目标都是排他的 • 双方的实力相当 • 双方之间不可能达成一致 • 结合方式或强迫方式都不可能成功 • 需要一种解决问题的临时方案	• 一方更有实力 • 问题复杂到需要通过"解决问题"的方式来解决

案 例

某公司的市场营销部门由两个小组组成：传统营销组和数字营销组。传统营销组主要负责线下活动策划与执行，而数字营销组则专注于线上推广与社交媒体营销。随着市场环境的变化，公司决定加强线上线下营销的融合，以提高品牌知名度和市场份额。然而，在实施融合计划的过程中，两个小组之间产生了严重的冲突。

冲突表现：

资源分配不均：传统营销组认为数字营销组占用了过多的预算和资源，导致自己的活动受到限制；数字营销组则认为线上营销是未来的趋势，应获得更多支持。

工作理念差异：传统营销组强调线下活动的直接效果和人际互动，而数字营销组则看重数据分析与精准投放。两种截然不同的工作理念导致了合作上的障碍。

责任界定不清：在融合计划中，部分任务涉及两个小组的协作，但由于责任界定不明确，双方经常出现推诿和扯皮现象。

讨论：

如果你是该公司市场营销部门经理，为了解决这些冲突，应该采用哪些冲突管理策略来解决以上问题？

扩展阅读 4-3　冲突管理基本策略的有效性

二、冲突管理的方法

冲突，作为组织和个人发展中不可避免的现象，常常考验着我们的智慧与应变能力。如何有效地管理冲突，不仅关系到组织的和谐与稳定，更直接影响个人的成长与进步。冲突管理方法正是为了解决这一难题而诞生的一系列策略与技巧。从预防有害冲突，到激发正常的冲突，再到处理已经发生的有害冲突，每一种方法都蕴含着深刻的智慧和实践经验。通过学习和掌握这些方法，我们能够更加从容地面对冲突，以更加理性和成熟的态度去化解矛盾，推动个人与组织向着更加和谐、稳定的方向发展。

（一）预防有害冲突的方法

管理冲突应以预防为主，预防对群体、组织及个人的有害冲突或破坏性冲突为主。预防工作可以从实际出发，适当选用以下方法措施。

（1）合理选人，优化结构。即为了预防有害冲突，在组建群体或组织时，应当选择性格、素质、价值观、利益取向、人际关系等相匹配的人员，合理安排组织，切不可让格格不入的成员进行"搭配"，埋下有害冲突的根源。

（2）共同利益导向，把"蛋糕"做大。冲突尤其是有害冲突的重要根源之一是冲突各方对于稀缺资源的争夺。所以，在群体和组织管理中，要设计好大家的共同利益、共同目标和共同任务，在决定各种分配时，要把个体或各方的利益尽可能与共同利益捆在一起，"锅里有碗里才有"，努力把"蛋糕"做大，各得其所，减少因有限资源争夺而导致的有害冲突。

（3）建设组织文化，引导组织风气。一个组织或群体的冲突水平、冲突频率和冲突处置方式会受到其组织文化、组织风气的潜在影响。通过建设和推行理性看待冲突、崇尚合作、加强沟通等积极的组织文化和风气，来培养员工正确处理冲突、控制有害冲突发生的精神和素质。

（4）信息共享，加强交流。通过建立健全组织内或组织间的信息沟通渠道，加强各类主体和各种形式的交流沟通，实行信息共享，增进人员之间的共识和感情，可以有效降低由于人员的差异性、信息掌握程度不同或理解不同等原因引发的有害冲突。

（5）推行合理分工，责权利界定清晰。许多有害的冲突是由于个人、群体的工作责任、权力和利益界限不清楚或配置不当，导致彼此在工作中的扯皮、争夺、对立等行为而产生的。因此，应当在组织中大力推行人力资源管理，合理分工，科学界定不同群体和岗位的工作目标、工作内容、职责范围、责权利关系，使个人和群体的工作走向标准化、科学化，从而防范有害冲突的发生。

（6）强化整体观念，建立系统的考评体系。本位主义观念、对小集体或个人利益的过度追求，以及以个体或单方面绩效为中心的考评体系往往是导致有害冲突的根源之一。因此，应强化全局和整体观念，强调谋求组织整体的最大利益，并建立与之相适应的系统考评体系，把个人、团队和组织三个层次的绩效密切联系起来进行考核，以减少有害冲突的发生。

（7）实行工作轮换，提高换位思考能力。人与人、群体与群体在组织中承担的任务不同、工作环境不同等因素所造成的角色差异和思维定势也是产生有害冲突的根源之一。因此，在组织中建立工作轮换制度，加强人员对更多工作角色的了解、提高换位思考能力，可以有效预防由此引发的有害冲突。

（8）加强教育培训，提高人际关系处理技能。许多有害冲突的产生与发展源于当事人对潜在冲突或正常问题的解决不当、简单拙劣地处理人际关系矛盾。因此，应当开展相应的教育培训工作，提高组织成员处理人际关系的技能，提高他们处理各种矛盾问题的正确性和成功率，从而有效预防因此而导致的有害冲突。

（二）激发正常冲突的方法

激发冲突是冲突管理的一个重要方面，对于组织而言，合理的冲突能够激发创新、促进变革。

1. 改变组织文化来激发冲突

组织应接纳并鼓励合理的冲突，视其为推动组织发展的动力，而非"洪水猛兽"。

通过正面信息传播，如成功案例分享、创新成果展示等，营造敢于挑战现状、勇于革新的组织氛围。

利用加薪、晋升等激励手段，奖励那些敢于提出异议、坚持原则、进行独创性思考的员工，从而激发更多功能正常的冲突。

2. 强调差别和利害比较来激发冲突

在工作中设计绩效考评、激励等制度，明确个人或群体的差别和利害关系，促进竞争与鉴别。

通过比较，让员工意识到自身的不足与他人的优势，从而激发其提升自我、超越他人的动力，进而提高冲突水平。

3. 改革组织结构，打破现状来激发冲突

重新构建组织，调整工作群体，改变原有的组织关系和规章制度，打破组织原有的平衡和利益格局。

通过变革组织、群体和个人之间的互动和相互依赖关系，激发新的冲突点，促进组织的创新与变革。

4. 利用信息和沟通渠道来激发冲突

传递具有威胁性或模棱两可的信息，激发员工的积极思考和讨论，减少漠然态度。

恰当使用信息沟通渠道或手段，如通过非正式渠道散布可能的人事变动信息，试探和激发员工的不同反应与冲突，再根据实际情况进行正式确认或调整。

5. 利用"鲶鱼效应"激发冲突

从外界招聘或以内部调动方式引进背景、态度、价值观和管理风格与当前群体成员不同的个体，增加新思想、新看法、新做法的碰撞。

任命一名"批评者"或"吹毛求疵者"，让其专挑毛病、专唱对台戏，打破定势思维、从众效应和"过去惯例"，激发必要的冲突。

小 贴 士

"鲶鱼效应"与"鲦鱼效应"的区别

"鲶鱼效应"与"鲦鱼效应"的区别主要体现在它们的核心理念和应用场景上。

"鲶鱼效应"强调的是通过引入竞争或压力来激发活力。它源于一个管理学上的故事：北欧渔民在运输沙丁鱼时，为了防止沙丁鱼因窒息而死，会在鱼槽里放入几条好动、凶猛的鲶鱼。沙丁鱼看到鲶鱼后，会为了保命而加速游动，从而保持了旺盛的生命力。这个效应告诉我们，活力来源于竞争、压力和挑战。一个人或组织如果没有了竞争的压力，就可能会故步自封，失去上进心。因此，"鲶鱼效应"常被用于激发团队或个人的积极性和创造力，通过引入"鲶鱼"来激活"沙丁鱼"，推动整体向前发展。

"鲦鱼效应"则强调的是从众心理和领导的重要性。它源于动物学家霍斯特的实验：鲦鱼体形很小，适合群居，它们会选择一条最强壮的鱼作为头领。如果失去了头领，群体就会乱套。这个效应揭示了盲目跟随他人或缺乏独立思考的问题，提醒我们要保持清醒，不随波逐流，才能走出自己的人生道路。同时，它也强调了在一个团队或组织中，需要有明确的领导者和统一的决策方向，以确保团队能够齐心协力、朝着共同的目标前进。

"鲶鱼效应"和"鲦鱼效应"虽然都是描述群体行为或组织管理的现象，但它们的核心理念和应用场景截然不同。"鲶鱼效应"注重通过竞争和压力来激发活力，而"鲦鱼效应"则强调从众心理和领导的重要性。

6. 强调群体间界限，倡导"内和外争"来激发群体间冲突

在群体内部强调团结与和谐，增强群体凝聚力。

同时，强调与外部群体的差别和界限意识，将外部群体视为竞争对手，激发群体间的竞争与合作，从而促进组织整体的发展。

激发冲突是组织管理中不可或缺的一环。通过合理运用上述方法，组织可以激发有益的冲突，促进创新、变革与发展。同时，也需要注意控制冲突的规模和程度，避免其演变为破坏性的冲突。

（三）处理有害冲突的方法

处理有害冲突的方法也叫解决冲突的方法技巧，指的是当有害冲突不可避免地出现后，有效地对其加以处理，从而控制或减少其破坏性作用的具体方法与技巧。

（1）熟知基本冲突处理风格，理性对待和解决冲突。大多数人都能够根据环境和系统的变化来调整自己对不同冲突的反应和行为，然而每个人都有自己习惯和偏好的冲突处理的基本风格。这种潜在的冲突处理基本风格往往影响其在冲突中的可能行为方式，以及最经常采取的冲突处理方式和方法。了解和熟悉自己与冲突各方的基本冲突处理风格，是扬长避短、对症下药、理性处置冲突、避免习惯或错误方法导致冲突恶化的前提。

（2）区分冲突，审慎选择所要处理的冲突。群体和组织中的冲突不会简单、孤立地存在，总是多种多样、复杂关联的。其中既有鸡毛蒜皮不值得花费精力的冲突，又有极难解决、超出个人能力和影响力之外的冲突，当然也有一些适合处理的冲突。前两者并不值得花费过多的时间和精力，应当区分冲突的不同类型和处理价值，审慎地挑选出那些有价值、有意义，个人又有能力、有义务处理的冲突来进行处理，只有这样，才能提高冲突处理的成效。切记，管理者不可能解决所有的冲突，只有放弃不必要和不可能解决的冲突，才能有效地解决冲突。

（3）评估冲突根源和当事人。凡事总有来龙去脉、作用与反作用力。解决冲突方法的正确选择和处理方案的正确制定，很大程度上取决于对冲突根源和冲突当事人的了解和把握。因此，应当全面仔细地挖掘冲突的具体缘由，如人格差异、沟通差异等；应当花时间了解和评估冲突当事人的兴趣、价值观、人格特点、情感、资源等要素的状况和差别，并尝试从冲突双方角度来看待冲突情境与问题；要把工作的重点放在冲突各方的关键人物身上，力求有的放矢，为处理有害冲突奠定有利条件，大大提升解决冲突问题的成功率。

（4）选择与冲突特点相适应的冲突解决方式。冲突具有不同的层次和不同的类型，可谓多种多样、千变万化、特点各异，不同的冲突有其相对适应的冲突处理方式。如果冲突的处理方式选择不当，冲突管理就可能事倍功半、难以解决。冲突的常见处理方式有以下几点。

①冲突双方自助式解决冲突：冲突双方各自代表自身利益，面对面地采取讨论、谈判、磋商、沟通等方法来解决冲突的方式。

②冲突双方代理式解决冲突：冲突双方委托代理人（如律师、朋友、雇员、工会领导等）来解决冲突的方式。

③第三方调停式解决冲突：当冲突双方无法自行解决冲突时，双方共同邀请非当事人的第三方或上级使用劝说、讲道理、提供新的解决方案等办法来加以调停解决冲突的方式。

④第三方强制式解决冲突：当冲突双方或请第三方调停都无法解决冲突时，由非当事人的第三方运用强力、权威或法定权力强行制止和处理双方的冲突。冲突事件的仲裁、法院裁决或上级行政处理意见等即为此种方式。

第三节 谈 判 技 巧

在复杂多变的商业环境和社会交往中，谈判技巧无疑是一把打开成功之门的钥匙。无论是企业间的合作洽谈、商业合同的签订，还是日常生活中的利益协调、人际关系的处理，谈判都无处不在，且扮演着至关重要的角色。掌握高效的谈判技巧，不仅能够帮助我们在谈判桌上争取到更有利的条件，还能够促进双方的理解与合作，实现共赢的局面。

一、谈判概述

（一）谈判的定义

狭义的谈判是指人们在各类贸易、合作、联合及各种经济纠纷中，为使双方（或多方）的意见趋于一致，而进行的洽商。换言之，谈判是各方在"争"与"让"、"取"与"舍"之间寻求各方都同意接受的条件的过程。

谈判是实现合作与沟通的有效方法之一，是一种从不平衡转变到平衡、从无序转为有序的过程。美国谈判专家费希尔指

扩展阅读 4-4 比三个商人还要精明的人

出："每位谈判者都有两种利益：实质的利益和关系的利益。"各方的利益焦点并不是完全对立的。相互合作、互利互惠会使谈判各方既得到实质的利益，又获得关系的利益，以合作为起点，最终实现双赢。

（二）谈判的特点

通过对谈判概念的分析，总结谈判具有以下几个特征。

首先，谈判的主要目标是让对方接受己方的观点、基本利益或行为方式，企图通过谈判来说服对方。

谈判主体中一方所要追求的目标可能并不是另一方想要追求的，同理，一些人所维护的利益可能和另一些人想要维护的基本利益正好相反。由于所处的自然环境和社会环境等因素存在差异，再加上各自的思想、文化素质、道德、心理发展等方面都有所不同，这就决定了谈判主体中各方追求的目标和所维护的基本利益可能并不一致。

当一方希望自己所追求的目标和所维护的基本利益得到对方理解与接受的时候，就可以通过谈判来达到互相理解、协调。

案 例

分橘子的故事

一天，有两个孩子得到一个橘子，于是这两个孩子便讨论如何分这个橘子。为了各自分得的橘子不比对方少，两人最终达成了一致意见：由其中一个孩子负责切橘子，而另一个孩子拥有优先选择的权利。于是，这两个孩子按照原来商定的办法各自得到一半橘子，两个人高高兴兴地拿着自己的一半橘子回家去了。

第一个孩子把半个橘子拿到家，就把橘子皮剥掉扔进了垃圾桶，把果肉放到果汁机里打果汁喝。而另一个孩子回到家把果肉挖掉扔进了垃圾桶，把橘子皮留下来磨碎了，混在面粉里烤蛋糕吃。

从上面的故事可以看出，虽然两个孩子各自得到了看似公平的一半橘子，但各自的利益并未在谈判中达到最大化。如果他们在分橘子前进行了良好的沟通，彼此都很了解对方的需求，那么一个小男孩会得到所有的橘子肉，而另一个孩子也会得到全部的橘子皮。

其次，信息交流和思想沟通是取得谈判成果的基础。

思想交流、信息交流和利益交换是由谈判沟通特点所要求的，这三个方面既相互独立又相互影响。思想上的沟通依赖于信息的交流，信息交流、思想沟通的程度又同时制约或决定着谈判的结果。随着谈判的进行、信息交流的深入，谈判各方的思想会不断发生变化。所以在谈判中，双方要及时进行信息和思想上的交流、沟通。

再次，谈判是一个谈判各方互动的过程，单方面的行动并不能构成谈判。

谈判各方如果想要实现自己的利益、观点，必须在谈判的过程中不断地调整各方的利益关系。谈判各方都需要通过做出一定程度的妥协来达到谈判目标。否则，各方争执不下、互不相让，那么各方的利益都不可能实现。所以，不断地对各自利益需求进行调整是实现谈判目标的必然途径。

最后，谈判者的语言艺术在谈判信息的传递中起着举足轻重的作用。

谈判的过程就是谈判各方交谈的过程。各方通过语言阐述自己的想法和意见，同时倾听对方的观点与看法。他们把己方的信息传递给对方，同时还要把接收到的对方的信息转化吸收。在谈判中，信息不仅靠语言来传递，谈判者还通过体态、表情等一系列非语言方式来传递信息，同时通过这些非语言方式来接收、理解对方传递出来的信息。

扩展阅读 4-5　成功谈判者的心理要求

（三）谈判的构成要素

谈判的要素从静态结构上揭示了谈判的内在基础。谈判人员只有从整体上认识谈判的各项要素，才能从全局上把握谈判的主动权，使己方在谈判的进程中做到有的放矢、攻防自如，从而达到谈判的预期目的。一般来说，谈判的构成要素主要包括谈判主体、客体、目的、策略和结果等。

1. 谈判主体

谈判主体就是指参与谈判的当事人。谈判是双方或多方利益的较量，谈判是在人与人之间进行的，谈判主体是谈判活动的主要因素。谈判主体可以是自然人，也可以是经组合而成的一个团体；可以是双方，也可以是多方；可以只代表谈判人员自身的利益，也可以代表一个组织、一个地区或一个国家的利益。谈判活动的成效很大程度上取决于谈判主体的主观能动性和创造性。谈判主体有两种出现形式：一是出现在台前，即直接上谈判桌；二是位于台后，即不直接与对方谈判，而是为台前的谈判人出谋划策或准备文件资料。

谈判主体按其在谈判中的地位可分为主动方和被动方，而双方关系是不断转换的。为了使谈判取得圆满成功，谈判人员应具备良好的素质和修养。

2. 谈判客体

谈判的客体是进入谈判活动领域的议题，是谈判活动不可缺少的因素，谈判的内容就是由谈判客体决定的。谈判议题是指在谈判中双方要协商解决的问题，是谈判者利益要求的体现。谈判议题是谈判的起因、谈判的目的、谈判的内容，因此可以说它是谈判活动的中心。没有谈判议题，谈判就无法进行。谈判议题有不同的内容，它可以属于物质方面，也可以属于资金方面；可以属于技术合作方面，也可以属于行动方式方面。它最大的特点在于双方认识的一致性，如失去这一点，就无法作为谈判的客体促成谈判。

要成为谈判的客体，需要具备三个条件：它是双方共同关心并希望得到解决的问题；具备可谈性，即谈判的时机要成熟；涉及双方或多方的利益关系。

3. 谈判目的

参与谈判各方都须通过与对方打交道，并促使对方采取某种行动或做出某种承诺来达到一定的目的。如果只有谈判的主体和客体而没有谈判目的，谈判仍是不完整的，我们称之为闲谈。闲谈与谈判的区别在于：闲谈不涉及各方的利害冲突和经济关系，不会导致各方的尖锐对立或竞争，所以闲谈通常是轻松愉快的。而谈判恰恰是在涉及各方利益、存在尖锐对立或竞争的条件下进行的，无论谈判的表面现象是不是"轻松愉快""诚挚友好""坦率认真"的，实质上都是有关各方面智慧、胆识、应变能力的交锋（或交流）。有无目的性和达到这种目的的手段决定了闲谈与谈判在一定条件下相互转化的可能性。

4. 谈判策略

谈判策略是指谈判主体为解决谈判议题而依据谈判进程所采取的斗争方式和处理问题的方法及技巧。广义的谈判策略除包括具体的谈判策略以外，还包括谈判议题、谈判进度和谈判计划等的设计和安排。具体谈判策略是指谈判过程中具体采取的谈判方式和处理问题的方法及技巧。

5. 谈判结果

一次完整的谈判都会有一个结果。结果可能是有输有赢，也可能是多赢，还可能是破裂。没有结果的谈判是不完整的谈判。陷入僵局的谈判往往容易演变成不完整的谈判。不完整的谈判一方面会降低工作效率，另一方面也会影响谈判者的信心。

（四）谈判的分类

为了避免谈判的片面性，也为了有效地运用谈判技巧，可以从不同的角度、按不同的标准将谈判分成多种类型。

1. 按照工商企业营销谈判的层面划分

按照工商企业营销谈判的层面划分，可以分为销售谈判、原有合同的重新谈判、索（理）赔谈判等。

（1）销售谈判。这是商务谈判中最主要的类型。在销售谈判中，卖主关心的是卖价的高低和销售量的多少，买主关心的是产品的质量和服务的各项条件及价格上的优惠。谈判的主要内容包括总价、质量要求、特殊服务、包装、运输、结算方式、交货时间或发运时间等。

（2）原有合同的重新谈判。由于市场风云多变，在长期合同中，一般都有一些允许买主和卖主在合同截止期前重新谈判的条款或条件。初始合同应当设定重新谈判之前必须具备的条件。这样，可以避免使购销双方陷入为"重新谈判"而谈判的困境。例如，卖主在合同截止期前提出重新讨论合同的内容，买主必须做出决定，是取消合同并达成一个全新的协议，还是更改初始的合同。

（3）索（理）赔谈判。这是在合同义务不能或未能完全履行时，当事人进行的谈判。在商品交易过程中，由于卖方货物品质不符、数量短缺、包装不符、延期交货，或者买方擅自变更条件、拒收货物和延期付款等，而给对方造成损失时，都可能引起索赔（或理赔）。因此，为使以上争议能够圆满解决、不轻易通过仲裁机构来裁决，就需要双方心平气和地进行商谈。

2. 按谈判双方接触的方式划分

根据谈判各方接触的方式可划分为面对面谈判、电话谈判、书面谈判和网络谈判。

（1）面对面谈判。面对面谈判是谈判各方面对面地用语言谈判。这种谈判方式的优点有以下三方面。①面对面谈判是一种即时谈判。谈判各方可以详尽地陈述自己的观点，认真听取对方意见，并及时地做出反应，因此谈判效率较高。②谈判各方可以察言观色，掌握对方心理，便于施展谈判技巧。③面对面谈判有利于沟通，减少误解，加强感情交流，形成较融洽的谈判气氛。面对面谈判的主要缺点是成本较高，谈判各方不得不为谈判花费交通费、住宿费、接待费及大量时间。

（2）电话谈判。电话谈判指谈判各方通过电话进行的谈判。电话谈判也是一种即时谈判，因此谈判效率较高，而且电话谈判不要求谈判各方聚在一起，因此费用较低。

但在电话谈判中，谈判者不能察言观色、掌握对方心理，不利于沟通和感情交流，容易造成误解。

（3）书面谈判。书面谈判是指谈判各方利用信函、电传、传真等通信工具进行谈判的一种形式。在书面谈判中，谈判者不需要对对方的意见立即做出反应，有较充足的时间进行分析研究，有利于慎重决策。但是，书面谈判比较耗时，效率较低。在进行书面谈判时要注意的是：谈判者应尽可能使用规范的书面格式和专业术语，书写内容要言简意赅，力求使对方能全面、清楚地了解己方的条件和要求，以避免因文字表达不清而引起的误解。

（4）网络谈判。网络谈判是指谈判各方利用互联网进行谈判的一种谈判形式。网络谈判几乎具有以上三种谈判形式的所有优点：①通过互联网，谈判者足不出户就可以与世界各地的企业进行谈判，而且费用低廉；②通过音频、视频等工具，网络谈判可以获得面对面谈判的效果；③互联网可以快速地传递各种文件格式，因此网络书面谈判效率更高。作为一种新的谈判方式，网络谈判还有一些不完善的地方，如安全问题、电子文件的合法性问题等。不过可以预见，网络谈判以其突出的优势将得到广泛应用。

3. 按谈判的结果进行划分

根据谈判结果，可将谈判划分为对抗性谈判和合作性谈判。

（1）对抗性谈判。顾名思义，对抗性谈判的结果必是一方获胜，而另一方失败。在谈判中，双方是竞争对手关系。谈判双方非常重视眼前的竞争所带来的利益，而不在意以后的关系，因此竭力争取己方的最大利益。这种谈判又叫"零和"谈判、竞争性谈判。在谈判中，双方的目标几乎没有妥协的余地，大家都追求同样的实质利益；谈判双方以后交往的机会很小。在谈判中，双方首先各自采取立场，一方面维护自己的立场，另一方面设法让对方做出让步，最后则在妥协的方式下达成协议，但若妥协不成，则谈判随之趋于破裂。谈判紧张而激烈，双方都想驳倒对手，削弱对手的谈判信心。

（2）合作性谈判。合作性谈判强调的是：通过谈判，不仅要找到更好的方案去满足双方的需要，而且还要解决责任和任务的分配问题。谈判双方不但希望在谈判中得到各自所期望的利益，更希望通过这次谈判开拓长期的合作关系。谈判结局往往对谈判双方都有利，所以又叫作"双赢"谈判。为了达到双赢结局，谈判双方都会充分沟通、互换信息，让彼此了解真实的目标和要求。谈判双方尽管有各种各样的矛盾和冲突，但双方还是把对方视为合作伙伴，努力合作与交流，为一个共同的目标探讨相应的解决方案。在合作性谈判中，谈判双方都需要认知自身的目标及对方的目标，然后与对方共同探寻满足彼此需要的各个可行途径，最后再决定是否接纳其中的一个（或几个）途径，如表4-2和表4-3所示。

4. 按参加谈判的利益主体数量划分

根据参加谈判的利益主体的数量，可将谈判划分为双边谈判与多边谈判。

（1）双边谈判

谈判活动中只有两个利益主体，不存在第三方。在这种谈判中，双方的利益关系比较明确，也比较简单。双方在谈判过程中一般只需要注意明确本方及对方的利益、意图，处理好双方的利益协调问题，就可以达成较理想的协议。

表 4-2　对抗性谈判与合作性谈判比较

	对抗性谈判	合作性谈判
预期的目标	短期，双方目标不相协调，都在竞取眼下的实利，无视长期关系的发展	长期，同时强调眼下实利和长期合作关系
对对方的观感	不信任，怀疑，相互提防	开诚布公，倾向于相信对方
谈判的导向	强调己方的要求和谈判的实力地位，无视与对方的关系，甚至利用这种关系达到眼前的成果	设法满足对方的要求，认为这样对达到自己的目标更有利，努力增进至少不损害双方的关系
让步妥协的做法	让步越小越好	如果必须的话，愿意妥协让步，皆在促进关系
谈判时间	把时间用作谈判手段，用以压迫对方让步	把时间看作解决问题的手段，尽量和对方沟通，让对方有考虑的余地

表 4-3　对抗性谈判与合作性谈判中的谈判者比较

对抗性谈判中的谈判者	合作性谈判中的谈判者
视谈判对手为敌人	视谈判对手为问题解决者
追求的目标：获得谈判胜利，不信任谈判对手	追求的目标：在顾及效率及人际关系前提下达成需要的满足
对谈判对方及谈判主题均采取强硬态度	对对方提供的材料采取审慎的态度
掀底牌以误导谈判对方	对对方温和，但对谈判主题采取强硬态度，不掀底牌
在谈判对方压力下坚持立场	讲理，但不屈服于压力
以自身收益作为达成协议的条件	眼光放在利益上而非立场上，探寻共同利益

（2）多边谈判

在谈判活动中有两个以上的利益主体参加谈判。在这种谈判中，参加谈判的每一方都是一个利益主体。他们有各自的意图和利益。实践中的多边谈判往往先形成利益阵营，即在谈判主体之间根据大原则先分成派系，然后谈判在派系之间进行。而每一派系内部要本着求大同、存小异的原则，达成某种协议。互相配合，取得最后成功。因此，多边谈判比双边谈判要复杂很多。

二、谈判的过程

谈判在当今社会扮演着越来越重要的角色。然而，想要在谈判中取得"双赢"，谈判前的准备不可忽视。

（一）谈判前准备阶段

谈判的准备是指在思想上、物质上和组织上为谈判进行充分的准备工作，主要包括收集谈判信息、确定谈判目标、组建谈判队伍等。一般来讲，谈判的准备工作做得越充分，谈判的效果就会越好。同时，在谈判的准备阶段，谈判的各方还要就谈判的时间、地点等问题进行简单磋商，从而为下一步正式谈判打好基础。

1. 谈判前的信息准备

在现代社会中，任何一项活动都离不开信息，我们每个人都是信息的传播体，也是信息的接收体。信息在谈判中起着非常重要的作用。无论是对谈判对手利益需求的分析，还是对市场行情的估计，在很大程度上都取决于信息的获取质量。

案例

联想并购 IBM PC 业务的谈判

联想计划并购 IBM 的 PC 业务。为了这次并购，联想做了大量的信息准备工作。他们深入了解了 IBM PC 业务的财务状况、市场份额、技术优势及潜在的挑战和机遇。同时，联想也对自己的实力进行了全面评估，包括财务状况、技术能力、市场地位等，以明确自己在谈判中的优势和劣势。

由于联想对 IBM PC 业务及自身情况的充分了解，他们在谈判中能够准确地把握对方的底线和需求，从而制定出合理的并购方案。最终，联想以 12.5 亿美元成功并购了 IBM 的 PC 业务，这不仅为联想的国际化战略奠定了坚实的基础，也展示了谈判前信息准备在商务谈判中的重要性。

谈判信息搜集的主要内容包括：

（1）谈判宏观环境的信息。一方面详细了解有关国家或地区的政治状况、谈判双方有关谈判内容的法律规定、有关国家或地区外汇管理政策和国内各项政策；另一方面应该分析国内外市场发展形势，掌握市场容量和消费需求、销售信息、产品竞争信息，从而制定谈判目标，并掌握谈判的主动权。

（2）谈判对手的有关信息。可以通过对手现在或过去的雇员、曾与对手打过交道的人、文献资料来收集信息，或者通过直接观察来收集信息。可以从以下几个问题入手：他们为什么想和我们谈判；他们为什么要现在谈判；他们真正的动机是什么；他们和我们谈判的备选方案是什么；关于他们的可信度、道德观、文化风格，我们知道些什么；我们是否了解谈判对手的个性特点。

（3）对谈判内容的调查。有关谈判内容的调查包括对谈判问题的预测及其相应的配套措施的拟订。在对谈判问题的预测方面，可利用"黑箱理论"来分析。在谈判中，体现双方一致性的这部分利益是不会发生冲突的，但如何扩大这个共同的利益，就成为谈判双方都关心的焦点。体现谈判双方各自利益的部分，正是双方可协商谈判的部分，即如何在各自利益的驱动下采取合作的态度，使各自的利益转化为双方共同的利益。双方互不相容的利益部分将会成为谈判顺利进行的最大障碍。因此，谈判者应针对这些问题制订应对计划，做到有备无患。

2. 确定谈判目标

由于谈判的目标是一种主观的预测性和决策性目标，它的实现还需要参加谈判的各方根据自己利益的需要、他人利益的需要和各种客观因素的可能，来制定谈判的目标、设定目标层次，并在谈判中经过各方不厌其烦的"讨价还价"来达到某一目标。

（1）最高目标

最高目标是指对谈判者最有利的一种理想目标。它在满足某方实际需求的利益之外，还有一个额外的增加值。当然，在实际的谈判活动中，谈判一方的最高目标一般是单方面的、可望而不可即的理想点，很少有实现的可能性。因为谈判是各方利益互相兼顾和重新分配的过程，没有哪个谈判者会心甘情愿地拱手把全部利益让给他人。同样，任何一个谈判者也不可能指望在每个场合的谈判中独占鳌头。这种最高目标，又被谈判行家称为"乐于达成的目标"，老练的谈判者在必要时会放弃这一目标。

当然，这并不意味着最高目标在谈判桌上没有什么作用。最高目标往往是谈判开始时讨价还价的起点，也有可能起点会高于最高目标，这是谈判者常用的策略。如果一个诚实的谈判者一开始就和盘托出心中认为双方都能接受并会达成一致的目标，由于谈判者的心理需求和双方不同的利益需求的存在，他基本上不可能达到这一目标。美国著名的谈判专家卡洛斯对两千多名谈判人员进行的实际调查表明，一个良好的谈判者必须坚持"喊价要狠"的准则。在双方讨价还价过程中，倘若卖主减价较高，则往往会以较高价格成交；倘若买主出价较低，则往往会以较低价格成交。因此，在谈判桌上，以最高目标或高于最高目标为起点切入谈判，会使自己处于十分有利的位置。

（2）可接受目标

这类目标的机动性很大。在谈判中，最高目标和最低目标之间有着必然的内在联系。在谈判过程中，表面上似乎一开始要价就很高，往往提出己方的最高目标。实际上这是一种策略，目的是保护最低目标或可接受目标，这样做的实际效果往往超出谈判者最低限度的需求，然后通过谈判双方来回的讨价还价，最终可能在最低目标和最高目标之间选择一个中间的值，即可接受目标。

可接受目标虽不是硬性目标，但作用甚大。可接受目标对于谈判人员具有强烈的驱动力，它能够促使谈判达成协议。可接受目标的实现，即可视为谈判的胜利。在谈判桌上，为了达到各自的可接受目标，双方都会施展自己的技巧，运用各种策略，而这些策略总是为既定的可接受目标服务的。尽管谈判过程中情况复杂多变，不确定因素很多，但无论如何，也不能违背和脱离谈判双方的可接受目标。可接受目标实际上是一种弹性目标，目标富有弹性，谈判者能随机应变，随风转舵，获胜的可能性较大。以买卖双方的谈判为例，对于卖方来说，最高目标即为弹性目标的上限，最低目标即为弹性目标的下限。

（3）最低目标

最低目标是谈判者必须达到的目标。对于谈判者来说，这个必须达到的目标是毫无讨价还价余地的，宁愿谈判破裂也不会放弃这个最低限度的目标。也就是说，当谈判者被逼迫到最低目标时，已无再让步的可能。在谈判桌上，不能一味地追求最高目标，而置最低目标于不顾。这是一种常见的错误策略，这种谈判策略往往带来僵化死板的谈判气氛，不利于满足己方的主要利益。事实上，谈判当事人的期望值过高，容易滋长盲目乐观的情绪，往往对谈判过程中出现的千变万化的情况和突发事件缺乏足够的思想准备，缺少应变措施，对谈判过程中突如其来的事情不知所措。

最低目标是谈判者根据自身主观和客观的多种因素而合理制定的最低利益标准，它不是临阵拍脑袋得来的，必须经过多方论证。最低目标的确定，不仅可以为谈判者提供良好的应变心理环境和思想准备，还为谈判双方提供了可供选择的突破方案和成功契机。

谈判目标要严格保密，尤其是底线目标要格外注意保密。除了己方谈判的相关重要人员以外，绝不能将底线目标透露给其他人。在一些重要的谈判场合，有的谈判者甚至不惜花费重金聘请商业间谍刺探对方底牌，摸清对手的底细，做到知己知彼。谈判者对谈判目标一定要做好保密工作，否则就会使自己在谈判中处于十分被动的地位，给自己利益造成不应有的损失。

小贴士

在商务谈判中，让步是一项至关重要的策略，需要谨慎而行。

首先，对每一次让步都应深思熟虑，分析让步的利弊及其对整体谈判策略的影响。在让步前，务必评估对方的反应、可能的后续行动，以及己方让步后能否获得相应回报或优势。不应轻率决定，更不应接受对方的最初价格，因为初次报价往往留有较大议价空间，应通过讨价还价争取更有利条件。同时，通过询问、比较和分析，了解对方报价的合理性和市场行情，为后续谈判提供有力依据。

其次，让步应体现对己方有利的宗旨，避免无谓牺牲。在关键问题上，应坚守立场，不轻易让步；在次要问题上，则可根据情况灵活处理，以换取对方在关键问题上的让步。让步幅度应适中，不宜过大，以免让对方觉得己方缺乏诚意或急于求成，从而增加其议价能力。应通过小步让步的方式，逐步引导谈判走向成功，并保持对谈判节奏的控制。

最后，在做出让步时，应让对方感受到己方的努力和牺牲。每做一项让步，都必须使对方明白争取不易，可以通过强调让步的艰难和不易，以及己方为了达成共识所做出的努力，来增强对方的合作意愿。随着谈判的深入，让步的幅度应逐渐减小，数字也应越来越精确，以显示出己方的诚意和决心，并避免给对方留下过大的议价空间。同时，应谨慎提出最后的底价，确保在对方有诚意达成交易，并且己方已经做出足够让步的情况下才考虑提出，且提出时应以坚定而委婉的方式表达，避免给对方造成过大压力或反感。

3. 谈判人员的准备

谈判是专业性、组织性很强的活动。谈判人员的素质和结构直接关系到谈判的成效。因此，谈判人员的准备是谈判准备的重要内容之一。

（1）谈判人员应具备的基本素质

优秀的谈判人员一般应具备思维敏捷、精于辞令、逻辑清晰、推理准确、沉着坚韧、善于面对压力、善于决断等素质，并应具有较高专业知识水平。但是由于这些素质不具备可测量性，而谈判又是一种专业性很强的工作，因此现实中各企业往往把谈判经验和以往的谈判成绩作为挑选谈判人员的标准。

（2）组建高效的谈判队伍

谈判队伍的人员配备，应当根据谈判的性质和具体情况来决定，没有固定的模式。不过，谈判队伍的核心一般是由主谈人和谈判组长组成的。主谈人是谈判桌上的主要发言人，也是谈判桌上的组织者。他（她）的作用是将事先拟定的谈判目标和策略在谈判桌上予以实现。在大型项目谈判中，主谈人可能有两名：一名商业主谈人、一名技术主谈人。谈判组长是谈判队伍的领导者和谈判桌下的组织者，肩负谈判目标实施的任务。他（她）虽在谈判桌上不是主要发言人，但有发言权。此外，谈判队伍还包括专业辅助人员，他们的主要职责是在谈判中回答主谈人的咨询，提供信息和参考意见，详细记录谈判双方的主要情节，协助主谈人完成谈判任务。有时，在谈判中遇到一些特殊问题时，如生产工艺等，还需要请有关专家来参加。

4. 谈判方案的制订

一个好的谈判方案必须做到简明、具体、灵活。谈判方案包括谈判目标、谈判议程、选择谈判地点和安排谈判人员等方面的内容。

谈判的议程，简单来说就是指谈判的议事日程。谈判议程包括谈判的时间安排、确定谈判议题、谈判议题的顺序安排、通则议程与细则议程的内容。

谈判时间的安排是指要确定谈判在何时举行、为期多久。若是一系列的、需要分阶段进行的谈判，还应对各阶段的时间做出安排。谈判时间的安排是否恰当，会对谈判结果产生很大影响。一般来说，谈判者在选择谈判时间时，要考虑下面 6 个因素。

（1）谈判的准备状况。在安排谈判时间时要注意给谈判人员留有准备时间。

（2）谈判人员身体和情绪状况。谈判是一项精神高度集中、体力和脑力都消耗比较大的工作。谈判人员应尽量避免身体不适、情绪不佳。

（3）谈判的时机。谈判者应尽量避免在自己急于买进或卖出商品时才进行谈判。

（4）谈判议题。谈判议题是双方讨论的对象，凡是与谈判有关的都是谈判的议题。首先，要将与本次谈判有关的问题罗列出来；其次，将罗列出的各种问题进行分类，确定问题是否重要；最后，将对己方有利的问题列为重点问题加以讨论，对己方不利的问题尽量回避。

（5）谈判议题的顺序安排有先易后难、先难后易和混合型等几种安排方式。先易后难就是先讨论容易解决的问题，为讨论困难问题打基础；先难后易是指先集中精力讨论重要问题，再解决其他问题；混合型就是不分主次先后，把所有的问题都提出来进行讨论。要注意有争议的问题最好不要放在开头，以免影响以后的谈判。有争议的问题最好放在谈成几个问题之后、最后一两个问题之前。结束之前最好谈双方都满意的问题，以便给双方留下好印象。

（6）通则议程与细则议程的内容。前者是谈判双方共同遵照使用的日程安排，后者是对己方经审议同意后的具体策略进行安排，供己方使用。通则议程通常解决双方谈判讨论的中心问题，一般由一方提出，或双方同时提出，经双方审议同意后方能正式生效；细则议程具有保密性，一般包括对外投资的统一、谈判的顺序、提什么问题等。

（二）谈判开局阶段

在双方谈判者彼此开始接触之初，双方精力都比较充沛，所有谈判者的注意力也比较集中。这个阶段对整个谈判过程具有非常重大的影响，原因主要有：第一，开始接触时的谈判话题会对后面谈判的议题和解决问题的方式产生一定的作用；第二，各方会对对方的言谈举止进行观察、分析，以此确定自己接下来的行动方式；第三，谈判接触阶段的气氛会对以后的人际关系和谈判气氛产生作用，进而影响谈判的最终结果。

谈判者入座后，用短暂的一段时间整理文件、调整座位，然后谈判开始。

在这个阶段，谈判者要发挥个人影响力，努力营造一种易于使各方意见趋于一致的环境，创造出和谐的开场气氛，逐步引导谈判过程向达成共识的方向发展。切不可仅凭自己对对方的第一印象行事，也不要立即对对方的某些立场做出反应，应该多了解对方立场背后的需求和制约这些需求的条件。只有做到这些，发言才有力量。

谈判开局阶段非常重要，因为它为整个谈判奠定了基础。经验证明，在非实质性的开局阶段所创造的气氛会对谈判的全过程产生作用和影响。谈判人员在此阶段的任务是要创造一个对己方有利的谈判气氛，为谈判的后几个阶段打下良好的基础，以及阐述己方的观点、愿望和对问题的理解。谈判开局阶段策略一般包括开局策略和报价策略两项内容。

（三）谈判磋商阶段

谈判磋商阶段是商务谈判的核心环节，也是双方智慧与策略交锋最为激烈的阶段。在此阶段，双方将围绕各自的目标和利益展开深入的讨论和协商，力求达成互利共赢的协议。

首先，进入磋商阶段后，双方会就各自提出的条件和要求进行详细的阐述和解释。在这一过程中，谈判者需要运用良好的沟通技巧和表达能力，清晰、准确地传达己方的立场和诉求，同时倾听对方的观点和反馈。通过双方的交流，可以逐渐明确谈判的焦点和分歧所在，为后续的协商奠定基础。

其次，双方会就分歧点展开激烈的讨价还价。这是一个充满挑战和机遇的过程，需要谈判者具备敏锐的洞察力和灵活的应变能力。在此阶段，谈判者需要密切关注对方的反应和态度，及时调整己方的策略和让步幅度。同时，也要善于运用各种谈判技巧，如"红白脸"策略、欲擒故纵等，来引导谈判的走向。

再次，在磋商过程中，双方还需要就一些具体细节进行深入的探讨和协商。这些细节可能涉及价格、交货期、付款方式、质量标准、售后服务等多个方面。对于每一个细节，双方都需要进行充分的讨论和确认，以确保最终达成的协议能够全面、准确地反映双方的意愿和要求。

最后，在磋商阶段，谈判者还需要时刻保持冷静和理智，避免被情绪所左右。当遇到难以解决的问题或分歧时，可以适时地提出暂停谈判，给双方一些时间和空间进行思考和调整。同时，也要善于运用第三方力量或专业人士的协助，来推动谈判的顺利进行。

谈判磋商阶段是商务谈判中最为关键和复杂的环节。在此阶段，双方需要充分展示各自的智慧和策略，通过深入的讨论和协商，力求达成互利共赢的协议。同时，也需要保持冷静和理智，灵活应对各种挑战和机遇，以确保谈判的顺利进行。

案例

中国儒意与腾讯就收购永航科技 30% 股权进行了深入的谈判。永航科技作为一家游戏开发商，拥有《QQ 炫舞》《QQ 炫舞 2》及《QQ 炫舞手游》等知名游戏 IP，这些 IP 已累计拥有数亿注册用户，具有广泛的玩家基础和强大的影响力。

在谈判过程中，双方围绕收购价格、支付方式、股权结构、未来发展规划等核心议题进行了多轮的磋商和讨论。最终，在 2025 年 1 月 13 日，中国儒意发布公告称，同意向腾讯控股收购永航科技 30% 股权，代价总计约 8.25 亿元人民币。其中包括 7.425 亿元现金，以及儒意以每股代价股份 2.432 港元的价格向香港腾讯或其指定方配发及发行约 3670 万股代价股份。

此次收购对中国儒意来说，是其大力发展游戏业务、构建多元化产品矩阵的重要一步。通过收购永航科技 30% 股权，中国儒意将能够进一步丰富其游戏产品线，提升 IP 资源储备和战略运营能力。同时，对于腾讯而言，此次股权出售也有助于其优化资产结构，聚焦核心业务的发展。

（四）谈判收尾阶段

谈判收尾阶段是商务谈判的最后一个关键环节，也是双方努力成果得以体现的重要时刻。在此阶段，双方将基于之前的磋商和讨论，对谈判结果进行最后的确认和梳理，力求达成一个双方都能接受的最终协议。

首先，在谈判收尾阶段，双方会对之前讨论的所有条款和细节进行最后的回顾和确认。在这一过程中，谈判者需要仔细核对每一项内容，确保没有遗漏或误解。对于存在争议或不确定的条款，双方会再次进行深入的讨论和协商，力求达成共识。

其次，当双方对谈判结果达成一致意见后，会开始着手起草和签订正式的合同或协议。在起草过程中，谈判者需要确保合同条款的准确性和完整性，避免出现任何模糊或歧义。同时，也要明确双方的权利和义务，以及违约后的责任和赔偿方式。在签订合同前，双方还会对合同内容进行最后的审阅和修改，以确保其符合双方的意愿和要求。

再次，在谈判收尾阶段，双方还会就后续的合作事宜进行简单的沟通和规划。这可能涉及交货期、付款方式、售后服务等方面的具体安排。通过这一环节，双方可以进一步增进了解和信任，为未来的合作打下坚实的基础。

最后，当合同正式签订后，谈判者需要对整个谈判过程进行总结和反思。在这一过程中，谈判者需要回顾整个谈判的经过，分析己方的策略和表现，总结经验教训；

同时，也要对对方的合作态度和能力进行评价，为未来的合作提供参考。

谈判收尾阶段是商务谈判中不可或缺的重要环节。在此阶段，双方需要对谈判结果进行最后的确认和梳理，确保达成一个双方都能接受的最终协议。同时，也需要对后续的合作事宜进行规划和沟通，为未来的合作奠定良好的基础。通过总结和反思，谈判者可以不断提升自己的谈判能力和水平，为未来的商务谈判做好充分的准备。

三、谈判技巧

谈判是一种斗智的谈话方式。为了提高谈判的效率，增大谈判成功的可能性，同时更好地促进谈判双方的关系发展，除了在谈判各阶段运用适当的策略，谈判者还应掌握一些基本技巧。这会有助于己方把握谈判的方向，从而获得主动权。

（一）有效倾听

有效倾听是指在谈判过程中，全神贯注地听对方讲话，理解其言外之意，并展现出尊重与诚意。这一技巧是谈判成功的关键，因为它能够帮助我们建立与对方的信任关系，深入了解对方的真实需求和期望，从而为后续的协商和妥协奠定基础。

有效倾听的技巧包括：

（1）保持专注与耐心。在谈判中，我们需要将注意力完全集中在对方身上，避免任何可能分散注意力的行为。同时，我们还应该保持耐心，即使对方的话可能并不完全符合我们的期望或观点，也要耐心听完，并尝试从对方的角度去理解问题。

（2）捕捉关键信息。在倾听过程中，我们需要敏锐地捕捉对方话语中的关键信息，包括对方的立场、需求、期望及可能的让步点。这些信息将为我们后续的协商和妥协提供重要依据。

（3）理解言外之意。谈判中的语言往往具有多义性，我们需要学会捕捉对方话语中的潜台词。这要求我们不仅要理解对方直接表达的意思，还要通过对方的措辞、语气、表情和肢体语言来洞察其背后的意图和情感。

（4）给予积极反馈。在倾听过程中，我们应该适时给予对方积极的反馈，以确认我们是否准确理解了对方的意思。这可以通过点头、微笑、简短的话语等方式来实现，有助于增强双方的信任感和沟通效果。

视频：谈判中的沟通——
倾听

（二）清晰表达

清晰表达是指在谈判过程中，用简洁明了的语言阐述自己的观点和需求，确保将信息准确无误地传达给对方。这一技巧对于建立有效的沟通渠道、消除误解和推动谈判进程至关重要。

（1）明确表达目标和意图。在谈判开始之前，我们应该明确自己的目标和意图，并用简洁明了的语言将其表达出来。这有助于让对方了解我们的立场和需求，从而为

后续的协商和妥协提供基础。

（2）使用简单易懂的语言。在谈判中，我们应该尽量避免使用复杂或专业的术语，以免给对方造成困惑或误解。相反，我们应该使用简单易懂的语言来表达自己的观点和需求，以确保对方能够准确理解我们的意思。

（3）注意语气和语调。除了措辞之外，语气和语调也是影响清晰表达的重要因素。我们应该保持平和、自信且友好的语气和语调，以展现出诚意和尊重。同时，我们还应该注意语速和停顿，以确保对方能够跟上我们的思路并理解我们的观点。

（4）适时给予解释和说明。在表达观点和需求时，我们可能会遇到一些对方不熟悉或难以理解的概念或术语。为了确保对方能够理解我们的意思，我们应该适时给予解释和说明，用通俗易懂的语言来解释这些概念或术语。

（三）恰当提问

提问艺术是指在谈判过程中，通过开放式和封闭式问题来引导对话、获取信息并控制谈判节奏的技巧。这一技巧对于深入了解对方的立场和需求、发现潜在的合作机会及推动谈判进程具有重要意义。

（1）设计有针对性的问题。在提问之前，我们应该先了解对方的立场和需求，并设计出有针对性的问题来引导对话。这些问题可以是开放式的（如"你对这个方案有什么看法"）或封闭式的（如"你是否同意这个价格"）。通过这些问题，我们可以深入了解对方的想法和期望，从而为后续的协商和妥协提供基础。

（2）适时提出关键问题。在谈判过程中，我们应该根据对话的进展和对方的反应来适时提出关键问题。这些问题可以是关于对方立场、需求或潜在合作机会的。通过提出这些问题，我们可以引导对话朝着有利于双方的方向发展，并发现潜在的共赢机会。

（3）注意提问的语气和方式。提问时，我们应该保持平和、友好的语气和方式，避免给对方造成压力或不适。同时，我们还应该注意提问的时机和节奏，以确保对方有足够的时间来思考和回答我们的问题。

视频：谈判中的沟通——提问

（4）倾听对方的回答并给予反馈。在提问之后，我们应该认真倾听对方的回答，并给予积极的反馈。这不仅可以展现出我们的尊重和诚意，还可以帮助我们更好地理解对方的立场和需求，从而为后续的协商和妥协提供基础。

（四）协商与妥协

协商与妥协是谈判中的关键环节，它们旨在通过双方或多方的积极互动，寻找一个或多个能被所有参与者接受的解决方案。协商强调通过对话和讨论来明确各自的需求、利益及可能的解决方案；妥协则是在尊重双方立场的基础上，为了达成最终协议而做出的合理让步。在谈判中，有效的协商与妥协不仅能够促进协议的达成，还能增强双方之间的信任与合作，为未来的合作奠定良好基础。

协商与妥协的技巧包括：

（1）明确目标与底线。在协商开始之前，明确自身的目标和底线是至关重要的。这要求我们对谈判的主题有深入的理解，清楚自己的核心利益所在，以及哪些条件是不可让步的。明确目标有助于我们保持清晰的谈判方向，避免在谈判过程中迷失；设定底线则是保护自身利益不受侵犯的最后一道防线。同时，了解对方的立场和需求同样重要，这有助于我们预测对方的行动，制定更有针对性的谈判策略。

（2）保持开放与灵活的态度。在协商过程中，保持开放和灵活的态度至关重要。这意味着我们需要摒弃固执己见的心态，愿意倾听并理解对方的观点和需求。开放的态度能够营造出一种积极、合作的谈判氛围，有助于增进双方的信任和理解。同时，灵活性也是不可或缺的。在关键点上，我们可能需要做出合理的让步，以换取对方的合作或妥协。但让步并非无原则的退让，而是在确保核心利益不受损害的前提下，通过适度调整策略来推动谈判进程。

视频：谈判中的沟通——
动机

（3）寻求共赢的解决方案。协商与妥协的最终目的是寻求共识、实现共赢。这要求我们跳出"零和博弈"的思维框架，寻找能够满足双方需求的解决方案。共赢的解决方案往往需要在利益分配、资源分配、时间规划等方面做出巧妙的平衡。为此，我们需要进行创造性的思考，探索新的解决方案，或者对现有方案进行微调，以更好地满足双方的需求。在寻求共识的过程中，保持耐心、尊重对方的意见，以及展现出合作的诚意，都是至关重要的。

（4）确保协议的公平性和可执行性。达成协议并不意味着谈判的结束，而是新的开始。确保协议的公平性和可执行性，是保障谈判成果的关键。首先，协议应明确双方的责任和义务，避免模糊不清的表述导致后续的误解或冲突；其次，设定合理的期限和目标，有助于双方跟踪协议的进展情况，确保按时完成任务；最后，制定有效的监督和评估机制，对协议的执行情况进行定期检查和评估，及时发现并解决问题。通过确保协议的公平性和可执行性，我们可以增强双方对协议的信任和遵守意愿，为未来的合作奠定坚实的基础。

本章小结

（1）冲突可以根据不同的标准进行分类，如程序冲突（因工作流程、任务分配等产生）和以激烈程度划分的论辩性冲突、战斗性冲突。

（2）冲突的形成通常经历潜在冲突、知觉冲突、意向冲突、行为冲突和结果冲突五个阶段，这是一个逐步产生、发展和变化的互动过程。

（3）庞蒂的冲突五阶段模式强调了冲突从潜伏期到结果阶段的演变，为理解冲突的动态变化提供了重要框架。

（4）冲突管理策略包括合作、竞争、回避、适应和妥协等多种方式，选择适当的策略有助于有效管理冲突。

（5）托马斯冲突管理模式通过"关心他人"和"关心自己"两个维度为冲突处理

提供了直观的策略选择依据。

（6）处理有害冲突的方法包括熟知基本冲突处理风格、区分冲突类型、评估冲突根源和当事人，以及选择适宜的冲突解决方式。

（7）谈判是实现合作与沟通的有效方法，对于解决冲突、达成共识至关重要。

（8）谈判主体、谈判客体、谈判目的、谈判策略和谈判结果是构成谈判的基本要素。

（9）谈判可以根据形式（面对面、电话、书面、网络）和结果（对抗性、合作性）及利益主体数量（双边、多边）进行分类。

（10）谈判包括准备、开局、磋商、收尾四阶段，需要明确目标、营造气氛、详细阐述、讨价还价，最终确认并签订协议。

（11）谈判技巧包括有效倾听、清晰表达、恰当提问、协商妥协，需要全神贯注、寻找共识、灵活应变、注意肢体语言和表情的运用。

本章即测即练

自学自测　　扫描此码

本章复习思考题

1. 简述托马斯冲突管理模式中两个维度的含义。
2. 谈判中，如何有效运用非语言沟通增强说服力？
3. 简述合作策略适用的情境。
4. 在制定谈判方案时，应考虑哪些主要因素？
5. 如何在谈判开局阶段创造一个对己方有利的谈判气氛？
6. 根据本章典型案例"三只松鼠和沃尔玛的谈判"，就以下问题进行分析讨论：

（1）三只松鼠的谈判资本有哪些？

（2）沃尔玛的需求如何影响谈判？

（3）双方如何达成合作共识？

本章案例：三只松鼠和
沃尔玛的谈判

沟通实战演练

情境模拟：商务谈判

1. 分组与角色分配

每组4～5人，分为买卖双方若干谈判小组。

每组需包含核心角色：总经理（统筹决策），营销总监（市场策略与品牌价值输出）、采购/生产总监（成本控制与产能分析）、法务/财务专员（条款合规性与风险把控）。

要求：组内需明确分工，制定协同谈判策略。

2. 活动流程

阶段一：谈判启动。

开场陈述：双方代表介绍企业背景与核心诉求。

初步试探：交换合作意向，划定谈判边界。

阶段二：中场复盘。

组内紧急会议：分析对方底牌，调整策略优先级。

教师介入反馈：提供市场动态补充信息（如突发原料涨价）。

阶段三：攻防博弈。

聚焦核心争议点：价格阶梯条款、独家代理权、违约赔偿机制。

技术性施压：运用最佳替代方案展示谈判筹码。

阶段四：协议闭环。

确认条款细则：使用 SMART 原则量化交付标准。

模拟签约仪式：签署附生效条件的合作备忘录。

3. 教师活动

在谈判启动阶段，教师介绍实训课的目标、规则与流程，审核学生准备的企业背景资料，并在学生交换合作意向时，引导他们多维度思考，规范语言表达。

中场复盘时，教师观察组内会议，提供市场动态信息，指导学生合理调整谈判策略。

进入攻防博弈阶段，教师在各小组间走动，引导学生从多视角分析价格、代理权、违约赔偿等核心争议点，及时点评谈判技巧运用情况，调节紧张氛围。

协议闭环阶段，教师审核条款细则，组织签约仪式，总结点评学生在整个谈判过程中的表现。

4. 总结与反馈

各组进行内部总结，分享谈判经验和教训。

教师对活动进行总结，强调商务谈判的重要性和技巧。

第五章

跨文化沟通

【名人名言】

> 文化是一座桥梁，连接着不同的人和国家。
>
> ——高尔基

【教学目标】

1. 理解跨文化沟通的基本概念，识别跨文化沟通中常见的障碍。
2. 认识跨文化沟通的重要性。
3. 掌握文化维度的理论框架及跨文化沟通的基本原则。
4. 增强对全球化和多元文化社会的理解和认同，培养开放包容的心态。

本章思维导图

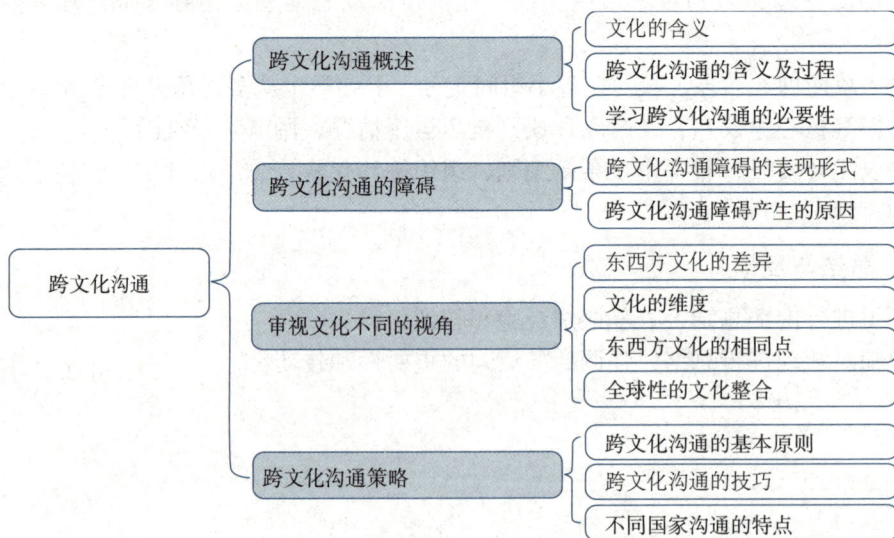

- 跨文化沟通
  - 跨文化沟通概述
    - 文化的含义
    - 跨文化沟通的含义及过程
    - 学习跨文化沟通的必要性
  - 跨文化沟通的障碍
    - 跨文化沟通障碍的表现形式
    - 跨文化沟通障碍产生的原因
  - 审视文化不同的视角
    - 东西方文化的差异
    - 文化的维度
    - 东西方文化的相同点
    - 全球性的文化整合
  - 跨文化沟通策略
    - 跨文化沟通的基本原则
    - 跨文化沟通的技巧
    - 不同国家沟通的特点

导入案例

美团的跨文化管理

美团自 2010 年成立以来，已发展成为中国领先的本地生活服务平台。其在餐饮、外卖、酒店旅游、新业务及其他多个领域均取得了显著成就。美团通过技术创新和优质服务，不断提升用户体验，赢得了广大消费者的信赖和支持。

随着企业规模的不断扩大和业务的多元化发展，美团开始将目光投向国际市场。特别是东南亚市场，由于其地理位置临近中国、经济发展迅速及对外资的开放态度，成为美团出海的重要目标。通过一系列投资和收购，美团迅速在印度尼西亚、越南、泰国等国家进行了业务布局。然而，在国际化进程中，美团面临显著的跨文化管理挑战，尤其是在团队沟通和协作方面。

视频：美团的跨文化管理

跨文化管理挑战

由于语言和文化背景的不同，中方管理人员与本地员工在沟通上存在一定的困难。这导致信息传递不畅、误解频发，进而影响团队协作效率。

不同国家和地区的文化习惯、价值观念、工作方式等存在差异。例如，在印度尼西亚市场，中方管理人员高权力距离的管理风格与当地低权力距离的文化背景产生了冲突，导致双方在合作中产生摩擦和误解。中方管理人员倾向于采用较为直接、高效的管理方式，而本地员工更期望在工作中参与决策、表达意见。这种管理风格上的差异导致员工积极性受挫，影响团队整体表现。

应对策略

设置跨文化培训课程。美团针对中方管理人员和本地员工设置了跨文化培训课程，旨在帮助他们了解不同文化背景下的沟通方式、价值观念和工作习惯。通过培训，双方能够更好地理解彼此，减少误解和冲突。

语言培训。为了提高沟通效率，美团为中方管理人员提供了当地语言的培训课程。这不仅有助于他们更好地与本地员工沟通，还能加深他们对当地文化的理解和认同。

定期组织文化交流活动。美团定期组织文化交流活动，如节日庆典、文化体验等，以促进中方管理人员与本地员工之间的情感交流和文化融合。这些活动有助于增进双方的了解和友谊，提升团队协作效率。

采用民主和包容的管理方法。针对不同文化背景下的管理风格冲突，美团采用了更为民主和包容的管理方法。例如，鼓励员工参与决策、表达意见，尊重并欣赏不同文化背景下的工作方式和创新思维。这种方法有助于激发员工的积极性和创造力，提升团队整体表现。

施行多元化的管理策略。随着向欧洲市场的扩展，美团进一步实施了多元化的管理策略。这包括招聘具有国际化背景的管理人员、建立多元化的团队、推行灵活的工作制度等。这些策略有助于美团更好地适应不同文化背景下的市场需求和团队特点。

思考：

1. 在美团国际化进程中，跨文化沟通的重要性体现在哪些方面？

2. 在跨文化管理中，不同国家和地区的文化习惯、价值观念和工作方式存在差异。美团采用了哪些策略来应对这些挑战，并促进中方管理人员与本地员工之间的有效沟通和协作？

第一节　跨文化沟通概述

随着全球经济的高速发展和改革开放的不断深入，中国的经济持续稳步增长，国内企业的出口贸易也蓬勃发展。这一趋势吸引了众多跨国企业不远万里来到中国寻求发展机遇。作为世界经济的重要组成部分之一，跨国公司在当今中国的经济和社会发展中扮演着重要的角色。然而，由于网络平台的局限性及不同国家和地区的文化差异性，不同国家的员工在工作合作中可能会遇到跨文化沟通的障碍。这些障碍不仅影响了双方沟通的质量与效率，也给企业的跨国合作带来了挑战。因此，在全球化业务的运营过程中，跨文化沟通能力成为决定国际合作是否顺畅的关键因素之一。

一、文化的含义

文化，作为人类社会不可或缺的核心组成部分，深刻地渗透于人们的价值观、信仰体系、传统习俗、艺术创作、语言表达及思维方式之中。它的形成和发展与人类社会的历史进程紧密相连，是人类对生存环境、生存经验的深刻反思与总结，也是对未来愿景的期许与不懈追求。

从广义视角看，文化是人类在社会历史长河中，通过实践活动不断积累与创造的物质财富与精神成果的总和。它既包括有形的艺术品、建筑、实用工具等物质实体，也涵盖无形的语言艺术、宗教信仰、民俗传统、科学知识、文学艺术、道德规范等精神层面的宝贵财富。这些元素共同构成了人类文明的基石，深刻反映了人类群体的整体生活状态与文明成就。而狭义上的文化则更侧重于社会的意识形态层面，即那些反映特定社会群体共同心理倾向、价值观念与信仰体系的观念集合。这些观念不仅塑造了社会成员的思维模式与行为准则，还通过与之相适应的社会制度、组织机构与行为规范，得以维护与传播。因此，文化不仅是人类社会历史实践的结晶，更是推动社会进步、维系群体认同、促进文明交流与互鉴的重要力量。

文化以其独特的魅力与深远的影响，成为连接过去与未来、沟通个体与社会的桥梁，是现代社会不可或缺的精神支柱与发展动力。在一个充满变数的现代社会中，强大的文化能够触动人心，引领国家走向繁荣与成功。

二、跨文化沟通的含义及过程

跨文化沟通是指不同文化背景的群体之间进行的文化交流，通常涉及两个或更多来自不同种族、民族或国家的群体。具有不同文化背景的人们之间通过信息、思想和情感的互相传递、交流和理解，旨在最终达成共识或妥协。与一般沟通过程相比，跨文化沟通更为复杂，因为它涉及不同文化中编码的信息、思想和情感，这些内容在传递到另一种文化时需要经过特殊的解码和翻译才能被接收者正确感知和理解。此外，由于发送者和接收者受到各自独特文化的影响，他们在语言、行为习惯、价值观等方面存在差异，这些因素进一步增加了跨文化沟通过程的复杂性。

跨文化沟通可以被理解为一个符号交换的过程，来自不同文化背景的个体通过外在的象征性互动行为，努力构建一个共同的意义。这个意义构建过程不仅根植于某一特定的社会系统，而且深刻受到基于各自文化的解释和推断的影响（见图 5-1）。在这一过程中，参与者需要克服语言、行为习惯、价值观等方面的差异，以促进相互理解和合作。

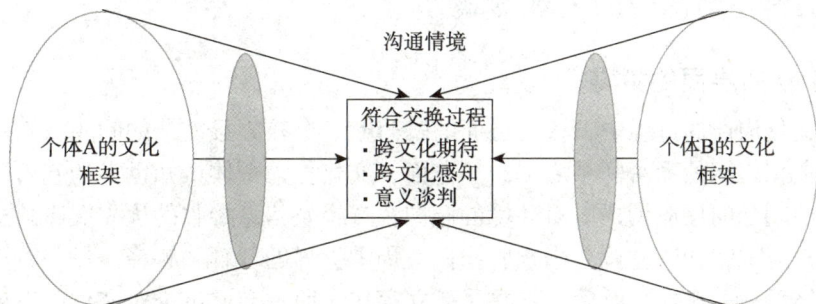

图 5-1　跨文化沟通的过程

三、学习跨文化沟通的必要性

经济全球化的大潮汹涌澎湃，不仅重塑了全球经济格局，也促使我们必须拥有更加广阔的全球视野，这成为跨文化沟通的新时代要求。在全球化的浪潮下，各国、各民族的文化交流变得日益频繁，人们无时无刻不在进行着深入的文化交流、碰撞与融合。如何在这一过程中有效应对文化碰撞乃至冲突、减少误解与摩擦、增进相互的理解与尊重，进而促进世界多元文化的和谐共生，成为跨文化沟通领域亟待解决的重要课题。

对于企业而言，全球化带来了前所未有的机遇与挑战。一些跨国公司凭借其出色的跨文化沟通能力，成功地登上了国际舞台。然而，也有一些跨国公司在"引进来"和"走出去"的过程中遭遇了"水土不服"的困境，如标致在中国建立合资公司后遭遇的市场适应问题、吉利并购沃尔沃后的文化整合难题、上汽收购双龙所面临的文化冲突，以及 TCL 与阿尔卡特建立合资公司后的管理磨合等。这些现象提醒我们，管理者在分

扩展阅读 5-1　TCL 并购汤姆逊案例中的跨文化沟通挑战

析跨国经营成败的原因时，往往过于关注企业的财务状况、管理制度和技术水平等显性因素，而忽视了文化这一隐性却至关重要的因素。

跨国公司作为一种多文化共存的机构，在全球化背景下必然会面临不同文化之间的摩擦与碰撞。这种因文化差异而产生的文化冲突现象，不仅会给跨国企业的内部沟通带来障碍，还可能对企业的正常经营产生消极影响。因此，企业在跨国经营的过程中，能否通过有效的跨文化沟通管理，消除文化差异带来的负面影响，促进不同文化背景员工之间的准确沟通与团结协作，成为决定跨国经营成败的关键因素。这不仅关乎企业的长远发展，更影响国际交流与合作的深入进行。

第二节　跨文化沟通的障碍

一、跨文化沟通障碍的表现形式

（一）认知层面的障碍

在跨文化沟通的过程中，认知层面的障碍是一个核心且复杂的问题，它深深植根于感知与文化之间的紧密联系之中。一方面，文化作为个体认知世界的基石，决定了人们对外部刺激的反应模式、对环境的倾向性选择及信息接收的优先次序。这种文化塑造的感知方式，如同滤镜，影响着我们对周围世界的理解和解释。另一方面，当感知过程的结果——知觉形成后，它并非孤立存在，而是会反过来对文化的发展轨迹及跨文化沟通的效果产生深远的影响。因此，人们在沟通中所遭遇的种种障碍与差异，很大程度上源于不同文化背景下感知方式的根本性差异。

例如，一些外方管理者可能会因为个别中方员工在工作中的表现不佳，就片面地认为所有中国员工都缺乏责任感和工作效率，从而倾向于在企业管理中采用 X 理论，强调通过制定严厉的规章制度来监督管理员工。而中方管理者在面对外方员工将工作时间与个人时间严格区分的做法时，可能会误解为他们对工作不够投入、缺乏积极性。这种基于片面认知的误解和偏见，不仅阻碍了企业中良好人际关系的建立，还可能对组织的整体效能和跨文化协作产生负面影响。

（二）价值观层面的障碍

在跨文化沟通中，由于拥有不同文化背景的沟通双方价值观迥然不同，因此相互之间的交流难度增大，有时会使看似简单的问题变得复杂。当沟通双方就某一问题的看法和想法涉及必须坚持或反对的价值观时，冲突就会凸显，沟通失败的可能性就增大；如果沟通双方讨论的问题所涉及的价值观的兼容性较大，那么双方实现有效沟通的可能性就增大。

例如，对于约会的时间观念，日本人认为不能准时是不能接受的；对德国人而言，准时是仅次于信奉上帝的事；而在非洲和拉丁美洲一些国家，迟到 30 分钟并不奇怪。此外，东方人强调协作和共同承担责任，西方人则重视个人价值的实现，提倡竞争并奖励创新。

（三）语言交际层面的障碍

语言是人们交流、传递信息和思想的产物，也是人们进行沟通的工具。在企业内部，多语言环境成为常态，拥有不同语言背景的员工在交流互动时，往往会因为语义理解上的偏差和语用习惯的不同而陷入误解的旋涡。在语义层面，词汇的直接翻译可能无法精准传达原意，某些概念、比喻或习惯用语在另一种文化中可能缺乏对应表达，或有截然不同的含义，从而导致信息传递的失真；在语用层面，语言使用者的社会规范、交际习惯、礼貌用语乃至非言语行为的差异，都可能成为沟通中的绊脚石，使信息的接收与解读偏离发送者的初衷。

例如，全球知名企业美国的百事可乐公司有一句著名的促销广告词："畅饮百事可乐，使你心旷神怡（Come alive with Pepsi）。"这句话在美国本土及许多国际市场都取得了极佳的宣传效果，它巧妙地捕捉了消费者饮用百事可乐后那种充满活力与愉悦的感受。然而，当这句广告词跨越文化界限进入德国市场时，却遭遇了意想不到的挑战。原因在于，"come alive"这一短语在德语中的直译是"死而复生"，这一含义与广告原意大相径庭，甚至可能引发消费者的误解和不适。

（四）非语言交际层面的障碍

非语言沟通是通过形体、表情、空间等非语言方式进行的沟通。非语言行为作为文化的深刻体现，在跨文化沟通中与语言是相辅相成、不可分割的。这些非语言元素在不同文化背景下承载着各自独特的意义与功能，它们不仅丰富了沟通的内涵，也增加了跨文化交流的复杂性与挑战性。相较于有声语言，非语言行为往往更加含蓄且复杂，其意义的解读需要深厚的文化敏感性和洞察力，这使得跨文化沟通中的非语言层面成为一个既充满机遇又易于产生误解的领域。

例如，日本人普遍认为，在谈话中直接注视对方的眼睛是一种失礼的行为，这可能源于日本文化中对和谐与尊重的强调，避免直接眼神接触被视为一种礼貌和谦逊的表现。因此，日本人在交谈时倾向于避免正视对方的眼睛，以免给对方带来不适或压力。相比之下，欧美文化则高度重视眼神交流，认为在谈话时保持眼神接触是表达真诚、关注和尊重的重要方式。

扩展阅读 5-2　飞利浦照明公司在跨文化沟通中遇到的问题

二、跨文化沟通障碍产生的原因

（一）文化冲击

文化冲击是指个体进入新文化环境后，因新旧文化差异引发的混乱状态，导致强烈的焦虑和不安情绪，这种消极情绪直接影响沟通的有效性。根据"三位一体"大脑理论，个体在沟通过程中，情感脑与意识脑协同作用。其中，情感脑主导感性层面，通常在潜意识中快速且无序地运作，其反应速度和能量远超意识脑；意识脑则负责理性层面，在意识中有序且可控地工作。当文化冲击引发的负面情绪占据主导地位，使沟通主要依赖于情感脑而非意识脑时，个体便难以有意识地辨识文化差异，从而无法做出恰当的行为反应，进一步加剧了沟通障碍。

（二）种族中心主义

种族中心主义体现了个体作为某一特定文化成员时所展现出的优越感，这种优越感导致人们倾向于以自身的文化价值观和标准作为评判其他文化环境中群体的至高无上的尺度。尼格尔·霍尔顿在分析松下的跨国经营策略时深刻指出，松下公司的一个显著问题便是通过凌驾于公司整体之上的单个民族群体的视角来处理全球化发展战略，这构成了种族中心主义的极端表现形式。这种基于种族中心主义的意识和行为模式，不仅限制了公司对多元文化的理解和适应，还严重阻碍了公司的全球化发展进程，带来了不可忽视的阻滞效应。

（三）缺乏共感

共感，即设身处地地理解并体味他人的情感与境遇，从而产生情感共鸣的能力，其缺失主要源于人们习惯于从自我立场出发理解、认识和评价事物。这种缺失由多重因素促成。一方面，即便在常态下，真正站在他人立场设想其处境已属不易，文化因素的介入更是极大地增加了这一过程的复杂性；另一方面，沟通中展现出优越感的态度，如过分强调自身管理方法的科学性并固执己见，会严重阻碍共感的建立。此外，关于特定群体、阶级或个人的背景知识的匮乏也是共感发展的障碍，尤其当缺乏在国外企业或管理领域的实践经验时，我们往往难以深入了解他人的文化背景，从而易于误解其行为，这种知识的缺失使我们在沟通过程中难以真正体谅他人。

（四）思维定势

定势也称作定型，指的是人们对另一群体成员所持有的简单化看法。由于人们的信息处理能力有限，为了帮助不同文化的人们相互了解，就必须概括文化差异，建立某种文化定型。从这个意义上说，一定程度的文化定势对于跨文化沟通起了一定的作用。但是，思维定势对于差异的"过分概括"或"标签化"又可能人为地制造屏障，妨碍文化间的交流和理解。由信息发送者以一种思维方式编码出的一组信息发出后，信息接收者会以自己独特的思维方式对此信息加以破译，其结果往往会产生歧义或误解。

扩展阅读 5-3　谷歌在中国的跨文化沟通挑战

第三节　审视文化的不同视角

一、东西方文化的差异

文化差异是指不同社会或群体在长期历史发展过程中，受地理环境、经济条件、宗教信仰、政治制度等多种因素影响而形成的独特文化现象和价值观体系之间的差异。这些差异体现在语言、风俗习惯、社会规范、宗教信仰、艺术表现、价值观念等多个方面。文化差异是跨文化沟通中的核心挑战之一，它要求沟通者具备高度的文化敏感性和适应性，以理解和尊重不同文化背景下的行为模式和思维方式，从而有效跨越文化鸿沟，实现顺畅的沟通与合作。

东方文化，广义上指的是亚洲地区，尤其是东亚、东南亚及部分南亚国家所共有的文化传统。东方文化深受儒家、道家、佛教等古老哲学和宗教思想的影响，强调天人合一、和谐共生的宇宙观，以及仁爱、礼义、廉耻、忍耐等核心价值观。在东方文化中，家庭和社会关系被视为个人身份和价值的重要组成部分，尊重长辈、重视集体利益和维护社会和谐是普遍遵循的行为准则。艺术上，东方文化以书法、国画、诗词、戏曲等形式展现其独特的审美追求和精神内涵，强调意境美和内在情感的表达。东方文化的这些特点，共同塑造了其深邃、内敛而富有哲理性的文化风貌。

西方文化主要源于欧洲，后来扩展至北美洲等地区，深受古希腊文明、基督教文化、文艺复兴及启蒙运动的影响。西方文化强调个人主义、自由平等、理性主义等核心价值观，鼓励个人追求自由、独立和个性发展。在社会结构上，西方文化注重法律与契约精神，强调个体权利与义务的平衡。艺术表现上，西方文化以油画、雕塑、交响乐、戏剧等形式著称，追求形式美、技巧精湛和情感的直接表达。

东西方部分文化差异如表 5-1 所示。

表 5-1　东西方部分文化差异

项　　目	东　　方	西　　方
宇宙观	天人合一	天人分离
自然观	连续与整体；变化；矛盾的同一性；中庸；背景环境的重要性；重相似性；辩证思维；重内因与外因的交互性作用	世界是分割的；结构主义；矛盾斗争性；重本性；逻辑思维；重内因的决定作用
学习目的	陶冶心灵；提升自我；超越现实；慎独	认识世界；改变世界
时间观念	自然节奏；长期时间观念；节省；思考问题易受未来影响	固定节奏；短期时间观念；易自我放纵；不愿为未来储备
沟通方式	间接；微妙含蓄；非语言；感性；谦虚；高情境文化沟通。问候方式：手机短信、电子邮件。从大到小，再到大	直接明了；富有逻辑性；低情境文化沟通。问候方式：直接通话、手写便笺、卡片、小礼物。从小到大，再到小
自我	集体自我；自我依赖；关系自我；家族本位	个人自我；独立自我；分离自我；个人本位
文化取向	偏精神、封闭，重伦理、道德，重义轻利，重政治、轻实利	重物质、开放，讲功利，求时效、实效

二、文化的维度

文化维度理论是由荷兰心理学家吉尔特·霍夫斯泰德提出的一种以跨文化交流为中心的知识框架。这一理论通过对多个文化维度的探究，描绘了根深蒂固的文化如何影响社会成员的价值观，并借助结构化的权重分析来描述这些价值观与人们行为之间的作用关系。

霍夫斯泰德花费了 11 年的时间，在对 IBM 位于 64 个国家和地区子公司的 16 万名员工进行问卷调查和数据分析的基础上，确立了跨文化管理四个维度的理论研究，此后，学者彭麦克进行了大量数据试验，使这一理论日臻完善。企业文化作为一种无形的资源，是企业核心竞争力形成过程中不可或缺的一部分。霍夫斯泰德文化维度分析理论的主要功能在于测量各国、各区域之间的文化差异。该理论不仅为跨文化管理人员提供了一个新的视角，还帮助他们理解不同文化背景下人们所表现出来的行为方式及心理状态等差异。霍夫斯泰德对文化差异做了大量的调查之后，把文化价值观划分为五大维度。

（一）个体主义与集体主义

这一维度关注群体更看重个人利益还是集体利益。个体主义的文化下，群体以较为松散的方式组织结构，群体成员关注个体目标和利益，强调个人身份的认同；集体主义的文化下，群体以较为紧密的方式组织结构，群体成员关注集体目标和利益，强调集体身份的认同，有较为强烈的内群体和外群体区分。个体主义文化和集体主义文化面对成功或失败会展现出不同的倾向。比如，一名美国跨国公司的负责人曾去日本调查分公司的一个严重错误，希望能够找到问题的具体原因和负责人，然而，日本经理却告诉他"我不知道是谁犯的错，整个工作小组都对此承担了责任"。

（二）权力距离

权力距离指群体成员中掌握权力较少的那部分成员对于群体内权力分配不平等这一事实的接受程度。权力距离较大的文化中，群体内层级分明，金字塔结构较为陡峭，通常表现为自上而下的决策方式；权力距离较小的文化中，群体内层级较为模糊，组织结构较为扁平，更倾向于自下而上的决策方式。权力距离的大小可以用权力距离指数来衡量。

（三）不确定性规避

不确定性规避反映了群体成员对事物不确定性的容忍程度。在高不确定性规避的文化中，人们更容易感受到不确定性的威胁，看重规则和职业安全，对异常情况的容忍度较低；在低不确定性规避的文化中，人们更加欢迎变化和不确定性，对未来更有信心，喜欢冒险，对异常情况较为包容。

（四）男性化与女性化

这一维度主要关注两性的社会性别角色差异是否明显。在男性化的文化中，两性社会性别角色差异较大：男性独断、坚强、自信且具有攻击性和竞争性；女性温柔、谦逊，关注生活质量。在女性化的文化中，两性社会性别角色相互重叠。

（五）长期取向与短期取向

这一维度体现了对长期利益和短期利益的不同偏好。在长期取向的文化中强调坚毅、秩序和节俭，更关注未来；在短期取向的文化中尊重传统，追求眼前利益，并且注重"面子"，更关注现在和过去。

霍夫斯泰德文化维度理论在跨文化管理中得到了广泛应用。通过了解不同文化的权力距离、个人主义与集体主义、不确定性规避等维度，管理者可以更好地理解员工的行为和态度差异，制定更加符合当地文化的管理策略。在国际市场营销中，了解目标市场的文化维度对于制定营销策略至关重要。此外，该理论还应用于跨文化沟通、国际商务等多个领域，为理解和应对文化差异提供了有力支持。

三、东西方文化的相同点

在探讨东西方文化差异的同时，我们也应注意到两者之间存在的一些相同点和共通之处。这些相同点不仅有助于增进东西方文化之间的理解和尊重，也为跨文化沟通提供了坚实的基础。

（一）对人性的基本认识

东西方文化虽然对人的行为模式和价值观念有不同的诠释，但都认同人性中存在善良、正直、勇敢等基本品质。这种对人性的基本认识，使东西方文化在道德教育和人格培养上有着共同的目标，即通过教育引导人们发扬人性中的积极因素，抑制消极因素，从而实现个人的全面发展和社会的和谐稳定。

（二）对家庭和社会关系的重视

尽管东西方文化在家庭和社会关系中的具体表现形式上有所不同，但都强调家庭和社会关系的重要性。在东方文化中，家庭是社会的基本单位，强调家族观念和尊老爱幼的传统美德。在西方文化中，虽然个人主义观念较为突出，但家庭同样被视为情感寄托和社会支持的重要来源。此外，东西方文化都注重社会关系的和谐与稳定，强调人与人之间的互助合作和相互尊重。

（三）对知识和教育的追求

东西方文化都高度重视知识和教育的价值。在东方文化中，儒家思想强调"学而优则仕"，鼓励人们通过学习提升自己的品德和能力，为社会做出贡献。在西方文化中，对知识的追求则体现在对科学、哲学、艺术等领域的深入探索和研究上。东西方文化都认为，教育是改变个人命运、推动社会进步的重要途径，因此都致力于提供优质的教育资源和环境，培养具有创新精神和实践能力的人才。

（四）对艺术美的欣赏和追求

东西方文化在艺术表现上各具特色，但都展现了对艺术美的欣赏和追求。无论是东方的书法、国画、诗词还是西方的油画、雕塑、交响乐，都是人类智慧和创造力的结晶。东西方文化都鼓励人们欣赏和创造艺术美，以丰富精神生活、提升审美水平。同时，艺术也成为东西方文化交流的重要桥梁，促进了不同文化之间的理解和尊重。

四、全球性的文化整合

在全球化的浪潮下，东西方文化的交流与融合日益加深，全球性的文化整合成为一个不可逆转的趋势。这一整合过程不仅体现在经济、科技、教育等领域的国际合作上，更深刻地影响着人们的思维方式、价值观念和生活方式。跨文化沟通作为连接东西方文化的桥梁，在全球性的文化整合中扮演着至关重要的角色。

（一）跨文化沟通

跨文化沟通是指处在不同文化背景下的人们群体之间进行的文化交流。在全球化的背景下，跨文化沟通已成为人们日常生活和工作中不可或缺的一部分。通过跨文化沟通，人们可以更加深入地了解不同文化的特点和内涵，增进相互之间的理解和尊重。同时，跨文化沟通也为东西方文化的交流与融合提供了重要的平台，促进了全球性的文化整合。

在跨文化沟通中，沟通者需要具备高度的文化敏感性和适应性，以理解和尊重不同文化背景下的行为模式和思维方式。这要求沟通者不仅要掌握语言技巧，还要深入了解对方文化的价值观念、社会规范、风俗习惯等。通过有效的跨文化沟通，人们可以消除文化障碍，增进彼此之间的信任和友谊，从而推动全球性的文化整合。

（二）全球性文化整合的挑战与机遇

全球性的文化整合虽然带来了许多机遇，但也面临不少挑战。一方面，不同文化之间的差异可能导致误解和冲突，给跨文化沟通带来困难；另一方面，全球性的文化整合也可能导致文化同质化，削弱文化的多样性和独特性。然而，这些挑战并不意味着全球性的文化整合是不可行的。相反，我们应该积极应对这些挑战，充分利用跨文化沟通的优势，推动全球性的文化整合。例如，我们可以通过加强文化交流与合作，增进不同文化之间的了解和尊重；通过推动教育领域的国际合作，培养具有跨文化沟通能力的人才；通过加强文化产业的国际合作，推动文化产品的多样化和创新。

扩展阅读 5-4　腾讯游戏收购 Supercell

第四节　跨文化沟通策略

随着国与国之间交流的日益频繁，跨文化沟通已成为不可避免的现实需要。来自不同文化背景的人们走到一起进行交流时，必然会表现出一些文化上的差异，这些差异很自然地会导致沟通障碍的出现。有效克服这些沟通障碍是实现跨文化沟通成功的关键。

一、跨文化沟通的基本原则

（一）互相尊重，正确对待文化差异

我们应尊重不同文化的价值观、信仰、行为习惯和交流方式，避免以自我文化的

偏见或优越感去评判他者。具体来说，这要求我们在沟通前做足功课，了解对方的文化背景，包括语言、非语言符号、礼仪规范等，以减少误解和冲突。同时，保持开放的心态，愿意倾听和学习，而不是急于表达自己的观点。在遇到文化差异时，不应立即将其视为障碍或错误，而应视其为增进相互理解和拓宽视野的机会。通过这样的互相尊重和正确对待文化差异，我们可以构建更加和谐、有效的跨文化沟通环境，促进国际合作与个人成长。

（二）互相理解，努力实现文化认同

在跨文化交流中，不仅要尊重对方的文化差异，更要通过深入的交流和互动，增进对彼此文化的理解和认同。具体来说，这要求我们具备开放的心态和同理心，愿意站在对方的角度思考问题，理解其行为背后的文化动因。同时，我们也应积极分享自己的文化，通过讲述、展示或体验等方式，让对方更深入地了解我们的文化背景和价值观。在这个过程中，我们可以寻找两种文化之间的共通点，建立起相互理解和认同的基础。通过不断的努力和实践，我们可以逐渐缩小文化差异带来的隔阂，增进彼此之间的信任和友谊，为跨文化沟通搭建起更加坚实的桥梁。

（三）取长补短，兼收并蓄

我们应保持开放和学习的态度，积极吸收不同文化的长处，同时反思并弥补自身文化的不足。具体来说，这要求我们在沟通中不仅要关注对方的文化特色和优势，更要思考如何将这些元素融入自己的文化实践，以丰富和发展自身的文化内涵。同时，我们也应勇于展示自己文化的独特魅力，通过交流和互动，让对方感受到我们文化的价值和意义。在这个过程中，我们可以实现文化的互补和融合，创造更加多元、包容和创新的文化氛围。通过取长补短、兼收并蓄的原则，我们可以不断提升跨文化沟通能力，为国际合作与个人发展奠定坚实的基础。

二、跨文化沟通的技巧

顺利开展各种跨文化交流活动，可以从以下四个方面着手：一是有意识地进行文化分析；二是有针对性地开展跨文化培训和教育；三是有目的地促进不同文化之间的融合；四是有步骤地完善沟通交流机制。

（一）进行文化分析

有意识地进行文化分析是顺利开展各种跨文化交流活动的首要步骤。这一过程首先要求我们深入识别不同文化之间的差异。这些差异可能体现在价值观、行为习惯、沟通方式、时间观念、空间使用等众多方面。例如，某些文化强调个人主义和竞争，而另一些文化则更注重集体主义和合作；有的文化对时间的遵守非常严格，视时间为不可浪费的资源，而有的文化则对时间持有更为宽松和灵活的态度。在识别出这些文化差异之后，接下来我们需要对这些差异进行深入的分析，确定它们属于何种类型。这可以包括表层的文化符号和习俗，如服饰、饮食、节日庆祝等，也可以涉及更深层

次的价值观和信仰体系。通过这样的分析，我们不仅能更好地理解不同文化背后的逻辑和动因，还能为后续的交流活动提供有针对性的策略和建议，从而有效促进跨文化沟通与理解。

（二）开展跨文化培训

有针对性地开展跨文化培训和教育是提升跨文化交流能力、促进不同文化间有效沟通的关键举措。这样的培训应首先明确目标群体的需求与背景，设计符合其实际情况的教学内容和方法。培训内容可以涵盖文化差异的认知、跨文化沟通技巧、国际礼仪规范及案例分析等方面，旨在帮助参与者深入了解不同文化的价值观、行为习惯和沟通方式，从而在实际交流中能够更加敏锐地察觉并妥善处理文化差异带来的挑战。同时，培训还应注重实践性和互动性，通过模拟跨文化交流场景、小组讨论、角色扮演等多种形式，让参与者在实际操作中掌握跨文化沟通的技巧和方法。此外，为了确保培训效果的持久性和广泛性，还可以建立持续的学习机制，提供在线学习资源、定期举办交流活动等，为参与者提供持续学习和实践的机会。

（三）推动文化融合

为了有效地推动文化融合，我们应首先建立共同的价值观，这可以通过开展跨文化对话和合作项目来实现，使不同文化背景的人们能够在共同的目标和理念下团结起来。同时，完善相关制度也是至关重要的，包括制定公平、公正、透明的管理制度，确保不同文化背景的员工都能在组织中得到平等对待和发展机会。此外，还需要建立有效的沟通机制，促进信息的流通和共享，减少误解和冲突。创新组织文化也是推动文化融合的关键。这要求组织在保持自身核心价值观的同时，积极吸纳其他文化的优秀元素，形成独具特色的组织文化。通过不断创新和改进，使组织文化更加开放、包容和多元，为跨文化融合提供有力的支持。

（四）完善交流机制

为了有效地促进跨文化交流，我们需要有步骤地完善沟通交流机制。搭建一个多元、包容的交流平台至关重要，这包括线上社区、定期举办的国际会议或文化交流活动，为来自不同文化背景的人们提供一个直接交流和互动的场所。通过这样的平台，参与者可以轻松分享自己的文化经验、观点和故事，增进相互理解和尊重。完善反馈机制也是提升交流效果的关键。这意味着要建立一个开放、透明的反馈渠道，鼓励参与者积极提出意见和建议，及时回应他们的需求和关切。通过收集和分析反馈信息，我们可以不断优化交流平台的功能和服务，提高跨文化交流的质量和效果。

三、不同国家沟通的特点

（一）法国人的沟通特点

法国人在沟通中表现出极大的热情和幽默感，他们善于表达，喜欢在交谈中开玩笑。在社交场合，法国人重视礼貌，但也不会拘泥于形式，而是倾向于在谈笑中拉近与对方的距离。在商务谈判中，法国人偏好使用法语，并注重谈判的艺术性，喜欢采用横向式谈判方式，即先勾勒出协议的轮廓，再逐步达成协议，最后确定细节。此外，法国人对礼物非常看重，送礼时应选择具有艺术品位和纪念意义的物品。

（二）德国人的沟通特点

德国人在沟通中展现出严谨、礼貌和尊重他人的态度。他们重视初次见面的第一印象，通常以正式的称呼和礼貌的用语来开启对话。在社交礼仪上，德国人讲究秩序和规则，无论是排队、乘车还是日常交往，都能体现出他们对社会秩序的尊重。在交流中，德国人说话直接、坦诚，不会过多掩饰自己的真实想法。这种直率的交流方式开始可能会让人感到有些不适应，但随着时间的推移，人们会逐渐理解并欣赏这种坦诚和直接。此外，德国人在职场中非常重视团队合作和沟通协作，认为只有通过良好的沟通和协作，才能实现团队的整体目标。

（三）日本人的沟通特点

日本人在沟通中注重礼貌和谦逊，善于使用委婉、含蓄的表达方式。在书面表达中，他们更倾向于使用尊敬语，尤其是在正式场合或与上级、陌生人交流时。而在口头表达中，日本人则更倾向于使用非正式语气，尤其是在与朋友、家人等亲近的人交流时。此外，日本人在沟通中非常注重场合和关系的影响，会根据不同的场合和与对方的关系选择合适的表达方式。这种灵活性使日本人在沟通中能够保持和谐与顺畅。

（四）美国人的沟通特点

美国人在沟通时倾向于直接表达个人观点，并强调效率，这彰显了他们文化中个人主义和实用主义的价值观。他们习惯于开门见山地提出看法，即便可能激起讨论或异议，也视之为推动交流和解决问题的有效手段。在日常交流中，美国人偏好使用随意和非正式的语气，这一特点在职场环境中同样显著，鼓励开放坦诚的沟通以减少误解，进而提升工作效率。尽管礼貌和尊重同样被他们看重，但美国人更倾向于通过积极倾听、直接表达赞同或反对意见，以及运用"请"和"谢谢"等日常礼貌用语来体现。在书面和口头表达上，他们不依赖于复杂的敬语体系，而是着重于表达的清晰、直接以及富有感染力。

（五）英国人的沟通特点

英国人在沟通中表现出言行持重的特点，他们不轻易与对方建立个人关系，因此在初次接触时可能会显得高傲、保守。然而，一旦建立了友谊，英国人会非常珍惜并长期信任对方。在谈话中，英国人喜欢谈论其丰富的文化遗产或宠物等话题，而避免谈论政治和宗教等敏感话题。他们注重礼貌和尊重他人的隐私，因此在沟通中不会随意询问个人私事或别人、别的公司的事。此外，英国人以绅士风度闻名于世，在沟通中展现出处变不惊、轻描淡写的谈话特点。

（六）韩国人的沟通特点

韩国人在沟通中强调尊重长辈和权威。他们通常使用敬语和礼貌用语，以表达对长辈、上级或客人的尊重。在商务交流中，韩国人非常重视人际关系和信任，通常会通过多次会面和交流来建立关系。他们倾向于采用直接、坦率的沟通方式，但在表达意见时会注意措辞和语气，以避免冒犯对方。在决策过程中，韩国人注重团队精神和共识，通常会进行集体讨论和协商，以达成共识和决策。

扩展阅读 5-5　高效沟通
打造字节跳动全球化团队

本章小结

（1）广义上，文化是人类在社会历史长河中，通过实践活动不断积累与创造的物质财富与精神成果的总和。狭义上的文化更侧重于社会的意识形态层面，即那些反映特定社会群体共同心理倾向、价值观念与信仰体系的观念集合。

（2）跨文化沟通是指处在不同文化背景下的群体之间进行的文化交互，通常涉及两个或更多来自不同种族、民族或国家的群体。

（3）跨文化沟通障碍的表现形式：认知层面的障碍；价值观层面的障碍；语言交际层面的障碍；非语言交际层面的障碍。

（4）跨文化沟通障碍产生的原因：文化冲击；种族中心主义；缺乏共感；思维定势。

（5）霍夫斯泰德的文化维度：个体主义与集体主义；权力距离；不确定性规避；男性化与女性化，长期取向与短期取向。

（6）东西方文化的相同点：对人性的基本认识；对家庭和社会关系的重视；对知识和教育的追求；对艺术美的欣赏和追求。

（7）跨文化沟通的基本原则：互相尊重，正确对待文化差异；互相理解，努力实现文化认同；取长补短，兼收并蓄。

（8）跨文化沟通的技巧：有意识地进行文化分析；有针对性地开展跨文化培训和教育；有目的地促进不同文化之间的融合；有步骤地完善沟通交流机制。

本章即测即练

自　　　　　　扫
学　　描
自　　　　　　此
测　　　　　　码

本章复习思考题

1. 简述跨文化沟通的障碍有哪些。

2. 结合霍夫斯泰德的文化维度理论，阐述如何针对不同文化维度进行有效的跨文化沟通。

3. 跨文化沟通的基本原则在跨国企业管理中应如何贯彻执行？

4. 根据跨文化沟通的技巧，分析在与具有集体主义文化倾向的国家民众进行沟通时，有哪些注意事项？

5. 根据案例"张伟在国际项目部的崛起与反思"回答：

（1）张伟在初次与印尼合作伙伴沟通时遇到的主要障碍是什么？他后来是如何克服这些障碍的？

（2）张伟应如何进一步提升自己的跨文化沟通能力？

本章案例：张伟在国际项目部的崛起与反思

沟通实战演练

国际项目合作洽谈

1. 分组与角色分配

学生分为若干小组，每组4～5人。

各小组代表不同文化背景的公司，为每个小组随机分配一种文化背景，如中国、美国、日本等。同时，给每个小组发放与该文化背景相关的资料，包括该文化在商务沟通中的一般特点、价值观取向、社会习俗等信息，让学生提前了解所扮演角色的文化特征。

2. 活动流程

每个小组有10分钟时间熟悉自己小组的文化背景资料，确保每个成员都了解自己在沟通中的角色特点。

重新分组，使每个新组包含原小组的一个代表，形成多元文化的小组。新小组进行国际项目合作沟通，如解决资源分配、技术标准或市场推广方案等，时间为20分钟。

在讨论过程中，各小组成员要根据角色扮演中的文化特点进行沟通。

3. 教师活动

在讨论过程中指出各小组对不同文化维度的把握情况，如是否注意到不同文化背景下的沟通风格差异、决策方式差异等。

在角色扮演结束后，进行点评和总结，指出学生的优点和不足，提出改进建议。

4. 总结与反馈

通过本次跨文化沟通实训课的设计与实施，使学生亲身体验不同文化背景下的沟通方式和价值观，从而能够更加敏锐地感知文化差异，减少因文化误解而导致的偏见。他们将学会尊重不同文化的存在和价值，以更加包容的心态对待来自不同文化背景的人，为今后在全球化背景下的学习、工作和生活奠定良好的情感基础。

第六章

领导与沟通

【名人名言】

　　一个成功的领导者应该是一个好的导师，能够激发团队成员的潜能，并帮助他们实现自我价值。

——马云

　　有效的领导力不是指演讲或取悦于人；领导力取决于结果，而不是职位。

——彼得·德鲁克

【教学目标】

1. 深入理解领导与领导力的核心内涵。
2. 熟悉领导风格与领导方式的分类体系。
3. 掌握沟通技巧与领导力之间的内在联系。
4. 学习运用沟通方法与艺术提升领导激励能力。
5. 强化领导意识，明确领导者在团队中的责任与角色定位。

本章思维导图

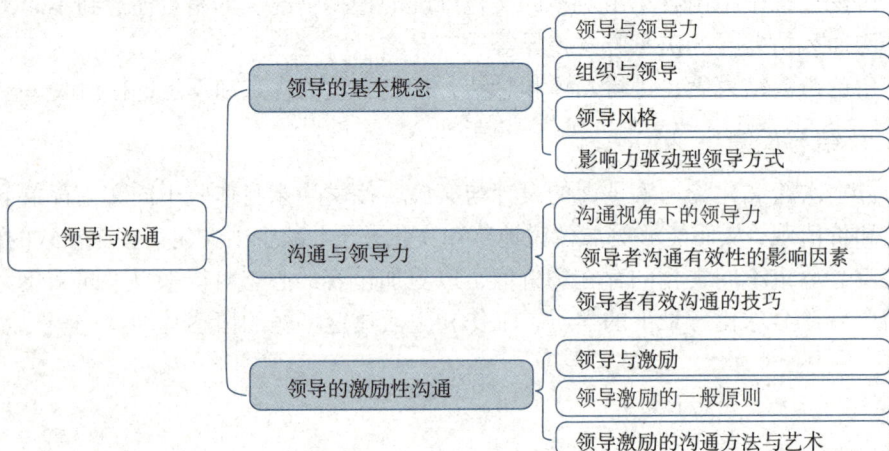

```
                                        ┌─ 领导与领导力
                        ┌─ 领导的基本概念 ┤─ 组织与领导
                        │               ├─ 领导风格
                        │               └─ 影响力驱动型领导方式
                        │
                        │               ┌─ 沟通视角下的领导力
领导与沟通 ─────────────┼─ 沟通与领导力 ─┤─ 领导者沟通有效性的影响因素
                        │               └─ 领导者有效沟通的技巧
                        │
                        │               ┌─ 领导与激励
                        └─ 领导的激励性沟通┤─ 领导激励的一般原则
                                        └─ 领导激励的沟通方法与艺术
```

导入案例

董明珠：我的决策从未错过

在商界，董明珠这个名字几乎成为格力电器的代名词。作为格力电器的掌舵人，董明珠以其卓越的领导力和独特的沟通艺术，引领着这家家电巨头在全球市场中稳步前行。在杨澜的专访中，董明珠分享了她作为"霸道总裁"的决策历程和领导心得。

视频：杨澜专访"霸道总裁"董明珠：我的决策从未错过

决策果断与稳健并重

在专访中，董明珠多次强调了她的决策严谨性："我的决策从未错过，因为我总是基于翔实的数据和确凿的事实来做出判断。"这种决策风格凸显了她对市场的敏锐洞察力和对风险的精准控制。例如，在决定格力的产品研发方向、市场拓展等关键事务时，董明珠展现了极高的果断性。这得益于她对市场趋势、消费者需求及企业实力的深入研究和准确把握。然而，董明珠的领导力不仅仅体现在果断决策上，更在于她对稳健性的不懈追求。她深知，作为企业的领航者，每一次决策都可能深刻影响企业的未来走向，因此她总是力求使决策无懈可击。

此外，董明珠的领导风格还鲜明地体现在她对团队的严格要求上。她坚信，一个出色的领导者不仅要能够制定正确的决策，更要能够引领团队共同实现目标。在格力电器，董明珠尤为注重培养员工的责任感和使命感，并积极鼓励员工参与到公司的决策过程中来，共同为公司的长远发展贡献智慧。这种领导风格不仅极大地增强了团队的凝聚力，还有效激发了员工的创新热情和创造力。

真诚与透明赢得信任

在沟通方面，董明珠同样展现出了非凡的艺术。她善于通过真诚的表达和透明的沟通，建立与团队和公众的信任关系。在专访中，她提到："我始终相信，真诚是沟通的基础。"董明珠注重与员工进行面对面的交流，了解员工的需求和关切，从而制定出更加符合员工利益的决策。同时，她也注重与媒体的沟通，通过公开透明的信息发布，增强公众对格力电器的信心。

董明珠的沟通艺术还体现在她对危机的处理上。在面对外界的质疑和挑战时，她总是能够保持冷静和理性，通过有效的沟通策略化解危机。她强调，沟通不仅仅是传递信息，更是建立信任和理解的过程。通过真诚的沟通和透明的信息发布，董明珠成功地维护了格力电器的品牌形象和声誉。

思考：

1. 董明珠在决策过程中的果断性与稳健性是如何相互补充、共同推动格力电器稳步前行的？结合领导力相关知识和董明珠的实际做法进行分析。

2. 董明珠在沟通中注重真诚与透明，这种沟通艺术是如何帮助她建立与团队和公众的信任关系的？在面对危机时，她是如何通过有效的沟通策略来维护企业形象和声誉的？

第一节 领导的基本概念

一、领导与领导力

（一）领导

生活中我们经常使用"领导"一词，有时用其泛指处于领导岗位的管理者，有时用其代指具体的领导行为。从领导学学科的角度来看，"领导"一词首先是指领导者，即处于领导岗位的人；其次是指领导者的行为或从事领导活动的过程。所以，对"领导"一词的理解要依据具体的语境来加以判断和区分。一般认为，领导是指运用个体、群体、环境中的各种资源有效地影响他人实现战略目标的行为、艺术和过程。

领导者可以是正式任命的，如公司高管或政府官员，也可以是非正式的角色，如社区志愿者或项目团队中的积极成员。有效的领导不仅依赖于权力和权威，更依赖于领导者的能力，包括沟通能力、决策能力和人际交往能力。领导者通过树立榜样、提供愿景、鼓励创新和解决冲突来引导团队或组织朝着既定目标前进。在不断变化的环境中，领导者还需要提高适应性和持续学习，以确保能够应对新的挑战和机遇。

（二）领导力

西方的领导学教科书多以"leadership"来命名。而"leadership"又包含"领导能力"的意思，领导力是领导者在特定环境中与追随者之间互动的能力。这种能力不仅取决于领导者的个人特质，如知识、性格和修养等，还受到追随者特征的影响，如他们的成熟度。此外，组织内外的环境特征，如不同行业的组织文化，也会对领导力产生重要影响。因此，领导力是一个多维度的概念，它要求领导者具备广泛的知识和技能，同时能够灵活适应不同的环境和团队特点，以实现共同的目标。

沃伦·本尼斯的领导力理论深刻地阐述了领导者在特定环境中与追随者之间互动的能力，并强调了这一能力是由多种因素共同作用的结果。根据本尼斯的观点，领导力主要包括以下四种核心能力。

1. 吸引注意的能力

领导者需要具备在众多信息和干扰中脱颖而出的能力，能够有效地吸引并保持团队成员的注意力。这要求领导者不仅拥有清晰的沟通技巧，还需要有引人入胜的表达方式和对团队需求的深刻理解。通过有效的沟通和展示，领导者能够确保团队成员对目标、任务和期望有共同的理解，从而促进团队的凝聚力和执行力。

2. 管理意义的能力

领导者必须能够为团队或组织设定明确的目标和愿景，并能够将这些目标转化为团队成员可以理解和认同的意义。这意味着领导者需要有能力将抽象的概念具体化，使团队成员感受到他们的工作对于实现这些目标的重要性。通过赋予工作以深远的意义，领导者可以激发团队成员的内在动机，提高他们的工作满意度和投入度。

3. 管理信任的能力

信任是领导力的核心要素之一。领导者需要通过一贯的行为、诚实和透明的沟通来建立和维护信任。这不仅包括对团队成员的信任，也包括团队成员对领导者的信任。领导者应该展现出可靠性和一致性，以及在面对挑战时的稳定性，这样可以增强团队的信心和忠诚度，从而促进更加有效的合作和协作。

4. 管理自我的能力

自我管理能力是领导者成功的关键。这包括自我意识、情绪智力、自我激励和自我调节等方面。领导者需要认识到自己的情绪状态如何影响他人，学会控制冲动和负面情绪，以便在压力下保持冷静和专注。此外，领导者还需要不断自我反思和学习，以持续提升个人的领导技能，适应不断变化的环境。

领导力是领导者在特定环境中与追随者之间互动的能力。领导力的影响因素（见图 6-1）包括：领导者特征，如知识、性格、修养等；追随者特征，如成熟度等；组织内外环境特征，如制造业、研究性企业的不同组织文化等。

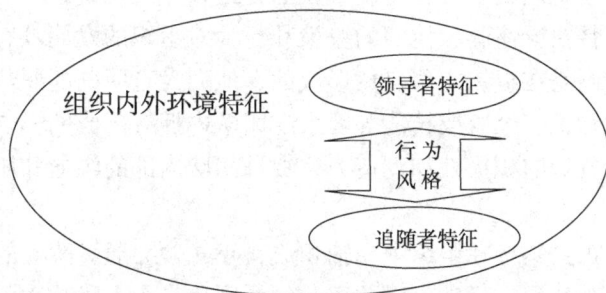

图 6-1　领导力的影响因素

领导力是每个人身上都可能具有的能力。如果我们善于发现自身所拥有的领导机会和管理才干，再加上多和具备领导力的人打交道，那么就可以成为领导者，而且可以带领其他人发挥团队的价值。领导者不是天生的，我们可能因为学历高、资历深而升任，也可能因为优越的技术水准、出色的业务能力而升任。然而，一旦升任为领导者，就不再仅仅是技术顾问或业务专家，不能只靠自己的能力条件独善其身，而是必须扮演好领导者的角色，引领团队共同前进。

二、组织与领导

正式领导与非正式领导的区分源于正式组织与非正式组织的区分。

（一）正式组织与非正式组织

正式组织与非正式组织是组织行为学中的两个核心概念，它们在组织结构、形成方式及功能作用上存在着显著的差异。

正式组织是指按照组织章程、制度或法律等明文规定，为实现特定目标而建立起来的组织结构体系。它具有明确的组织目标、固定的成员编制、清晰的权责关系、系统的组织规章及规范的运作流程。正式组织强调职权等级与正式沟通渠道，是组织中最为稳定和持久的结构形式，为组织成员提供明确的角色定位和职责范围，确保组织目标的有效实现。

非正式组织则是在正式组织内部，由于成员之间在兴趣、爱好、性格、经历等方面的相似性，以及日常交往中的频繁互动，自然而然地形成的一种松散的群体结构。它没有明确的组织章程和规章制度，成员之间的关系基于共同的情感纽带和相互信任，而非正式的权力结构和影响力在其中发挥着重要作用。非正式组织往往通过非正式的沟通渠道传递信息，其存在有助于增强组织内部的凝聚力，促进成员之间的情感交流，同时也可能对正式组织的决策和运作产生一定的影响。正式组织与非正式组织相辅相成，共同构成了组织内部复杂而多样的社会关系网络。

（二）正式领导与非正式领导

正式领导是组织结构中拥有明确职位和权力的领导者，他们通过正式的渠道被任命，并依据组织的规章制度和流程行使职权。正式领导负责设定组织的目标、制定战略、分配资源及监督执行情况，他们的决策和行为对组织的发展具有重要影响。相比之下，非正式领导则是在组织内部自然形成的，他们没有明确的职位和权力，但凭借个人的魅力、专业知识、经验或技能等因素在团队中拥有广泛的影响力。非正式领导往往能够激发团队成员的积极性和创造力，促进团队内部的沟通和协作，为组织带来额外的动力和活力。

正式领导与非正式领导在组织中相辅相成，正式领导通过明确的职权和组织结构确保组织目标的实现和稳定运转，而非正式领导则凭借个人影响力促进团队沟通、增强团队凝聚力，两者相互补充，共同推动组织健康发展。

三、领导风格

领导风格指领导者进行指导、执行计划、激励他人的路径和方式。领导风格是领导者价值观、个性特征、经历等因素共同作用的结果。心理学家库尔特·勒温提出的领导风格理论，将领导风格划分为专制型、民主型和放任型三种（见表6-1），每种风格都有其独特的特点和影响。

（一）专制型

专制型领导风格以领导者的绝对权威和严格控制为特点。这类领导者通常决策迅速，不善于听取下属意见，更倾向于独自做出决策。他们强调服从和纪律，对下属的工作过程和结果都有严格的要求。专制型领导风格在短期内可能带来高效的执行力，但长期而言，它可能抑制员工的创造力和积极性，导致团队氛围紧张、员工满意度下降。

（二）民主型

民主型领导风格强调领导者与下属之间的平等交流和合作。这类领导者鼓励下属参与决策过程，重视员工的意见和建议。他们倾向于通过协商和共识来达成决策，注重团队氛围的和谐与员工的个人发展。民主型领导风格有助于激发员工的创造力和积极性，提高团队的凝聚力和工作效率。然而，过于追求共识可能会导致决策过程冗长，影响决策效率。

（三）放任型

放任型领导风格以领导者的低干预和高度自由为特点。这类领导者通常给予下属较大的自主权，不参与或很少参与决策过程。他们相信员工有能力自我管理和完成任务，注重员工的个人成长和自主性。放任型领导风格有助于培养员工的独立性和创新精神，但也可能导致团队目标不明确、工作效率低下。在某些创意产业或研究机构中，放任型领导风格被视为激发员工创造力和促进创新的重要方式。

表 6-1　勒温提出的三种领导风格

领导风格	特　征
专制型领导	一切权力集中在自己手上，依靠职权、命令、纪律约束下属，维护自己的权威；下属只能执行，领导者监督执行；对下属缺乏尊重，与下属接触较少
民主型领导	重视群众关系，尊重下属，听取下属意见或者让下属参与决策；利用个人威望对下属施加影响；下属在一定范围内的工作有自主权
放任型领导	只布置任务，既不监督，也不检查，无为而治；决策权下放，由成员自我摸索，组织方针计划由下属自行制定

这三种领导风格各有优缺点，适用于不同的组织环境和员工特点。领导者应根据实际情况灵活选择领导风格，以达到组织目标和员工发展的最佳平衡。

四、影响力驱动型领导方式

（一）魅力型领导方式

魅力型领导是一种侧重于领导者个人魅力和影响力的领导方式。它不仅仅依赖职位权力或行政手段来强制命令，而是更多地依赖领导者的个人魅力来吸引、感染和激励团队成员。这种魅力可能源于领导者的专业知识、过往经历、人格特质或是他对团队和目标的深切热爱。魅力型领导者通过展现自己的愿景、激情和决心，能够激发团队成员的内心动力，使他们自愿追随并全力以赴地投入实现团队目标的过程中。

魅力型领导者通常具备一系列鲜明的特点。他们往往拥有坚定的信念和清晰的愿景，能够为团队描绘出一个令人向往的未来。同时，他们具备高度的自信和自尊，能够在面对挑战时保持冷静和坚定，为团队提供稳定的支持和指引。此外，魅力型领导者还善于沟通和表达，能够用简洁明了的语言传达复杂的概念和理念，激发团队成员的共鸣和认同。他们重视团队成员的需求和意见，善于倾听和理解，因此能够建立起强大的团队凝聚力和忠诚度。更重要的是，魅力型领导者往往勇于创新和冒险，不断寻求新的机遇和突破点。这种进取精神能够激励团队成员不断追求卓越和成长。

（二）变革型领导方式

变革型领导能够引发组织或团队的深刻变革，推动其向更高的目标迈进。这种领导不仅仅关注现状的维持，更注重未来的发展。变革型领导者通过提出具有前瞻性的愿景，激发团队成员对未来的向往和追求，从而引导他们超越当前的局限，共同创造更加美好的明天。

他们具备敏锐的洞察力，能够准确地识别出组织或团队内部存在的问题和外部面临的机遇与挑战。同时，他们拥有远见卓识，能够为团队描绘出一个清晰、激动人心的未来图景，为团队成员指明前进的方向。变革型领导是一种以变革为核心、注重未来发展的领导方式。通过展现敏锐的洞察力、远见卓识、激励鼓舞能力及创新冒险精神等特质，变革型领导者能够有效地引导组织或团队应对挑战、抓住机遇，实现持续的发展和进步。

（三）联盟型领导方式

联盟型领导是一种基于合作与协同的领导方式，其核心在于建立和维护组织内外部的广泛联盟，以实现共同的目标。这种领导方式强调领导者与团队成员、组织与合作伙伴之间的相互信任、尊重和共赢，通过构建紧密的合作网络，促进信息共享、资源整合和协同创新。他们往往拥有出色的交际能力和沟通技巧，能够与具有不同背景和利益的人建立良好的合作关系。此外，联盟型领导者还擅长协调和整合各方资源，通过巧妙的谈判和协商，实现资源的优化配置和高效利用。更重要的是，他们勇于承担责任，能够在面对挑战时站出来，为团队和合作伙伴提供坚定的支持和指引。

（四）权谋型领导方式

权谋型领导是一种以策略性、目标导向和实用主义为特征的领导方式。这种领导风格并不完全依赖领导者的职位权力，而是更多地依赖领导者的策略性思维、政治敏锐性和操作手腕，通过精心策划和巧妙布局，实现对团队或组织的掌控和引导。

权谋型领导者通常具备高度的政治敏锐性和洞察力，能够准确地捕捉到组织内外的政治动态和权力结构，从而巧妙地运用权力和资源，实现自己的目标。同时，他们精于算计，善于权衡利弊，能够在复杂多变的环境中做出明智的决策。此外，权谋型领导者还擅长构建和利用人际关系网络，通过拉拢、收买或结盟等方式，增强自己的势力和影响力。他们懂得如何利用信息、操纵舆论，甚至不惜使用一些手段来达到自己的目的。然而，这些手段并不总是光明正大的，因此权谋型领导往往也伴随着一定的风险和道德争议。

在运用权谋型领导方式时，领导者需要保持清醒的头脑和高度的道德自律。他们应该明确自己的目标和价值观，确保自己的行为符合道德和法律的规范。同时，他们也需要关注团队成员的情感和需求，努力营造一个和谐、稳定的团队氛围。只有这样，权谋型领导者才能在实现个人目标的同时，赢得团队成员的信任和支持。

案例

华为人事震荡下的领导风格与团队凝聚力

2000年，华为公司经历了一次重大的人事震荡，时任华为常务副总裁的李一男宣布离职，引发公司内部和外界的广泛关注。李一男是华为的创始成员之一，他的离职无疑对华为的运营和士气造成了影响。

为了稳定军心，确保公司的持续稳定发展，华为创始人任正非采取了一系列措施来安抚员工的情绪，并公开表达了对李一男决定的理解和支持。在一次内部会议上，任正非强调，李一男的离职是科技行业人才流动的正常现象，并鼓励其他员工继续专注于自己的工作，为公司的未来贡献力量。

在此期间，华为也面临一系列挑战，包括市场竞争的加剧、技术迭代的压力及国际市场的不确定性。任正非在给员工的一封信中坦诚地分析了当前面临的困难，并分享了公司的应对策略。他提到，外部环境的变化虽然带来了挑战，但也提供了新的机遇。华为将继续坚持创新驱动发展，加大研发投入，深化全球市场布局。

除了对外的策略调整，任正非还特别强调了内部团结的重要性。他在多个场合表示，华为的成功依赖于每一位员工的辛勤努力和创新精神。因此，公司将继续优化管理制度，提供更好的工作环境和福利待遇，以激发员工的积极性和创造力。

任正非的领导风格以坚定而富有远见著称。面对李一男离职带来的冲击，他以平和而理性的态度处理了这一事件，并通过有效的沟通增强了员工的归属感和忠诚度。这种处理内部危机的能力，展现了任正非作为企业家的智慧，为华为后续的发展奠定了坚实的基础。

时至今日，华为继续在全球通信行业中扮演着举足轻重的角色，而任正非当年应对挑战的策略仍被许多企业管理者学习和借鉴。通过这一事件，可以看出，即使在面临巨大挑战时，一个企业的核心竞争力仍然在于其领导者的远见和团队的凝聚力。

第二节　沟通与领导力

沟通是领导力的核心要素之一，它不仅涉及信息的传递和接收，更是建立信任、激发团队动力和促进组织变革的关键。有效的沟通能够帮助领导者清晰传达愿景和目标，确保团队成员理解并认同；同时，良好的沟通还能增强团队凝聚力，提高决策效率，推动组织持续进步和发展。因此，提升沟通能力对于每一位追求卓越领导力的人来说都至关重要。

一、沟通视角下的领导力

领导有效性在很大程度上取决于领导者影响力的发挥，而沟通是实现这一影响力的关键。领导者通过沟通进行决策、管理、指导和激励，因此沟通效果直接影响领导影响力的发挥。美国管理学家切斯特·巴纳德认为，领导者的权威要想被接受，必须符合组织宗旨或至少不与组织目的冲突。下属在执行决策时会判断其是否与组织利益相符，若不符则可能采取消极抵触行为。领导力学者米歇尔·海克曼与克雷格·约翰逊则强调，领导者的沟通应考虑到"群体背景"，以满足群体需求或达到群体目标。领导者的沟通还应为下属所理解、接受，这取决于下属的理解与感受。只有下属接受并理解领导者的传达意图时，沟通行为才能生效。切斯特·巴纳德还指出，领导者的目标必须与下属的个人利益相结合，并考虑其可行性。因此，从这一角度看，我们将下属视为领导者沟通的合作者。

在沟通视角下的领导，可以被视为一项为了满足群体共同目标与要求，以他人合作为条件而影响他人态度和行为的沟通活动。这种观点强调了领导者在沟通中的角色，不仅是信息的传递者，更是影响者和协调者。他们通过有效的沟通策略，激发团队成员的积极性，引导他们朝着共同的目标努力。同时，领导者也需要倾听下属的意见和建议，尊重他们的个性和差异，以建立更加紧密和谐的团队关系。

扩展阅读 6-1　柳传志与联想集团的领导力征程

二、领导者沟通有效性的影响因素

从领导者自身的角度来看，沟通的有效性首先取决于与他人沟通的意愿，同时还依赖于良好的沟通技巧和有效的沟通工具。因此，要提高领导者沟通的有效性，必须同时在以下三个方面下功夫，缺一不可。沟通有效性可以表示为：沟通有效性＝沟通意愿×（沟通技巧＋沟通工具）。

（一）提高沟通意愿

领导者的沟通意愿是其沟通有效性的基础。只有当领导者愿意主动与他人沟通、分享信息和倾听下属意见时，才能建立开放、透明的沟通环境，从而提升团队凝聚力和合作效率。领导者的个人特质和领导风格直接影响其沟通意愿。例如，具有亲和力和同理心的领导者通常更愿意与团队成员进行深入交流，而权威型领导者可能更倾向于单向指令，导致沟通意愿降低。定期的团队建设活动、开放的反馈机制和鼓励创新的企业文化可以有效增强领导者的沟通意愿。此外，提供沟通技巧培训也是提升领导者沟通意愿的重要手段。

（二）培养沟通技巧

沟通技巧是提升领导者沟通有效性的关键因素。良好的沟通技巧不仅能帮助领导者更清晰地传达信息，还能增强团队成员的信任和理解，从而提高团队的整体绩效。有效的沟通技巧包括倾听、反馈、非语言沟通和情绪管理。例如，积极倾听可以帮助领导者更好地理解下属的需求和意见，而及时的反馈则能促进双向沟通，提高决策的准确性。通过参加专业的沟通培训课程、模拟练习和定期的自我反思，领导者可以不断提升自己的沟通技巧。此外，阅读相关书籍和案例分析也是提升沟通技巧的有效途径。

（三）改进沟通工具

有效的沟通工具是提升领导者沟通效率和效果的重要因素。先进的沟通工具不仅能提高信息传递的速度和准确性，还能增强团队成员之间的协作，从而提高整体工作效率。现代企业中常用的沟通工具包括电子邮件、即时通信软件（如微信）、视频会议平台（如腾讯会议）和项目管理工具（如钉钉）。这些工具各有优势，可以根据具体需求选择使用。此外，还应重视和合理利用小道消息。小道消息通常在非正式渠道中迅速传播，反映了员工的真实情绪和关切。通过建立匿名反馈机制或定期举办开放讨论会，领导者可以主动收集和分析这些信息。

扩展阅读 6-2　俞敏洪与新东方：沟通引领团队成长与组织飞跃

通过定期评估现有沟通工具的使用效果、收集员工反馈，并引入新的技术手段，可以不断优化沟通工具。此外，提供培训和支持，帮助员工熟练掌握新工具，也是提高沟通效率的重要措施。

三、领导者有效沟通的技巧

（一）与下属沟通的艺术

与下属的有效沟通是领导者必备的重要技能，它不仅能提升团队的凝聚力和执行力，还能促进个人与团队的共同成长。优秀的领导者懂得如何运用沟通的艺术，既保持权威，又赢得下属的尊重与信任。这要求领导者不仅要掌握基本的沟通技巧，更要深入理解下属的性情与需求，实施个性化管理，并在处事中坚持公平原则，以维护自身的领导者形象。

要了解下属性情，实施个性化管理。每位下属都有自己独特的性格、能力和工作习惯，优秀的领导者会通过观察、交流和反馈，深入了解下属的性情特点，从而制定出更加贴合实际的个性化管理策略。比如，对于内向型员工，领导者会更多地采用倾听和鼓励的方式，激发其工作热情；而对于外向型员工，则可能通过直接的任务分配和成果奖励来激发其积极性。个性化管理不仅能让下属感受到被重视和尊重，还能最大限度地发挥他们的潜能，提高团队的整体效能。

做到公平处事、维护领导者形象。公平是团队管理的基石，也是领导者形象的重要组成部分。在处理团队事务时，领导者应坚持公正无私的原则，对所有下属一视同仁，不因个人喜好或偏见而有所偏袒。这包括在分配任务、评估绩效、给予奖励和惩罚等方面，都要做到公平合理、有据可依。同时，领导者还应积极倡导和践行公平文化，鼓励团队成员之间相互尊重、平等相待，共同营造一个和谐、积极的工作环境。这样的领导者不仅能赢得下属的尊重和信任，还能在团队中树立起公正、权威的领导者形象。

（二）与上级沟通的智慧

与上级的有效沟通是职场成功的关键之一。它不仅能够确保工作任务的顺利执行，还能促进个人职业发展与团队和谐。掌握与上级沟通的智慧，意味着能够准确理解上级的意图，高效传达自己的见解，以及在必要时争取到支持和资源。这需要良好的沟通技巧、敏锐的观察力和恰当的应对策略。

（1）清晰理解上级意图，主动汇报工作进展。与上级沟通的首要任务是清晰理解其意图和期望。这要求我们在接受任务时，不仅要听清指令，还要通过提问和确认来确保自己完全理解了任务的目标、要求和期限。在执行过程中，主动向上级汇报工作进展，及时反馈遇到的问题和困难，以及可能的解决方案。这种积极主动的沟通方式，不仅能够让上级放心，还能展现自己的责任心和解决问题的能力。

（2）精准表达个人见解，有效争取支持。在与上级沟通时，精准表达自己的见解和想法同样重要。这需要我们提前做好准备，明确自己的观点、理由和预期结果。在表达时，注意语言简洁明了、逻辑清晰，避免冗长和模糊的表达。当需要争取上级的支持或资源时，更要注重策略，先阐述问题的严重性和紧迫性，再提出自己的解决方案，并说明所需的支持和资源。这样的沟通方式，既能够展现出自己的专业素养，又能够增加上级对自己提案的认可度。

（3）尊重上级决策，灵活应对变化。在与上级沟通的过程中，尊重上级的决策是基本原则。即使对决策有不同意见，也要在尊重的基础上，通过恰当的方式提出自己的看法和建议。同时，要保持灵活性和适应性，随时准备应对工作中的变化和挑战。当上级的决策或要求发生变化时，要及时调整自己的工作计划和策略，确保任务能够顺利执行。这种灵活应对的能力，不仅能够展现自己的职业素养和应变能力，还能够为团队带来更多的稳定性和效率。

（三）与同级沟通的法则

争取共赢合作，做到互不拆台。领导者在与同级的沟通中，争取共赢合作是至关重要的。领导者应秉持开放和包容的心态，积极寻求与同级之间的合作机会，共同推动团队或组织的发展。为了实现共赢，领导者需要倾听同级的意见和建议，尊重他们的专业能力和贡献，避免在合作中出现相互拆台或破坏团队氛围的行为。相反，领导者应鼓励同级之间的互补与协作，通过集思广益和资源共享，共同解决问题，实现团队或组织的整体目标。同时，领导者还应主动承担责任，为团队或组织的发展贡献自己的力量，成为同级之间的桥梁和纽带，促进团队或组织的和谐与稳定。

（1）分清彼此职责，做到互不插手。领导者与同级之间的沟通还需要明确各自的职责范围和工作重点，确保每个人都能在团队中发挥自己的专长和作用。领导者应与同级进行充分的沟通，明确各自的职责和任务，避免在工作中出现重复或遗漏的情况。同时，领导者应尊重同级的职责边界，不随意插手对方的工作领域，保持专业分工的清晰与明确。当需要跨部门或跨领域合作时，领导者应发挥协调作用，确保各方在明确职责的基础上，高效协同作业，共同完成任务。通过分清彼此职责，领导者与同级之间可以建立起更加稳固的信任关系，为团队或组织的持续发展奠定坚实的基础。

（2）保持心理距离，避免以势压人。在与同级沟通的过程中，领导者还需要注意保持适当的心理距离，避免以职位高低作为沟通的依据，而是以平等、尊重和理解的态度对待每个人。领导者应主动倾听同级的想法和需求，理解他们的立场和感受，展现出真诚和同理心。同时，领导者应避免利用职权施压或强迫同级接受自己的观点，而是通过协商和讨论达成共识。保持心理距离并不意味着冷漠或疏远，而是要在尊重和理解的基础上，建立起更加健康、积极的沟通关系。通过保持心理距离，领导者可以更加客观地看待同级的工作和表现，为他们提供更有价值的指导和支持，促进团队或组织的整体进步和发展。

第三节　领导的激励性沟通

一、领导与激励

（一）激励的定义

激励是指在管理过程中，通过特定的手段或方法，激发、引导和维持个体或团队成员的工作积极性、主动性和创造性，以促使其努力实现组织目标的过程。它涉及识别并满足员工的需求、期望和愿望，从而提升他们的工作满意度、绩效水平和整体工作态度。

在管理沟通中，激励不仅关乎物质奖励或惩罚措施，更重要的是建立良好的沟通机制，确保员工能够理解并认同组织的目标和价值观，感受到自己的贡献被认可和重视。这要求管理者具备倾听、反馈和鼓励的技巧，以建立信任、尊重和合作的氛围，从而激发员工的潜能和忠诚度。

（二）激励的过程

激励的目标就是使组织中的成员充分发挥潜在能力。从激励的产生来看，激励是一个复杂的过程，是"需求—心理紧张—动机—行为—满足—新需求"的一个连锁反应，如图6-2所示。

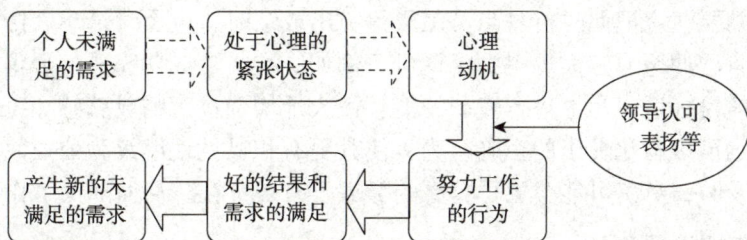

图6-2　激励的发生过程

例如，当一个下属完成了一项自认为十分出色的工作后，他/她内心会自然产生对赞赏、认可和肯定的渴望。这种渴望源于个人对自我价值的确认和归属感的追求，是激励过程的起点。员工希望自己的努力被看到、被肯定，以此获得自尊心的满足和团队的归属感。在完成任务后，员工会处于一种期待状态，等待着来自上司或同事的反馈。如果长时间没有收到预期的赞赏或认可，员工可能会感到失望和挫败，这种心理状态被称为心理紧张。紧张感来自对需求未满足的感知，它会促使员工采取行动以寻求满足。心理紧张感转化为动机，驱动员工采取一系列行为以寻求赞赏和认可的满足。这些行为可能包括主动向上司汇报工作成果、在团队会议上分享成功经验，或是通过社交媒体等渠道展示自己的成就。动机是连接需求与行为的桥梁，它赋予员工行动的力量和方向。在动机的驱使下，员工会积极展现自己的工作成果，通过有效的沟通手段与上司和同事分享自己的贡献。这些行为可能包括详细的报告、生动的演示，或是面对面的交流。员工的行为旨在引起他人的注意，获得赞赏和认可，从而减轻心理紧张感。

激励的发生过程是一个由内在需求驱动、通过心理紧张感转化为动机，进而引发行为、最终实现满足并开启新需求的循环过程。在管理沟通中，管理者需要敏锐地捕捉到员工的这种心理状态和行为模式，通过有效的激励策略来激发员工的积极性和创造力，推动组织的持续发展。

在当今复杂多变的商业环境中，领导力与激励的重要性日益凸显。领导不仅仅是管理，更是影响和激励。领导者通过明确的目标设定、有效的沟通和激励措施，能够引导团队成员朝着共同的目标努力。他们懂得如何倾听员工的声音，理解他们的需求和关注点，并通过清晰、具体的语言来传达自己的意图和期望。同时，领导者还注重建立信任和尊重的文化氛围，让员工感受到自己的价值和被重视的程度。这样的领导者能够激发员工的积极性、创造力和忠诚度，从而推动团队不断向前发展，并在激烈的市场竞争中脱颖而出。

二、领导激励的一般原则

领导者在运用激励方法调动团队及个体的积极性和创造性时，应遵循以下五项原则。

（一）适时性原则

领导激励要注意把握时机。当员工取得突出成绩时，应及时给予表扬和奖励，让员工感受到自己的努力和表现得到了认可。例如，在员工成功完成一个重要项目或者达到某个业绩目标后，马上进行表彰，能够极大地增强员工的成就感和工作动力。这种及时的激励可以强化员工的正确行为，使其更有积极性地继续为公司效力。反之，如果激励不及时，员工可能会觉得自己的努力没有被重视，从而降低工作积极性。

（二）有效性原则

领导激励要确保能够真正激发员工的工作动力。激励措施应与员工的需求紧密相连。不同的员工有不同的需求，有的员工更注重物质回报，如薪资、奖金等；有的员工则更看重精神奖励，如荣誉称号、公开表扬等。领导需要了解员工的个性特点和需求差异，采取针对性的激励方式。

（三）具体性原则

领导激励应该具体明确。激励的目标要清晰，让员工知道自己努力的方向。例如，不能只是简单地说"大家好好干"，而要明确地说"本季度我们要实现销售额增长20%，对于达到或者超过这个目标的团队，将给予每人1000元的奖金"。这种具体的激励目标能够让员工清楚地了解自己需要做什么及做到什么程度才能获得奖励。

激励的措施也要具体。奖励的方式可以是具体的物质奖励，如以特定金额奖金、某种商品作为奖品等，或者是具体的精神奖励，如颁发荣誉证书、在公司内部进行表扬等。具体的激励措施能够让员工更加直观地感受到激励的力度和价值，避免激励流于形式。

（四）公平性原则

领导激励要确保公平公正。在激励的过程中，要采用公平合理的标准来评价员工的表现。无论是在绩效考核还是在奖励分配方面，都应该根据员工的实际工作成果、工作能力和工作态度等因素进行综合考量。例如，在评选优秀员工时，不能只看人际关系或者凭领导的个人喜好，而应该基于客观的业绩数据和工作表现。只有这样，才能让员工信服，避免产生不公平感。

公平性还包括激励过程的透明。员工应该能够清楚地了解激励的规则和流程，知道自己和其他同事是如何被评价和获得激励的。例如，公司可以制定明确的绩效考核制度和奖励制度，并向员工公开，让员工能够自己计算大致的奖励情况。透明的激励过程可以增加员工的信任感，减少不必要的猜忌和矛盾。

（五）多样平衡原则

领导激励应该采用多种激励方式相结合。物质激励和精神激励要相互配合。只注重物质激励，如高额奖金，可能会让员工陷入短期的利益追求，忽视工作的长远价值和职业发展。而只强调精神激励，如频繁的表扬，但没有任何实际的物质回报，也难以满足员工的基本生活需求。因此，要将两者有机结合起来。

三、领导激励的沟通方法与艺术

在管理沟通的广阔领域中，领导激励的沟通方法与艺术占据核心地位。它不仅关乎如何有效传达组织的愿景和目标，更在于如何通过细腻而精准的沟通方式，激发员工的内在动力，促进其个人成长与团队协作。

（一）倾听

领导者应成为优秀的倾听者，耐心倾听员工的意见和想法，理解他们的需求和关注点。通过倾听，领导者可以更好地把握员工的心态和情绪，为激励措施的制定提供有力依据。

例如，一位部门经理注意到一名平时表现优秀的员工最近工作有些心不在焉。部门经理没有急于批评，而是邀请这位员工进行了一次私下的谈话。在谈话中，部门经理耐心倾听员工讲述家中遇到的一些个人问题，以及这些问题如何影响了他的工作状态。通过倾听，部门经理不仅理解了员工的处境，还为员工提供了一些灵活的工作安排，以帮助他更好地处理个人事务，同时保证工作不受影响。这种倾听的方式让员工感受到了被理解和支持，从而增强了他对工作的投入和忠诚度。

（二）表达

领导者应清晰、准确地表达组织的目标和期望，避免模糊和歧义。同时，他们还应学会用积极、正面的方式来表达反馈和认可，以激发员工的积极性和创造力。

例如，在团队会议上，领导者需要传达一个关于项目方向调整的重要决策。为了确保信息被准确理解，领导者使用了清晰、具体的语言来阐述新的方向，并解释了做出这个决策的原因和背后的思考过程。同时，领导者还强调了这个调整对团队和组织的积极意义，以及每个成员在其中扮演的角色。通过这种方式，领导者不仅传达了信息，还激发了团队对新目标的热情和动力。

（三）观察

领导者应善于观察员工的行为和表现，从细节中捕捉员工的需求和变化。通过观察，领导者可以及时发现问题并采取措施解决，从而保持团队的稳定和高效。

例如，领导者注意到一位员工在最近的项目中显得有些消沉，虽然他没有直接表达不满，但领导者从他提交的工作报告和参与讨论的态度中察觉到了变化。于是，领导者主动邀请这位员工进行一对一的交流，观察他的行为和反应。通过细致的观察，领导者发现员工认为当前的任务不具挑战性，缺乏成就感。基于这个发现，领导者为员工分配了一个更具挑战性的项目，并在过程中提供必要的支持和指导。这样的调整让员工重新找回了工作的热情和动力。

（四）适应

领导者应根据不同员工的特点和需求，灵活调整激励策略和沟通方式。他们应保持开放的心态和敏锐的洞察力，以适应不断变化的环境和条件。

例如，考虑到团队成员的多样性，领导者意识到不同员工有着不同的工作风格和激励需求。比如，有的员工更喜欢独立完成任务，而有的员工则更擅长团队合作。领导者根据这些差异，为每位员工量身定制了激励计划。对于喜欢独立的员工，领导者给予他们更多的自主权和决策空间；对于喜欢团队协作的员工，则安排他们参与更多的团队项目和活动。这种适应性的激励策略使每位员工都能在自己擅长的领域发挥最大的潜力。

（五）情感共鸣

领导者应努力与员工建立情感共鸣，理解他们的感受和处境。通过表达关心和支持，领导者可以赢得员工的信任和尊重，从而激发他们的内在动力和忠诚度。

例如，当一位员工因为家庭原因需要暂时减少工作时，领导者没有采取强硬的态度，而是表达了对员工情况的理解和同情。领导者分享了自己类似的经历，以及当时是如何平衡工作与家庭的。这种情感共鸣让员工感到被理解和尊重，他因此更加珍惜这份工作，并承诺在家庭情况允许时会加班补回工作时间。这种情感上的连接不仅增强了员工对工作的投入感，还加深了领导者与员工之间的信任和尊重。

领导激励的沟通方法与艺术是复杂而精细的。领导者需要综合运用个性化沟通、目标设定与反馈、认可与奖励、职业发展规划及营造积极的工作环境等策略，掌握倾听、表达、观察、适应和情感共鸣等手段，激发员工的积极性和创造力，推动组织的持续发展。

案例

研发困局中的激励突围

某互联网公司研发部门正在攻关一项关键技术，该技术对于公司新产品的推出至关重要。但由于技术难度极大，团队成员在长时间高强度的工作后，进展依然缓慢，士气低落，甚至不少成员产生了放弃的念头。此时，研发部领导李总深知必须采取有效激励措施来扭转局面。

李总召集全体研发人员开会。在会上，他没有一味地强调技术难题和项目的重要性，而是先分享了自己早年在类似项目中的经历。当时他也面临着巨大的压力，团队多次失败，但他坚信只要坚持下去就一定能找到突破口。这个过程中，他深刻体会到每一次失败都是向成功迈进的宝贵一步。讲完自己的经历后，李总看着团队成员说："我知道现在大家很疲惫，也很沮丧，但请相信我，每一次我们攻克一个难题，都是在为成功积累基石。我们现在的条件已经比当初好太多了，有更先进的设备、更充足的资源，所以大家更要有信心。"

接着，李总对每个成员的专长和在项目中的表现给予了非常具体的认可和赞赏。他说："小张，你在代码优化方面的那项提议，虽然最终因为一些客观因素没完全采用，但你的创新思维为我们打开了新思路，这是非常有价值的。""小王，你在测试环节的严谨态度大家都看在眼里，要不是你的反复核对，我们可能会忽略很多潜在问题。"

随后，李总提出了一项新的激励措施：设立"技术攻坚之星"荣誉称号，每周评选一次，当选者不仅能得到一定的物质奖励，其照片和事迹还会展示在公司内部的荣誉墙上。同时，在项目中最终表现突出的员工，将有机会参与公司未来更重要的项目，并获得晋升机会。

在后续的工作过程中，李总与团队成员保持密切沟通。每当遇到难题，他都会和大家一起讨论，引导大家从不同角度思考问题，而不是直接给出答案。他还经常组织小组之间的交流分享会，让各个小组展示自己的进展情况和遇到的问题，互相学习、互相启发。

本章小结

（1）领导是指运用个体、群体、环境中的各种资源有效地影响他人实现战略目标的行为、艺术和过程。

（2）领导力是领导者在特定环境中与追随者之间互动的能力。根据本尼斯的观点，领导力主要包括以下四种核心能力：吸引注意的能力、管理意义的能力、管理信任的能力、管理自我的能力。

（3）正式组织是指按照组织章程、制度或法律等明文规定，为实现特定目标而建立起来的组织结构体系；非正式组织则是在正式组织内部，由于成员之间在兴趣、爱好、性格、经历等方面的相似性，以及日常交往中的频繁互动，自然而然地形成的一种松散的群体结构。

（4）正式领导是组织结构中拥有明确职位和权力的领导者，他们通过正式的渠道被任命，并依据组织的规章制度和流程行使职权；非正式领导则是在组织内部自然形成的，他们没有明确的职位和权力，但凭借个人的魅力、专业知识、经验或技能等因素在团队中拥有广泛的影响力。

（5）四种有影响力的领导方式：魅力型领导、变革型领导、联盟型领导、权谋型领导。

（6）激励是指在管理过程中，通过特定的手段或方法，激发、引导和维持个体或团队成员的工作积极性、主动性和创造性，以促使其努力实现组织目标的过程。

（7）领导激励的一般原则：适时性原则、有效性原则、具体性原则、公平性原则、多样平衡性原则。

（8）领导激励的沟通方法与艺术：倾听、表达、观察、适应和情感共鸣。

本章即测即练

自学自测  扫描此码

本章复习思考题

1. 领导力的四种核心能力如何在领导与沟通中发挥作用？

2. 非正式组织的正负作用对领导沟通有何影响？

3. 正式领导和非正式领导在沟通方式上有哪些区别？

4. 在日常生活和工作中，如何运用有效的沟通技巧和工具来提升沟通效率？

5. 根据案例"赵磊的领导力与沟通艺术"回答：

（1）赵磊是如何成功领导团队完成敏捷转型的？

本章案例：赵磊的领导力与沟通艺术

（2）赵磊在沟通中运用了哪些技巧和工具，以促进团队转型的顺利进行？

沟通实战演练

领导情境模拟

1. 分组与角色分配

学生分为若干小组，每组 4～5 人。

角色扮演：小组成员根据情境进行角色扮演，模拟决策过程、团队会议、非正式交流等场景，重点展示领导风格（专制型、民主型、放任型）的应用及沟通策略。

2. 活动流程

学生根据角色进行角色扮演，模拟真实的沟通场景。

其他学生作为观众，认真观察并记录沟通过程中的亮点与不足。

每组选派代表，向全班汇报模拟过程中的关键决策、遇到的挑战、采取的沟通策略及最终成果，包括非正式组织的影响及应对策略。

3. 教师活动

每次模拟后进行小组讨论，分析沟通效果，调整策略，强调正式与非正式领导的互补作用。

在角色扮演结束后，进行点评和总结，指出学生的优点和不足，提出改进建议。

4. 总结与反馈

通过本次领导与沟通实训课的设计与实施，让学生深刻认识到领导力和沟通技能在职场中的重要性。他们将学会如何运用这些技能来应对工作中的挑战、建立人际关系、推动职业发展，以更好地适应职场环境、实现个人价值。

第七章

沟通中的情绪管理与心理调适

【名人名言】

怒不过夺，喜不过予。

——《荀子·修身》

有效的领导者知道，他们必须先处理好自己的情绪，然后才能有效地处理事情。

——约翰·科特

【学习目标】

1. 理解情绪管理的基本原理，包括情绪的定义、分类及其对沟通的影响。
2. 掌握沟通中的情绪管理策略，学会识别与表达情绪、调节与控制情绪及积极应对负面情绪。
3. 学习沟通中的心理调适技巧。
4. 建立积极的沟通心态，提高自我认知与适应能力，并学会压力管理与放松技巧。

本章思维导图

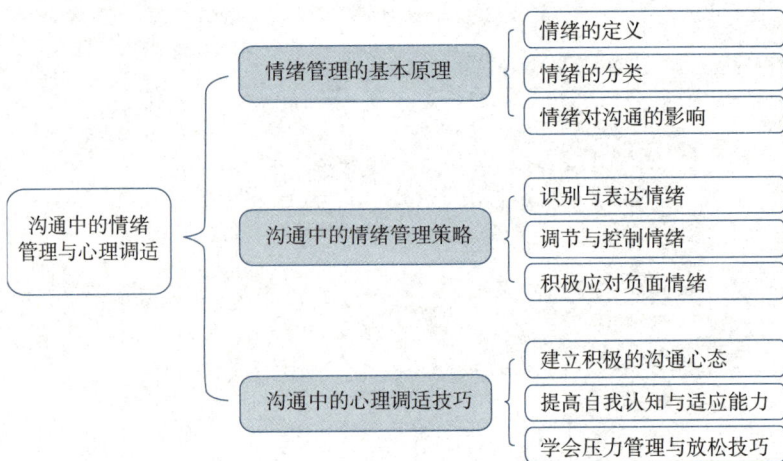

```
                              ┌─ 情绪的定义
              ┌─ 情绪管理的基本原理 ─┼─ 情绪的分类
              │                 └─ 情绪对沟通的影响
              │
沟通中的情绪      │                 ┌─ 识别与表达情绪
管理与心理调适 ─┼─ 沟通中的情绪管理策略 ─┼─ 调节与控制情绪
              │                 └─ 积极应对负面情绪
              │
              │                 ┌─ 建立积极的沟通心态
              └─ 沟通中的心理调适技巧 ─┼─ 提高自我认知与适应能力
                                └─ 学会压力管理与放松技巧
```

导入案例

张一鸣字节跳动九周年演讲中的情绪智慧与心理调适策略

在数字化时代，字节跳动作为全球领先的科技公司，正处于快速发展的关键时期。2024年4月20日，字节跳动创始人张一鸣在公司成立九周年演讲中，不仅回顾了公司的发展历程，还详细阐述了他对公司现状和未来发展的思考。此次演讲不仅是对公司成就的总结，更是对员工情绪管理和心理调适的一次深刻示范。

视频：张一鸣字节跳动成立九周年演讲

张一鸣在演讲中首先表达了对字节跳动未来发展的坚定信心。他指出，尽管公司面临诸多挑战，但字节跳动已经做好了充分准备，有信心在未来的竞争中继续保持领先地位。张一鸣强调，字节跳动的成功不仅在于技术创新，还在于公司文化和团队精神。

张一鸣在演讲中展现了高度的情绪智慧和心理调适能力。他通过以下几点来激励员工：第一，需要增强团队的凝聚力和战斗力。第二，需要坚定信心。张一鸣明确表示，字节跳动不会被当前的挑战所压垮，公司已经做好了充分准备，有信心在未来的竞争中继续保持领先地位。这种坚定的信心不仅传递给了员工，也增强了整个团队的士气。第三，他强调团队合作，字节跳动的成功依赖于团队的协作和创新精神。他通过具体案例说明，抖音和今日头条等成功产品都是团队协作和创新精神的结晶。这种强调不仅提升了员工的归属感，也增强了团队的凝聚力。张一鸣提出，公司将继续支持员工的个人成长和发展，提供更多的培训和学习机会。这种关注不仅让员工感受到公司的关怀，也增强了员工的忠诚度和积极性。第四，张一鸣详细阐述了字节跳动的未来发展方向，包括在人工智能和大数据领域的投入，以及拓展国际市场的计划。这种清晰的未来规划不仅让员工看到了公司的前景，也增强了他们对未来的信心。

与任正非一样，张一鸣也强调了教育的重要性。他认为，教育是培养未来创新人才的关键，字节跳动将通过多种方式支持教育事业，包括设立教育基金和开展公益项目。张一鸣表示，公司将继续关注教育领域的最新发展，为社会培养更多优秀的科技人才。

张一鸣的演讲不仅展示了字节跳动的成就和未来规划，还体现了他对公司文化和教育的深刻理解。通过持续的创新和团队合作，字节跳动有望在未来的科技竞争中继续保持领先地位。同时，公司对教育的重视也表明了其社会责任感和长远发展的战略眼光。

思考：

1. 张一鸣在演讲中展现出的情绪智慧和心理调适策略是什么？
2. 通过张一鸣的演讲，你认为字节跳动成功的原因有哪些？

第一节　情绪管理的基本原理

在复杂的沟通环境中，情绪和心理状态如同潜藏在水面下的暗流，对信息的传递和接收产生深远影响。有效的情绪管理和心理调适，就如同为沟通之舟配备了一套精准的导航系统，确保其航向的正确与稳定。

一、情绪的定义

在探讨情绪管理之前，我们首先需要准确理解情绪的基本内涵及其在组织行为与个体管理中的重要作用。情绪并非简单的瞬间反应，而是一种复杂的心理状态，包含神经生物学、心理学和社会学三个角度。

（一）神经生物学视角：情绪的生物基础

情绪在很大程度上受大脑边缘系统特别是杏仁核的影响。杏仁核作为情绪中枢，负责处理与生存相关的信息，如威胁检测和奖赏评估，进而引发相应的情绪反应。当感知到潜在危险时，大脑释放一系列化学物质，如肾上腺素和皮质醇，加速心跳，提高血压，使身体准备进入战斗或逃跑模式。反之，在愉悦情境下，大脑释放多巴胺和血清素，带来幸福和平静的感觉。这些生化过程表明，情绪是生物体对外界刺激的即时反应，具有保护和适应的功能。

（二）心理学视角：情绪的心理构造

心理学家将情绪视为一个综合的体验，由以下几个层面组成。

（1）主观体验：这是最直接的情绪知觉，即"我感到高兴""我感到害怕"。它是情绪的核心成分，反映了个体对某种情绪的感受程度。

（2）生理唤醒：指的是伴随情绪而来的一系列身体变化，如心率加快、出汗、肌肉紧绷等。这些生理反应可以增强或减弱情绪强度，同时也是他人辨识情绪状态的重要线索之一。

（3）认知评价：个体对引起情绪的事件或情境的解释和意义赋予，如"这是一个威胁""这是我想要的奖励"。认知评价决定情绪性质和强度，同一事件对不同的人可能诱发截然相反的情绪。

（4）外部表现：情绪的外显形式，包括面部表情、姿势和语音语调。这是情绪传达给他人的方式，有助于社会互动中的情感共鸣和沟通。

（5）行为倾向：针对引起情绪的情境所产生的冲动或倾向，如逃避威胁、接近奖赏的行为倾向。

（三）社会学视角：情绪的社会功能

情绪不仅仅是个体内在的体验，它也是一种社会现象，具有显著的文化和社会特征。情绪规则，即在特定情境下"应该"展现何种情绪，是由文化背景和社会期待塑造的。情绪的科学定义涵盖生物、心理和社会层面，是一个动态的、多元化的概念。从神经生物学的角度来看，情绪是生命有机体对外界刺激的本能反应；从心理学角度来看，情绪是主观体验、认知评价和行为倾向的综合体；从社会学角度来看，情绪是文化产物，受到社会规范和集体认同的影响。这一定义为我们理解情绪提供了全方位的视角，为接下来深入探讨情绪管理与心理调适提供了坚实的基础。

思考：李明压力与考试焦虑的深度剖析

以上对情绪的科学定义阐述了其生物、心理和社会层面的综合特性，展现了情绪的复杂性和多样性。通过理解情绪的本质，我们能够更好地识别和管理自己的情绪，提升沟通能力和心理健康水平。

二、情绪的分类

情绪是人类复杂心理活动的重要组成部分，涉及个体对外界刺激的反应和内心体验。根据心理学的研究，情绪可以分为基本情绪和复合情绪。

（一）基本情绪

基本情绪是指那些普遍存在于人类身上的、相对简单且容易识别的情绪。心理学家保罗·艾克曼提出了六种基本情绪，这些情绪被认为是跨文化的，具有生物基础（见表 7-1）。

扩展阅读 7-1　创意宣传片，颜色代表的"情绪状态"

1. 快乐

定义：快乐是一种积极的情绪体验，通常伴随着愉悦感和满足感。

表现：微笑、欢笑、兴奋等身体表达；内心感到轻松、愉快。

功能：促进社交关系，增强个体的适应能力和创造力。

2. 悲伤

定义：悲伤是一种消极的情绪体验，通常伴随着失落感和痛苦感。

表现：哭泣、沉默、低落等身体表达；内心感到压抑、无助。

功能：促使个体反思和处理失去，帮助恢复心理平衡。

3. 恐惧

定义：恐惧是一种对潜在威胁的反应，通常伴随着紧张和焦虑感。

表现：心跳加速、出汗、逃避等身体反应；内心感到不安和紧张。

功能：激发逃避或应对行为，保护个体免受伤害。

4. 愤怒

定义：愤怒是一种对不公正或威胁的反应，通常伴随着激烈的情感体验。

表现：面部皱眉、声音提高、肢体动作激烈等；内心感到不满和抵抗。

功能：促使个体采取行动，以解决不公正或冲突。

5. 惊讶

定义：惊讶是一种对意外事件的反应，通常伴随着短暂的情绪体验。

表现：目瞪口呆、身体僵硬、呼吸急促等；内心感到困惑或震惊。

功能：引发注意和探索，帮助个体快速适应突发情况。

6. 厌恶

定义：厌恶是一种对不愉快事物的反应，通常伴随着拒绝的情感体验。

表现：皱眉、掩鼻、身体后退等；内心感到恶心和反感。

功能：保护个体免受有害物质或行为的影响，促进健康。

表 7-1　六种基本情绪的定义、表现及功能

情绪名称	定　　义	表　　现	功　　能
快乐	对积极事件或结果的自然反应，伴随愉悦感和满足感	微笑、欢笑、兴奋，内心轻松、愉快	促进社交关系，增强个体的适应能力与创造力
悲伤	对消极事件如失去、挫折、不公的反应，伴随失落感和痛苦感	哭泣、沉默、低落，内心压抑、无助	促使个体反思和处理失去，恢复心理平衡
恐惧	对潜在威胁的反应，伴随紧张和焦虑感	心跳加速、出汗、逃避，内心不安和紧张	激发逃避或应对行为，保护个体免受伤害
愤怒	对不公正或威胁的反应，伴随激烈情感体验	面部皱眉、声音提高、肢体动作激烈，内心不满和抵抗	促使个体采取行动，解决不公正或冲突
惊讶	对意外事件的反应，伴随短暂情绪体验	目瞪口呆、身体僵硬、呼吸急促，内心困惑或震惊	引发注意和探索，帮助个体适应突发情况
厌恶	对不愉快事物的反应，伴随拒绝情感体验	皱眉、掩鼻、身体后退，内心恶心和反感	保护个体免受有害物质或行为的影响，促进健康

基本情绪相对简单，容易被识别和表达。它们是情绪的基本构成单位，其他复杂情绪都是由基本情绪组合而成的。

（二）复合情绪

复合情绪是指由两种或多种基本情绪组合而成的复杂情绪状态。复合情绪通常涉及多个情感成分，表现出更为丰富和细腻的情感体验。复合情绪的类型多种多样，以下是一些常见的复合情绪示例（见表 7-2）。

1. 怀旧

定义：怀旧是一种对过去美好时光的渴望和怀念，通常伴随着快乐和悲伤的情感交织。

表现：回忆往昔的美好瞬间，感到甜蜜却又隐隐作痛。

功能：怀旧情绪能够帮助个体连接过去与现在，增强自我认同感和连续性。

2. 嫉妒

定义：嫉妒是一种对他人拥有的特质或成就的渴望，通常伴随着愤怒和悲伤。

表现：对他人取得的成功感到不满，同时对自身的不足感到失落。

功能：嫉妒情绪在一定程度上可以激发个体的竞争意识和自我提升的动力，促使个体努力提高自己的能力和水平。

3. 羞愧

定义：羞愧是一种对自身行为的负面评价，通常伴随着恐惧和悲伤。

表现：感到尴尬、不安，想要隐藏自己或逃避他人的目光。

功能：羞愧情绪能够促使个体反思和调整自己的行为，使其更符合社会规范和期望，从而维护个体的社会形象和人际关系。

4. 满足

定义：满足是一种对目标实现的愉悦感，通常伴随着快乐和骄傲。它是人们对自身努力和成就的认可，以及对结果的满意和肯定。

表现：感到自豪和欣慰，对自身成就感到满意。个体可能会表现出自信、喜悦、庆祝等行为，享受成功的喜悦和满足感。

功能：满足情绪能够增强个体的自信心和自我效能感，激发个体继续努力和追求更高目标的动力。它使个体在实现目标后能够获得积极的反馈和奖励，从而促进个体的成长和发展。

5. 紧张

定义：紧张是一种对未知或潜在威胁的反应，通常伴随着焦虑和恐惧。

表现：感到心里不安，身体紧绷，难以放松。

功能：紧张情绪能够使个体保持警觉和注意力集中，促使个体积极应对和准备面对挑战。

表 7-2　五种复合情绪的定义、表现及功能

情绪名称	定　义	表　现	功　能
怀旧	对过去美好时光渴望怀念，快乐与悲伤交织	回忆往昔美好瞬间，翻看旧照片等，甜蜜又隐隐作痛	连接过去与现在，增强自我认同感和连续性
嫉妒	对他人特质或成就渴望，愤怒与悲伤相伴	对他人成功不满，对自身不足失落，有敌意等行为	激发竞争意识与自我提升动力，过度会致人际关系紧张
羞愧	对自身行为负面评价，恐惧与悲伤同在	感到尴尬不安，逃避他人目光，有防御行为	促使反思调整行为，过度会导致自卑和社交回避
满足	对目标实现的愉悦感，快乐与骄傲并存	感到自豪欣慰，有自信喜悦庆祝等行为	增强自信心与自我效能感，激发追求更高目标动力
紧张	对未知或潜在威胁反应，焦虑与恐惧相随	心里不安身体紧绷，有生理和心理表现	保持警觉和集中注意力，应对挑战，过度会影响表现和心理健康

复合情绪通常由多种基本情绪交织而成，表现出更为复杂的情感状态。它们不像基本情绪那样单一和明确，而是包含了多种情感成分，使情绪体验更加丰富和多维。复合情绪不是一成不变的，而是会随着时间和情境的变化而变化。个体在不同时间点和不同情境下可能会体验到不同强度和组合的复合情绪。

（三）基本情绪与复合情绪的区别

1. 结构上的区别

基本情绪的结构相对简单，由单一的情感成分构成。它们是情绪的基本单位，具有明确的定义和特征，容易被识别和表达。复合情绪的结构较为复杂，由两种或多种基本情绪组合而成。

2. 体验上的区别

基本情绪的体验相对直接和强烈，通常是对特定刺激的即时反应，能够迅速产生，并且情感体验较为集中和明确。复合情绪的体验较为复杂和微妙，通常是对多种刺激或情境的综合反应。

3. 功能上的区别

基本情绪的功能相对单一，主要针对特定的生存和适应需求。复合情绪的功能更为多样和复杂，不仅涉及基本的生存和适应需求，还与个体的社会关系、心理发展和自我认知等方面密切相关。

4. 表达上的区别

基本情绪的表达相对简单和直接，通常通过一些普遍的面部表情、肢体动作和声音等来传达。复合情绪的表达较为复杂和多样，可能需要结合多种表情、动作、语言和情境等因素来传达。

（四）情绪的识别与管理

1. 情绪的识别

情绪的识别是指个体能够准确地感知和理解自己与他人的情绪状态。情绪识别对于有效的情绪管理和人际交往具有重要意义。以下是情绪识别的一些方法和技巧。

（1）自我觉察。通过觉察自身的心理变化与生理信号来准确识别情绪。例如，当感到心跳加速、呼吸急促、面色潮红时，可能正处于愤怒或焦虑的状态；当感到轻松愉悦、充满活力时，可能正沉浸在快乐的情绪中。自我觉察需要个体对自己的情绪反应有较高的敏感性和觉察能力，能够及时捕捉到情绪的变化和信号。

（2）情绪标签化。给自己当前的情绪状态贴上标签，如"我现在很兴奋""我感到有些沮丧"等。情绪标签化有助于提高情绪识别的准确性，并为进一步的情绪管理奠定基础。通过给情绪命名，个体能够更加清晰地认识和理解自己的情绪状态，从而更好地进行情绪调节和控制。

（3）倾听他人反馈。在沟通过程中，他人对我们的行为和语言的反应也可以为我们提供情绪识别的线索。例如，当他人对我们表示关心和安慰时，可能意味着我们的情绪表现出了不安或痛苦。通过倾听他人的反馈，个体可以从外部视角了解自己的情绪状态，进一步验证和调整自己的情绪识别。

（4）观察非语言信号。非语言信号，如面部表情、肢体动作、语调等，是情绪表达的重要方式。通过观察自己和他人的非语言信号，可以更加准确地识别情绪。例如，微笑通常表示快乐和友好，皱眉可能表示愤怒或困惑，身体前倾可能表示关注和兴趣等。掌握非语言信号的解读技巧，有助于提高情绪识别的准确性和敏感性。

2. 情绪的管理

情绪管理是指个体通过一定的方法和技巧，调节和控制自己的情绪状态，以达到更好的心理适应和人际交往效果。以下是情绪管理的一些策略和方法。

认知调节。通过改变对事件的认知和评价来调节情绪。例如，当面临失败时，将其视为一次学习和成长的机会，而不是灾难性的打击，从而将消极情绪转变为积极的动力。认知调节需要个体对自己的思维方式进行调整，以更积极、客观和理性的态度看待问题和情境。

情绪宣泄。在适当的时候和场所，通过合理的方式将情绪释放出来。例如，通过运动、写日记、与朋友倾诉等方式来宣泄压力和不满。情绪宣泄有助于缓解情绪的紧张和积累，使个体能够更好地恢复情绪平衡和心理稳定。然而，情绪宣泄需要注意方式和对象的选择，避免对他人或自己造成伤害。

三、情绪对沟通的影响

在管理沟通的动态系统中，情绪作为关键影响因素，显著作用于信息编码、传输、解码与沟通的全过程。无论是管理者与被管理者之间的指令传达，还是团队成员间的协作交流，情绪都扮演着举足轻重的角色。了解情绪对管理沟通的影响，是提升管理效能、营造良好组织氛围的关键。

（一）情绪对信息编码的影响

1. 情绪状态主导信息筛选

管理者在不同情绪状态下，对信息的关注点和筛选标准会发生显著变化。当处于积极情绪中，如因团队取得重大业绩而心情愉悦时，管理者在准备沟通内容时，会更倾向于突出团队的优势、成就及未来的积极展望。反之，消极情绪会使管理者聚焦于负面信息。这种信息筛选方式虽有助于引起被管理者对问题的重视，但过度强调负面信息可能会打击团队士气。

2. 情绪强度干扰信息组织

情绪强度对信息组织的逻辑性和条理性有直接影响。高强度的情绪，如极度愤怒或焦虑，会打乱管理者原本的思维结构。在愤怒状态下，管理者可能急于表达不满，导致沟通内容缺乏连贯性，重点不突出。相对平和稳定的情绪则有利于信息的有序组织。当管理者处于冷静状态时，能够更系统地梳理思路，按照一定的逻辑顺序安排沟通内容，使信息层次分明，易于理解。

（二）情绪对信息传递的影响

1. 非言语线索中的情绪泄露

在管理沟通中，非言语线索是情绪传递的重要渠道。面部表情是情绪最直观的反映，管理者的微笑传达着认可与鼓励，皱眉则暗示着不满或担忧。肢体语言同样传递着丰富的情绪信息。

2. 情绪感染在沟通中的扩散

情绪具有强大的感染力，在管理沟通中，管理者的情绪很容易在团队中蔓延。积极的情绪感染能够激发团队的活力与创造力；消极情绪的感染则可能带来负面影响。如果管理者在沟通中表现出焦虑或悲观情绪，这种情绪可能会迅速传播，导致被管理者士气低落，对工作产生消极态度。尤其在面对困难和挑战时，管理者的情绪稳定性至关重要，直接影响团队的凝聚力和战斗力。

（三）情绪对信息解码的影响

1. 情绪偏见扭曲信息理解

接收者的情绪状态会形成一种偏见，影响对管理者传达信息的理解。当被管理者处于积极情绪中时，对管理者的指令和反馈往往会做出更积极的解读。相反，消极情绪会使被管理者对信息产生负面偏见。在工作压力大、心情烦躁时，被管理者可能会将管理者的正常指导误解为指责，从而产生抵触情绪。这种情绪偏见容易导致沟通中的误解和冲突，阻碍信息的有效传递。

2. 情绪分散注意力影响接收效果

强烈的情绪会分散被管理者在沟通中的注意力，使其难以专注于管理者传达的信息。此外，情绪还会使被管理者的注意力选择性地集中在与情绪相关的信息上。

（四）情绪对沟通关系的影响

1. 积极情绪巩固沟通关系

积极情绪在管理沟通中是建立和巩固良好关系的黏合剂。管理者在沟通中展现出的积极情绪，如真诚的赞美、乐观的态度，能够增强被管理者的归属感和忠诚度。积极情绪还能促进团队成员之间的合作与协作。在一个充满积极情绪的团队氛围中，成员之间更容易建立良好的人际关系，沟通更加顺畅，工作效率也会相应提高。

2. 消极情绪破坏沟通关系

消极情绪如愤怒、怨恨等，如果在管理沟通中失控，会对沟通关系造成严重破坏。管理者对被管理者的严厉斥责或不当批评，可能会伤害被管理者的自尊心，引发被管理者的反感和抵触情绪，导致双方关系紧张。长期处于这种消极情绪氛围中，被管理者可能会对管理者产生畏惧心理，不愿意主动沟通，甚至可能选择离职。团队成员之间的消极情绪同样会影响沟通效果。嫉妒、竞争等负面情绪可能引发内部矛盾和冲突，破坏团队的和谐氛围，降低团队的凝聚力和战斗力。

（五）不同管理沟通情境下的情绪影响

1. 正式会议中的情绪张力

在正式的管理会议中，情绪的表达和管理尤为重要。会议的严肃性和重要性容易引发各种情绪。管理者若在会议中表现出过度的焦虑或紧张，可能会影响会议的节奏和决策的质量。例如，在重要的战略规划会议上，管理者的焦虑情绪可能导致对方案的讨论不够充分，匆忙做出决策。

参会人员的情绪也会影响会议效果。如果成员之间存在矛盾或分歧，在会议中可能会表现出抵触、冷漠等情绪，导致讨论无法顺利进行，甚至引发激烈的争吵。因此，在正式会议中，需要营造一个理性、平和的情绪氛围，以确保沟通的有效性。

2. 一对一沟通中的情绪互动

管理者与被管理者的一对一沟通是了解被管理者需求、解决问题的重要途径，情绪在其中起着关键作用。在这种私密的沟通情境中，被管理者可能会因为紧张、不安等情绪而有所保留。管理者的情绪态度直接影响被管理者的沟通意愿。如果管理者能够以温和、理解的态度进行沟通，给予被管理者充分的关注和尊重，被管理者会更愿意打开心扉，分享自己的真实感受和想法。相反，管理者的冷漠或不耐烦可能会使被管理者感到失望、终止沟通。

3. 危机沟通中的情绪管理

在组织面临危机时，情绪的波动更为剧烈，对沟通的影响也更为显著。管理者在危机沟通中需要保持冷静、坚定的情绪，向被管理者和外界传递信心和安全感。被管理者在危机中的情绪也需要得到关注和引导。恐惧、焦虑等情绪可能导致被管理者之间的谣言传播和人心惶惶。管理者需要及时与被管理者沟通，了解他们的担忧，给予安抚和支持，增强被管理者对组织的信任，共同应对危机。

（六）管理沟通中情绪影响的策略

1. 管理者的情绪自我管理

管理者首先要学会对自己的情绪进行有效的管理。这包括提高情绪觉察能力，时刻关注自己在不同情境下的情绪变化。通过情绪监测，管理者能够及时意识到情绪的波动，避免在情绪失控的状态下进行沟通。掌握情绪调节技巧至关重要。只有管理好自己的情绪，管理者才能在沟通中保持理性和客观。

2. 培养同理心，促进有效沟通

同理心是理解和感受他人情绪的能力，对于管理者来说，培养同理心能够更好地与被管理者进行沟通。管理者要学会站在被管理者的角度看待问题，设身处地地感受

他们的情绪体验，通过积极倾听来展现同理心。管理者在与被管理者沟通时，要专注于对方的表达，不仅听其言语，还要理解其背后的情绪，给予被管理者充分的表达机会，让他们感受到被尊重和理解，从而建立起良好的沟通关系。

3. 营造积极的沟通氛围

管理者可以通过营造积极的沟通氛围来减少负面情绪对管理沟通的影响。在组织内部倡导开放、包容的沟通文化，鼓励被管理者积极表达自己的想法和意见，无论对错都给予尊重。利用团队建设活动等方式增强团队成员之间的情感联系，营造轻松愉快的工作氛围。在积极的氛围中，被管理者更容易产生积极情绪，沟通也会更加顺畅和高效。

情绪在管理沟通中扮演着复杂而关键的角色，从信息的编码、传输、解码到沟通关系的建立与维护，情绪的影响无处不在。管理者只有充分认识到情绪的力量，掌握有效的情绪管理策略，才能在管理沟通中发挥积极作用，提升组织的沟通效能，促进组织的健康发展。同时，被管理者也应提高自身的情绪认知和沟通能力，与管理者共同营造一个良好的沟通环境，实现组织目标与个人发展的双赢。

第二节　沟通中的情绪管理策略

在管理沟通的领域中，情绪管理是一项至关重要的技能。有效的情绪管理不仅能够帮助管理者和被管理者更好地处理工作中的各种问题，还能营造积极的工作氛围，提升团队的凝聚力和工作效率。然而，在实际的沟通场景中，情绪的波动常常给沟通带来挑战。因此，深入了解并掌握沟通中的情绪管理策略，对于实现良好的管理沟通效果具有重要意义。

一、识别与表达情绪

在管理沟通中，准确识别情绪是实施有效情绪管理策略的基础。无论是管理者还是被管理者，都需要具备敏锐的情绪识别能力，以便更好地理解对方的感受和需求，从而调整沟通方式和策略，避免误解和冲突的发生。

情绪识别不仅涉及对他人情绪的感知，还包括对自身情绪的觉察。对于管理者而言，能够识别自己在沟通中的情绪状态，有助于及时调整情绪，保持冷静和专业，避免因情绪失控而对被管理者产生负面影响。同时，管理者通过观察被管理者的面部表情、肢体语言、语音语调等非言语线索，以及他们的言语内容和行为表现，来识别被管理者的情绪，进而采取相应的管理措施。

（一）情绪识别的方法与技巧

1. 观察非言语线索

非言语线索是情绪表达的重要窗口，能够传递出比言语更

扩展阅读 7-2　情绪识别训练

真实、更丰富的情感信息。管理者可以通过观察被管理者的面部表情、肢体动作、眼神交流等方面来识别他们的情绪。

2. 倾听言语内容和语气

除了非言语线索，被管理者的言语内容和语气也是情绪识别的重要依据。管理者要仔细倾听他们所说的话，注意其中的关键词、语气和语速。

3. 了解背景和情境

情绪的产生往往与特定的背景和情境密切相关。管理者在识别被管理者的情绪时，需要考虑到他们所处的工作环境、任务压力、人际关系等因素。

（二）情绪表达的原则与方式

1. 真诚与适度原则

在管理沟通中，情绪表达应该遵循真诚和适度的原则。真诚是指管理者要真实地表达自己的感受和想法，不掩饰、不伪装，让被管理者能够感受到管理者的诚意和信任。适度则是指情绪表达要恰如其分，不过度夸张或压抑。过度的情绪表达可能会让被管理者感到压力和不适，甚至产生误解；过度压抑情绪则可能导致沟通不畅，无法有效地传达信息和情感。

2. 积极情绪的表达

积极情绪的表达能够增强沟通的亲和力和感染力，促进管理者与被管理者之间的良好关系。管理者可以通过赞美、鼓励、支持等方式来表达积极情绪。

3. 消极情绪的表达

在管理沟通中，难免会遇到需要表达消极情绪的情况，如对被管理者的工作表现不满意、对某些行为提出批评等。在表达消极情绪时，管理者要注意方式方法，避免伤害被管理者的自尊心和积极性。可以采用建设性的反馈方式，先肯定被管理者的优点和努力，然后指出存在的问题和不足，并提出具体的改进建议。

（三）情绪识别与表达在不同沟通情境中的应用

1. 日常工作沟通

在日常工作沟通中，管理者要善于识别被管理者的情绪状态，根据不同的情绪采取相应的沟通方式。当被管理者情绪积极时，管理者可以与他们进行深入的交流，分享工作经验和想法，共同探讨问题和解决方案；当被管理者情绪消极时，管理者要给予关心和支持，倾听他们的烦恼和困惑，帮助他们调整情绪，恢复工作状态。

2. 绩效反馈沟通

在绩效反馈沟通中，情绪识别与表达尤为重要。管理者既要准确识别被管理者对绩效反馈的情绪反应，又要恰当地表达自己的评价和期望。如果被管理者对绩效结果感到满意和自豪，管理者可以进一步强化他们的积极情绪，鼓励他们继续保持优秀的表现；如果被管理者对绩效结果不满意或存在疑虑，管理者要耐心倾听他们的想法和感受，帮助他们分析原因，制订改进计划，同时给予鼓励和支持，让他们看到自己的潜力和进步空间。

3. 冲突解决沟通

在冲突解决沟通中，情绪识别与表达能够帮助管理者更好地理解冲突的根源和双方的情绪诉求，从而采取有效的解决措施。管理者要保持冷静和客观，识别双方的情绪状态，避免情绪化的反应。通过倾听和表达，让双方感受到被尊重和被理解，引导他们理性地表达自己的观点和需求，寻求共同的利益点和解决方案。

（四）与情绪管理策略的关联与整合

情绪的识别与表达是情绪管理策略的重要组成部分，与前面所阐述的自我情绪管理策略及对被管理者情绪的管理策略紧密相连。准确识别情绪是实施情绪管理策略的前提，只有了解自己和他人的情绪状态，才能选择合适的情绪管理方法和技巧。而恰当的情绪表达则是情绪管理策略的具体体现，通过合理地表达情绪，管理者能够更好地与被管理者进行沟通和互动，营造积极的工作氛围，实现管理沟通的目标。

在管理沟通中，识别与表达情绪是一项关键的技能。管理者和被管理者都需要不断地学习和实践，提高自己的情绪识别能力和情绪表达技巧，将其与情绪管理策略有机结合起来，从而提升管理沟通的效果，促进组织的和谐发展，这也与我们在本章开头所强调的情绪管理的重要性和目标相呼应。

二、调节与控制情绪

在组织内部，各种要素相互交织、相互作用，而管理沟通无疑是贯穿其中的关键脉络，它如同神经系统一般，维系着组织的正常运转。

在组织内部的日常运营中，管理者肩负着众多职责，需要协调各方资源、推动工作进展、解决各类问题，还要与形形色色的被管理者进行频繁且深入的沟通交流。在这个充满挑战与变数的过程中，情绪因素始终如影随形。无论是管理者自身还是组织成员，都会受到各种情绪的影响，而这些情绪若得不到恰当的调节与控制，极有可能在组织内部引发一系列负面效应，如沟通障碍、团队冲突、工作效率低下等。

因此，聚焦于组织内部的情绪调节与控制，尤其是管理者在其中所发挥的作用，具有极其重要的现实意义。管理者能否有效地调节和控制自身及被管理者的情绪，不仅关乎个人的管理效能和职业发展，更会对整个组织的氛围营造、团队协作及长远发展产生深远影响。

（一）管理者情绪调节与控制的重要性

在企业和组织的内部管理中，管理者的情绪调节与控制能力起着至关重要的作用。管理者作为组织的核心人物，其情绪状态不仅影响自身的决策和工作效率，还会对整个团队的氛围和绩效产生深远的影响。

首先，从管理者自身角度来看，有效的情绪调节与控制有助于维持其身心健康。在复杂多变的企业环境中，管理者面临巨大的工作压力，如果长期处于紧张、焦虑或愤怒等负面情绪中，很容易引发各种身心疾病，影响工作和生活质量。

其次，对于企业和组织而言，管理者的情绪状态直接影响内部沟通的效果。在管理沟通中，管理者需要与被管理者进行频繁的信息交流和互动。如果管理者情绪不稳定，容易将负面情绪传递给被管理者，导致被管理者产生紧张、不安的情绪，进而影响信息的传递和理解，降低沟通效率。相反，当管理者保持积极稳定的情绪时，能够营造一个和谐、宽松的沟通氛围，促进被管理者之间及被管理者与管理者之间的良好沟通，从而提高团队的协作效率。

最后，管理者的情绪调节与控制能力还关系团队的凝聚力和士气。在企业面临困难和挑战时，管理者的积极情绪能够激励被管理者保持乐观的态度，增强团队的信心和凝聚力，共同克服困难。而如果管理者在困难面前表现出消极、沮丧的情绪，很可能会导致被管理者士气低落，甚至产生离职的想法，对企业的稳定和发展造成不利影响。

（二）管理者情绪调节与控制的理论基础

1. 情绪的认知理论与管理者情绪调节

情绪的认知理论认为，情绪是个体对外部事件的认知评价的结果。根据这一理论，管理者可以通过改变自己对事件的认知方式来调节情绪。

2. 情绪的神经科学理论与管理者情绪调节

神经科学的研究表明，情绪的产生和调节与大脑的神经活动密切相关。管理者可以通过一些方法来影响大脑的神经活动，从而调节情绪。

（三）管理者情绪调节与控制的方法

1. 认知重构法

认知重构法是管理者调节情绪的重要方法之一。当面临负面情绪时，管理者可以通过反思和分析，找出导致情绪产生的不合理认知，并将其替换为更加合理、积极的认知。

2. 情绪表达法

情绪表达法是指管理者通过适当的方式将内心的情绪表达出来，以达到调节情绪的目的。在企业内部，管理者可以与同事、下属或上级进行坦诚的沟通，分享自己的感受和想法。

3. 行为调节法

行为调节法是通过改变行为来调节情绪的方法。管理者可以通过运动、旅游、参加兴趣小组等方式来转移注意力，缓解负面情绪。

（四）企业和组织内部不同情境下的情绪调节与控制策略

1. 日常工作情境下的情绪调节与控制

在日常工作中，管理者需要与被管理者进行频繁的沟通和协作。为了保持良好的工作氛围和团队士气，管理者可以采取以下情绪调节与控制策略。

（1）建立良好的沟通机制。管理者应与被管理者保持定期的沟通，了解他们的工作进展和需求，及时给予反馈和支持。在沟通中，管理者要注意倾听被管理者的意见和建议，尊重他们的感受，避免批评和指责。

（2）关注被管理者的情绪状态。管理者要敏锐地观察被管理者的情绪变化，当发现被管理者情绪低落或出现异常时，要及时与他们沟通，了解原因，并给予关心和帮助。

（3）营造积极的工作氛围。管理者可以通过组织团队建设活动、庆祝节日等方式，营造一个轻松、愉快的工作氛围，缓解被管理者的工作压力，提高工作积极性。

2. 冲突情境下的情绪调节与控制

在企业和组织内部，难免会出现各种冲突和矛盾。在冲突情境下，管理者的情绪调节与控制能力尤为重要。以下是一些应对冲突情境的情绪调节与控制策略。

（1）保持冷静。当冲突发生时，管理者要保持冷静，避免情绪化的反应。可以先深呼吸几次，让自己的情绪平静下来，再以理性的态度去处理问题。

（2）倾听双方的意见。管理者要认真倾听冲突双方的意见和诉求，了解事情的真相和原因。在倾听过程中，不要轻易打断对方，也不要偏袒任何一方，要保持中立和客观。

（3）寻求解决方案。在了解双方的意见和诉求后，管理者要积极寻求解决方案，协调双方的利益，化解矛盾。可以通过协商、妥协等方式，达成双方都能接受的解决方案。

三、积极应对负面情绪

在企业与组织的复杂运作体系里，负面情绪宛如隐匿在深处的暗礁，看似无形，却时刻对组织内部生态构成潜在威胁。无论是管理者还是广大的被管理者群体，在日常工作中都极易受到负面情绪的侵袭。在当今竞争白热化、压力如影随形的商业大环境下，负面情绪的滋生更为频繁，其对组织运转的负面影响也日益凸显。积极探寻应对负面情绪的有效路径，已成为管理者与组织亟待解决的关键问题。这既要求管理者拥有敏锐的感知力和出色的情绪驾驭能力，能够精准识别并妥善处理自身以及被管理者的负面情绪，也需要企业和组织从宏观战略层面谋划布局，构建积极健康的工作环境。

（一）负面情绪在组织内部的影响

1. 对管理者决策和管理效能的影响

管理者作为组织的核心引领者，其决策的科学性和管理的有效性直接关系组织的兴衰成败。然而，负面情绪的存在却可能使管理者陷入困境。当管理者处于焦虑、愤怒或沮丧等负面情绪状态时，他们的思维模式往往会受到限制，变得狭隘和片面。这种因负面情绪引发的决策失误，不仅会浪费企业的资源，还可能使企业陷入困境，影响管理者的管理效能和权威。

2. 在组织内部的传播与连锁反应

负面情绪在组织内部具有很强的传染性。管理者的情绪状态会在日常的沟通、决策和行为中不自觉地传递给被管理者。一旦负面情绪在组织中蔓延开来，就会形成一种消极的工作氛围。在这种氛围下，被管理者的工作积极性和创造力会受到极大的抑制。他们可能会变得谨小慎微、害怕犯错、不敢提出新的想法和建议，团队的协作效率也会大打折扣。此外，长期处于负面情绪笼罩下的被管理者，其工作满意度和忠诚度也会逐渐降低，可能会选择离开企业，从而导致人才流失，给企业的稳定发展带来严重威胁。

（二）管理者识别组织内部负面情绪的方法

1. 观察被管理者的行为表现

被管理者的行为是其情绪状态的重要外在反映。管理者需要敏锐地观察被管理者在工作中的各种行为细节。例如，工作效率的突然下降可能是负面情绪的信号之一。原本高效完成任务的被管理者，如果近期频繁出现拖延、出错等情况，可能是其情绪出现了问题。此外，频繁的迟到早退、对工作任务敷衍了事、无故缺席会议等行为，也都可能暗示着被管理者正处于负面情绪之中。同时，管理者还应关注被管理者之间的人际关系。如果团队内部出现争吵、冷战、孤立等不和谐现象，可能意味着存在的负面情绪在影响着团队的氛围和协作。

2. 倾听被管理者的语言表达

语言是人们表达内心感受的重要方式。管理者要善于倾听被管理者在日常交流中所使用的词汇、语气和表达方式。例如，当被管理者持续表达对工作压力、任务负荷或分工安排的不满时，往往反映出潜在的焦虑与职业倦怠。若其在沟通中高频出现"无法完成""不可行""难度过大"等消极表述，且缺乏建设性意见输出，则可视为负面情绪状态的显著表征。管理者可以通过定期的团队会议、一对一谈话等方式，创造一个开放、安全的沟通环境，鼓励被管理者真实地表达自己的感受和想法。

3. 分析被管理者的工作绩效

工作绩效是衡量被管理者工作表现的重要指标，其变化也能反映出被管理者的情绪状态。如果被管理者的工作绩效突然出现明显下滑，而又没有合理的客观原因，如身体疾病、家庭变故等，那么很可能是负面情绪在作祟。管理者可以通过定期的绩效评估、数据分析等方式，及时发现被管理者绩效的异常波动，并深入了解背后的原因。例如，通过与被管理者进行绩效面谈，了解他们在工作中遇到的困难和挑战，以及他们的情绪状态和心理需求。

（三）管理者应对自身负面情绪的策略

1. 认知重构策略

认知重构是一种重要的情绪调节方法，它要求管理者在面对负面情绪时，主动调整自己的思维方式和认知模式。当管理者意识到自己陷入负面情绪时，要学会从不同的角度看待问题，避免过度消极或片面的解读。

2. 情绪表达策略

管理者不应压抑自己的负面情绪，而是要选择合适的方式将其表达出来。情绪的压抑只会使其在内心不断积累，最终可能导致更严重的情绪问题。管理者可以与上级领导、同行朋友或专业心理咨询师进行沟通，分享自己的感受和困惑。在企业内部，也可以与信任的被管理者进行坦诚的交流，听取他们的意见和建议。通过情绪表达，管理者不仅能够释放内心的压力，减轻负面情绪的影响，还能获得他人的支持和帮助，拓宽自己的思路和视野。

3. 行为调节策略

行为调节是一种通过改变自己的行为来调节情绪的方法。管理者可以通过参加各种体育锻炼活动来调节情绪。此外，培养兴趣爱好也是一种有效的情绪调节方式。

（四）管理者帮助被管理者应对负面情绪的方法

1. 建立开放的沟通渠道

建立开放、信任的沟通渠道是管理者帮助被管理者应对负面情绪的基础。管理者要让被管理者感受到自己的声音被重视和倾听，鼓励他们分享自己的感受和问题。无论是工作上的困难还是生活中的烦恼，管理者都应该给予关心和支持。

2. 提供培训和辅导

管理者可以为被管理者提供相关的培训和辅导，帮助他们提高情绪管理能力。

3. 优化工作环境和任务分配

一个良好的工作环境和合理的任务分配对被管理者的情绪状态有重要的影响。管理者要致力于优化工作环境，为被管理者创造一个舒适、安全、和谐的工作氛围。

（五）企业和组织层面应对负面情绪的措施

1. 塑造积极的组织文化

积极的组织文化是企业和组织应对负面情绪的重要保障。企业和组织要倡导积极向上的价值观和企业文化，鼓励被管理者保持乐观、进取的心态。通过组织文化建设活动，如团队建设、文化讲座、主题演讲等，让被管理者深入了解和认同组织的文化理念，增强他们的归属感和认同感。

2. 完善被管理者福利和支持体系

企业和组织要关注被管理者的身心健康和生活需求，为他们提供完善的福利和支持体系。此外，企业还可以开展各种被管理者关怀活动，如生日庆祝、节日慰问、家庭日活动等，增强被管理者的幸福感和忠诚度。同时，为被管理者提供职业发展规划和培训机会，帮助他们提升自己的能力和素质，实现个人和企业的共同发展。

3. 建立公平公正的激励机制

公平公正的激励机制是激发被管理者工作积极性和创造力的重要手段，也有助于减少负面情绪的产生。企业和组织要根据被管理者的工作表现和贡献，给予相应的奖励和认可。奖励可以包括物质奖励和精神奖励，如奖金、晋升机会、荣誉证书等。通过建立公平公正的激励机制，可以让被管理者感受到自己的努力和付出得到了公正的回报，从而提高他们的工作满意度和忠诚度，减少负面情绪的产生。

负面情绪在组织内部的影响不容忽视。管理者、企业和组织需要共同努力，采取有效的措施积极应对负面情绪，营造一个积极向上、和谐稳定的工作环境，促进组织的健康发展。

情绪的调节与控制紧密衔接前文的情绪识别与表达，共同构成完整的情绪管理体系。准确识别情绪是调节控制的前提，恰当表达情绪为调节控制提供契机。通过有效调节与控制情绪，管理者和被管理者能在管理沟通中更好地驾驭情绪之舟，驶向高效沟通、团队协作与组织发展的彼岸，再次印证情绪管理在管理沟通中的核心地位与关键作用。

第三节　沟通中的心理调适技巧

在企业和组织的管理沟通中，心理调适技巧起着至关重要的作用。无论是管理者还是被管理者，都可能在沟通中面临各种心理挑战，而有效的心理调适能够帮助双方更好地应对负面情绪，提升沟通效果，促进组织内部的和谐与发展。

一、建立积极的沟通心态

在企业和组织的内部沟通中，积极的沟通心态是确保信息准确传递、促进人际关系和谐及推动工作顺利开展的关键因素。无论是管理者还是被管理者，都需要认识到建立积极沟通心态的重要性，并掌握相应的方法和策略。

（一）积极沟通心态的重要性

1. 对管理者的意义

管理者作为组织的核心力量，其沟通心态直接影响管理效果和团队氛围。同时，积极的沟通心态还能增强管理者的领导力和影响力。

扩展阅读 7-3　建立积极的沟通心态

2. 对被管理者的价值

对于被管理者来说，积极的沟通心态同样至关重要。它能够帮助被管理者克服沟通恐惧，勇敢地表达自己的观点和想法。此外，积极的沟通心态还有助于被管理者与

其他被管理者之间建立良好的合作关系。在团队协作中，积极的沟通能够促进信息共享、协调工作进度、解决矛盾冲突、提高团队的整体绩效。

3. 对企业和组织的积极影响

在企业和组织层面，积极的沟通心态能够营造良好的内部氛围，增强组织的凝聚力和竞争力。当管理者和被管理者都能以积极的心态进行沟通时，信息能够在组织内部快速、准确地传递，避免因沟通不畅而导致的误解和冲突。这不仅有助于提高工作效率，还能降低管理成本，促进企业和组织的健康发展。例如，在一个积极沟通氛围浓厚的企业中，管理者与被管理者之间相互信任、相互支持，能够充分发挥各自的优势，共同为实现组织目标而努力。这种良好的团队氛围会吸引更多优秀的人才加入企业，提升企业的品牌形象和市场竞争力。

（二）影响沟通心态的因素

1. 个人性格特点

每个人的性格特点都会对其沟通心态产生影响。例如，性格外向的被管理者通常更愿意主动与人交流，在沟通中表现得积极主动；而性格内向的被管理者可能相对较为含蓄，在沟通中需要更多的时间和鼓励才能表达自己的想法。管理者和被管理者都应该了解自己的性格特点，并根据实际情况调整自己的沟通方式，以建立积极的沟通心态。

2. 过往沟通经历

过往的沟通经历也会在一定程度上影响当前的沟通心态。如果一个被管理者在过去的沟通中经常受到批评或否定，可能会对沟通产生恐惧或抵触情绪；相反，如果一个被管理者在过去的沟通中得到了积极的反馈和支持，那么他在今后的沟通中往往会更加自信和积极。因此，企业和组织应该注重营造积极的沟通环境，让管理者和被管理者在沟通中都能获得良好的体验。

3. 组织文化氛围

组织文化氛围对沟通心态的影响不容忽视。一个开放、包容、鼓励创新的组织文化能够激发被管理者的积极性和创造力，让他们在沟通中更加自由地表达自己的想法；而一个压抑、保守的组织文化则可能会抑制被管理者的沟通欲望，导致沟通心态消极。企业和组织应该通过塑造积极的组织文化，为管理者和被管理者建立积极的沟通心态提供有力的支持。

（三）管理者建立积极沟通心态的方法

1. 强化自我认知

管理者要对自己的沟通风格和习惯有清晰的认识，了解自己在沟通中存在的优点和不足。通过反思和自我评价，发现自己可能存在的消极沟通心态。同时，管理者可以通过向其他被管理者寻求反馈，了解自己在他们眼中的沟通形象，进一步完善自己的沟通方式。

2. 培养同理心

同理心是指能够设身处地地理解他人的感受和想法。管理者在与被管理者沟通时，要学会换位思考，站在他们的角度去看待问题。这样可以帮助管理者更好地理解被管理者的需求和困惑，从而以更加耐心、体贴的方式与他们进行沟通。

3. 持续学习与提升

管理者应该不断学习和掌握新的沟通技巧和方法，以适应不断变化的组织环境和被管理者需求。通过参加培训课程、阅读相关书籍和文章等方式，拓宽自己的沟通视野，提升自己的沟通能力。管理者还可以关注行业动态和最新的管理理念，将其应用到实际的沟通工作中，不断优化自己的沟通方式。

（四）被管理者建立积极沟通心态的途径

1. 树立正确的沟通观念

被管理者要认识到沟通是工作中不可或缺的一部分，是实现个人和团队目标的重要手段。不要将沟通仅仅看作是向管理者汇报工作或接受指令，而应该把它视为与管理者和其他被管理者交流思想、分享经验、解决问题的机会。只有树立了正确的沟通观念，被管理者才能从内心深处重视沟通，积极主动地参与到沟通中来。

2. 提升沟通能力

被管理者可以通过多种方式提升自己的沟通能力，如学习有效的表达技巧、倾听技巧和反馈技巧等。在表达自己的观点时，要清晰明了、简洁准确，避免模糊不清或产生歧义；在倾听他人发言时，要专注认真，理解对方的意图，并给予适当的回应；在反馈意见时，要客观公正、建设性地提出自己的看法和建议。通过不断的学习和实践，被管理者能够逐渐提高自己的沟通水平，增强沟通的自信心。

3. 积极参与组织活动

被管理者应积极参与企业和组织举办的各种活动，如团队建设、培训讲座、文化活动等。这些活动不仅可以丰富被管理者的业余生活，还能为他们提供更多与管理者和其他被管理者交流互动的机会。在活动中，被管理者可以放松心情，与他人建立良好的关系，从而逐渐消除沟通障碍，建立积极的沟通心态。

（五）企业和组织促进积极沟通心态的措施

1. 塑造积极的组织文化

企业和组织要通过明确的价值观和行为准则，倡导积极向上、开放包容的沟通文化。例如，鼓励被管理者之间相互尊重、相互信任、相互支持，提倡团队合作和知识共享；对积极沟通、勇于提出创新想法的被管理者给予表彰和奖励，树立正面的榜样。通过这些方式，让积极的沟通心态深入人心，成为组织文化的一部分。

2. 提供沟通培训与辅导

企业和组织可以为管理者和被管理者提供专门的沟通培训和辅导课程，帮助他们掌握有效的沟通技巧和方法，培养积极的沟通心态。培训内容可以包括沟通心理学、沟通礼仪、跨部门沟通等方面的知识和技能。同时，还可以设立沟通导师制度，为被管理者提供一对一的沟通辅导，帮助他们解决在沟通中遇到的实际问题。

3. 优化沟通渠道和机制

企业和组织要建立多样化、畅通无阻的沟通渠道，方便管理者和被管理者之间进行信息交流和反馈。例如，除了传统的正式会议、报告等沟通方式外，还可以利用电子邮件、即时通信工具、内部论坛等现代信息技术手段，拓宽沟通渠道；建立定期的被管理者沟通会、意见箱等机制，让被管理者有机会表达自己的想法和建议，及时了解组织的发展动态和决策依据。

建立积极的沟通心态对于管理者、被管理者及企业和组织的发展都具有重要意义。只有管理者、被管理者和企业共同努力，从个人和组织两个层面入手，采取有效的方法和措施，才能营造良好的沟通氛围，实现组织内部的高效沟通和协同发展。

二、提高自我认知与适应能力

在企业和组织的内部沟通中，管理者和被管理者都需要不断提高自我认知与适应能力，以更好地应对复杂多变的沟通情境，实现有效的信息传递和良好的人际关系构建。这不仅有助于个人在组织中更好地发展，也对整个企业和组织的高效运作和持续发展具有重要意义。

（一）自我认知与适应能力的重要性

1. 对管理者的意义

管理者作为组织的领导者和决策者，其自我认知与适应能力直接影响管理效果和团队的发展。准确的自我认知能够让管理者清楚地了解自己的优势和不足，从而在沟通中更好地发挥优势，避免因自身的局限性而产生沟通障碍。良好的适应能力则使管理者能够灵活应对组织内部和外部环境的变化。在面对市场竞争加剧、技术更新换代等外部挑战时，管理者需要及时调整沟通策略，向被管理者传达新的目标和要求；在组织内部结构调整、人员变动等情况下，管理者也需要迅速适应新的团队氛围和沟通模式，以保持团队的稳定性和凝聚力。

2. 对被管理者的价值

对于被管理者而言，提高自我认知与适应能力同样不可或缺。清晰的自我认知有助于被管理者明确自己在团队中的角色和定位，了解自己的工作风格和沟通偏好，从而更好地与管理者和同事进行协作。较强的适应能力则可以使被管理者更好地应对工作中的各种变化和挑战。随着企业和组织的发展，工作内容、工作流程和团队成员都可能发生变化，被管理者需要及时调整自己的心态和工作方式，以适应新的工作要求。

3. 对企业和组织的积极影响

在企业和组织层面，管理者和被管理者具备较高的自我认知与适应能力，能够营造良好的内部沟通氛围，提高组织的整体效能。当管理者和被管理者都能准确认识自己并适应组织的变化时，沟通会更加顺畅和高效，信息传递更加准确及时，从而减少误解和冲突，提高工作效率。

此外，这种能力还有助于企业和组织更好地应对外部环境的不确定性。在市场竞争日益激烈的今天，企业和组织需要不断调整战略和业务方向，以适应市场的变化。具备较高自我认知与适应能力的被管理者队伍能够更快地理解和接受新的战略部署，积极参与到变革中来，为企业和组织的持续发展提供有力支持。

（二）影响自我认知与适应能力的因素

1. 个人成长经历

个人的成长经历对自我认知与适应能力的形成有着深远的影响。不同的成长环境、教育背景和家庭氛围会塑造出不同的性格特点和思维方式，进而影响个体对自己的认知和对环境的适应能力。

2. 职业发展阶段

个体在不同的职业发展阶段，其自我认知和适应能力也会有所不同。在职业生涯初期，被管理者可能更关注自身技能的提升和职业的发展方向，对自己的认知主要基于所学的专业知识和已有的工作经验；随着职业的发展，他们会逐渐面临更多的挑战和机遇，需要不断调整自己的认知和适应能力，以应对复杂的工作环境和人际关系。对于管理者来说，随着管理层次的提升，他们需要从关注具体事务转向关注战略规划和团队管理，这也要求他们不断提高自己的自我认知和适应能力。

3. 组织文化和氛围

组织文化和氛围对管理者和被管理者的自我认知与适应能力有着重要的影响。一个开放、包容、鼓励创新的组织文化能够激发被管理者的自我探索和成长意识，为他们提供更多的学习和发展机会，从而促进自我认知的提升和适应能力的培养。相反，一个压抑、保守的组织文化可能会限制被管理者的思维和行为，使他们难以充分发挥自己的潜力，影响自我认知和适应能力的发展。

（三）管理者提高自我认知与适应能力的方法

1. 反思与自我评价

管理者要养成定期反思的习惯，对自己的行为、决策和沟通方式进行深入分析。通过回顾自己在工作中的表现，总结成功的经验和失败的教训，发现自己的优点和不足。

2. 寻求他人反馈

除了自我反思，管理者还应积极寻求他人的反馈。这些反馈可以来自上级领导、同事、被管理者等不同层面的人员。通过与他们的交流和沟通，了解他们对自己的看法和评价，发现自己在工作中可能忽略的问题。

3. 参加培训与学习

管理者要不断参加各种培训和学习活动，拓宽自己的知识面和视野，提升自己的综合素质和能力。培训内容可以包括领导力培训、沟通技巧培训、团队管理培训等，通过学习新的理论和方法，管理者可以更好地认识自己的角色和职责，掌握有效的管理和沟通技巧，提高自己的适应能力。管理者还可以通过阅读专业书籍、参加行业研讨会等方式，了解行业的最新动态和发展趋势，为自己的决策和管理提供依据。

（四）被管理者提高自我认知与适应能力的途径

1. 自我探索与分析

被管理者要积极进行自我探索和分析，了解自己的兴趣爱好、优势劣势、价值观等方面的特点。可以通过写日记、做自我评估等方式，记录自己在工作和生活中的感受和体验，分析自己的行为和决策背后的原因。

2. 主动寻求挑战与机会

被管理者要主动寻求各种挑战和机会，锻炼自己的能力，提高自己的适应能力。在工作中，被管理者可以主动申请承担一些具有挑战性的项目或任务，通过解决实际问题来提升自己的专业技能和综合素质。

3. 建立良好的人际关系

良好的人际关系对于被管理者提高自我认知和适应能力具有重要作用。在与管理者和同事的交往中，被管理者可以从他人身上学到不同的观点和方法，了解自己在团队中的形象和地位，从而更好地认识自己。同时，良好的人际关系还可以为被管理者提供更多的支持和帮助，使他们在面对困难和挑战时能够更加从容地应对。

（五）企业和组织促进管理者和被管理者提高自我认知与适应能力的措施

1. 提供个性化的职业发展规划指导

企业和组织应为管理者和被管理者提供个性化的职业发展规划指导，帮助他们明确自己的职业目标和发展方向。通过职业测评、职业咨询等方式，了解被管理者的兴趣爱好、能力特点和职业需求，为他们制定适合的职业发展路径。企业和组织还可以为被管理者提供相应的培训和发展机会，支持他们在职业道路上不断成长和进步。

2. 营造支持性的组织文化和氛围

企业和组织要营造一种支持性的组织文化和氛围，鼓励管理者和被管理者勇于尝试、敢于创新，容忍失败。在这种文化氛围中，被管理者能够更加自由地表达自己的想法和观点，不用担心因犯错而受到惩罚。企业和组织可以通过表彰勇于创新和积极进取的被管理者、设立创新奖励机制等方式，激发被管理者的积极性和创造力，为他们提高自我认知和适应能力创造良好的条件。

3. 建立多元化的培训与发展体系

企业和组织应建立多元化的培训与发展体系，满足管理者和被管理者不同层次、不同类型的学习需求。培训内容不仅要包括专业技能培训，还要涵盖沟通技巧、团队协作、领导力等方面的培训；培训方式可以采用课堂教学、在线学习、实践锻炼、导师辅导等多种形式。通过建立多元化的培训与发展体系，企业和组织能够为被管理者提供更加丰富的学习资源和发展机会，帮助他们不断提升自我认知和适应能力。

提高自我认知与适应能力是管理者和被管理者在沟通中不可或缺的重要素质。企业和组织也应积极采取措施，为被管理者提供支持和帮助，共同促进管理者和被管理者自我认知与适应能力的提升，从而实现组织内部的高效沟通和协同发展。

三、学会压力管理与放松技巧

在企业和组织的内部运作中，管理者和被管理者都不可避免地面临着各种压力。有效的压力管理与放松技巧不仅关乎个人的身心健康，更是保障组织内部沟通顺畅、提升工作效率的关键因素。

（一）压力对沟通及组织的影响

1. 对管理者的影响

管理者在组织中承担着重大的责任和决策任务，面临的压力源众多。长期处于高压状态下，管理者可能会出现焦虑、烦躁等负面情绪，进而影响其沟通风格和效果。在与被管理者沟通时，可能会表现得过于严厉或缺乏耐心，导致被管理者产生抵触情绪，影响信息的传递和工作的推进。此外，过度的压力还可能导致管理者决策失误，对组织的发展产生不利影响。

2. 对被管理者的影响

被管理者同样面临工作压力，如工作任务的繁重、职业发展的困惑、与同事之间的竞争等。这些压力可能使他们在沟通中变得沉默寡言、消极被动，不敢主动表达自己的想法和意见。在与管理者沟通时，可能会因为害怕犯错而回避问题，导致问题无法及时解决。压力还可能引发被管理者之间的人际关系紧张，影响团队协作氛围，降低工作效率。

3. 对企业和组织的影响

从企业和组织的层面来看，被管理者普遍承受较大压力会对整体运营产生负面影响。首先，沟通效率会显著下降，信息在传递过程中容易出现失真和延误，影响决策的及时性和准确性；其次，被管理者的工作满意度和忠诚度可能降低，人才流失的风险增加；最后，长期的高压环境还可能导致被管理者的身心健康问题，增加企业的人力资源成本，影响组织的凝聚力和竞争力。

（二）压力管理的方法

1. 管理者的压力管理策略

（1）合理规划与时间管理。管理者需要对工作任务进行合理规划，明确工作的优先级，避免任务过度堆积导致压力过大。通过制订详细的工作计划和时间表，合理分配时间和精力，确保各项工作有序进行。例如，采用时间管理工具，如待办事项清单、时间象限法等，帮助自己更好地掌控工作节奏。

（2）授权与团队协作。管理者要学会适当授权，将一些非核心、常规性的工作交给有能力的被管理者去完成，既能减轻自己的工作负担，又能培养团队成员的能力。同时，注重团队协作，营造良好的团队氛围，通过团队的力量共同应对工作中的挑战，缓解个人压力。

（3）建立支持网络。管理者应在组织内部和外部建立良好的支持网络，如与同行、朋友或专业心理咨询师保持联系。当遇到压力时，能够及时向他们倾诉，获得情感上的支持和建议。此外，参加行业协会或专业论坛，与其他管理者交流经验，分享应对压力的方法，也是一种有效的减压途径。

2. 被管理者的压力管理方法

（1）调整心态与认知重构。被管理者要学会调整自己的心态，正确看待工作中的压力。认识到压力并非完全是坏事，适度的压力可以激发工作动力和创造力。当面临压力时，尝试进行认知重构，从积极的角度去看待问题，寻找解决问题的方法，而不是一味地抱怨和焦虑。

（2）设定合理目标与边界。被管理者应根据自己的实际能力和工作情况，设定合理的工作目标，避免过高的目标给自己带来过大的压力。同时，要学会设定工作与生活的边界，合理安排工作时间和休息时间，避免过度劳累。

（3）提升自身能力。通过不断学习和提升自身能力，被管理者可以更加从容地应对工作中的挑战，从而减轻压力。参加培训课程、学习新知识和技能，提高自己的专业水平和综合素质，增强自信心和应对压力的能力。

（三）放松技巧的运用

1. 身体放松技巧

（1）深呼吸。深呼吸是一种简单而有效的放松方法，适用于管理者和被管理者在工作间隙或感到紧张时使用。找一个安静舒适的地方坐下或躺下，闭上眼睛，慢慢地吸气，让空气充满腹部，然后缓缓地呼气，感受身体的放松。重复几次深呼吸，能够缓解身体的紧张感，平复情绪。

（2）渐进性肌肉松弛。这种方法通过依次紧绷和放松身体各个部位的肌肉，来达到全身放松的效果。从脚部开始，先用力紧绷脚部的肌肉几秒钟，然后突然放松，感受肌肉的松弛状态。接着依次对小腿、大腿、臀部、腹部、胸部、手臂、颈部和面部的肌肉进行同样的操作。每周进行几次渐进性肌肉松弛练习，可以有效缓解身体的疲劳和紧张。

2. 心理放松技巧

（1）冥想。冥想是一种古老的心理放松技巧，能够帮助人们集中注意力，减轻焦虑和压力。管理者和被管理者可以每天抽出15～30分钟的时间进行冥想练习。坐在舒适的位置上，闭上眼睛，专注于自己的呼吸或一个特定的意象，排除杂念。当思绪飘走时，轻轻地将注意力拉回到当下。长期坚持冥想练习，可以提高专注力，增强心理韧性。

（2）积极的自我暗示。在面对压力时，运用积极的自我暗示可以改变自己的思维方式和情绪状态。例如，当遇到困难的任务时，告诉自己"我有能力完成这项任务""我已经做好了充分的准备"等。通过不断地重复积极的话语，能够增强自信心，缓解紧张情绪。

（四）企业和组织层面的支持措施

1. 营造健康的工作环境

企业和组织应致力于营造一个健康、舒适的工作环境，包括合理的办公空间布局、适宜的温度和照明等。此外，提供一些休闲设施，如健身房、休息室等，让被管理者在工作之余能够放松身心。同时，关注被管理者的工作负荷，避免过度加班和不合理的工作安排，从源头上减轻被管理者的压力。

2. 开展压力管理培训与辅导

企业和组织可以定期为管理者和被管理者开展压力管理培训和辅导课程，传授压力管理的知识和技巧。邀请专业的心理咨询师或培训师进行讲座和培训，帮助被管理者了解压力的来源和影响，掌握有效的应对方法。此外，还可以设立心理咨询热线或提供在线咨询服务，为被管理者提供个性化的心理支持。

3. 鼓励被管理者参与健康活动

组织各种健康活动，鼓励被管理者积极参与，如户外拓展、瑜伽课程、心理健康讲座等。这些活动不仅能够帮助被管理者缓解压力，还能增强团队凝聚力和被管理者之间的沟通与交流。例如，定期组织户外拓展活动，让被管理者在大自然中放松身心，同时通过团队合作的项目，增进彼此之间的信任和理解。

学会压力管理与放松技巧对于管理者、被管理者，以及企业和组织的发展都具有重要意义。管理者和被管理者要掌握适合自己的压力管理方法和放松技巧，积极应对工作中的压力；企业和组织也要从多个方面给予支持和引导，共同营造一个健康、和谐的工作环境，促进组织内部的沟通与协作，提升整体绩效。

本章小结

（1）沟通中的心理调适技巧对于企业和组织内部的有效沟通至关重要，它涉及管理者、被管理者以及整个组织层面的心理状态调整和能力提升，旨在营造良好的沟通氛围，促进信息的准确传递和人际关系的和谐。

（2）建立积极的沟通心态是基础，管理者和被管理者都需认识到其重要性。

（3）提高自我认知与适应能力是关键。

（4）学会压力管理与放松技巧是保障。

本章即测即练

自学自测   扫描此码

本章复习思考题

1. 简述建立积极的沟通心态对个人和组织分别有哪些重要意义。

2. 提高自我认知与适应能力的具体方法有哪些？分别从管理者和被管理者的角度进行阐述。

3. 在面对工作压力时，常见的压力管理策略和放松技巧有哪些？并举例说明如何在实际生活中应用这些技巧。

4. 结合具体事例，说明在沟通中如何通过调整心态来更好地理解对方并达成共识。

5. 根据案例"李明在企业中的沟通与成长历程"回答：

（1）在李明的职业发展过程中，积极的沟通心态、自我认知与适应能力及压力管理与放松技巧分别对他产生了哪些具体的影响？结合案例内容进行详细分析，并阐述这些因素在个人职业发展中的重要性。

本章案例：李明在企业中的沟通与成长历程

（2）李明在竞聘市场战略部门经理时面临着强大的竞争对手，最终成功竞聘。分析他在竞聘过程中是如何综合运用各种能力和技巧来展现自己的优势的？如果你是李明，在面对这样激烈的竞争时，还可以采取哪些额外的策略来增加自己竞聘成功的概率？

沟通实战演练

职场项目推进中的沟通挑战

1. 分组与角色分配

学生分成若干小组，每组4~5人，兼顾不同特点与能力，促进多元互动学习。

各小组设定情境：公司重要项目推进受阻。角色有项目负责人、团队核心成员、外部合作方代表、公司高层领导、人力资源协调员。

背景：项目进度滞后源于团队任务分工分歧、外部合作方未按时提供关键资源，且公司高层提出新方向，项目负责人需召集开会商讨解决方案。

2. 活动流程

准备阶段（20分钟）：小组成员明确情境与角色后，讨论各自立场、观点、可能问题及沟通目标。

角色扮演阶段（35分钟）：小组依角色和情境模拟项目推进会议场景。

观察记录阶段（30分钟）：其他小组学生作为观众，记录表演小组沟通亮点，如化解矛盾话术、引导讨论方法；同时记录不足，如沟通中断、情绪失控等。

3. 教师活动

观察与记录（全程）：教师密切关注各小组和学生表现，重点留意沟通中心理调适技巧运用，记录典型案例与普遍问题。

点评与总结（30分钟）：所有小组完成后，教师逐一点评，针对问题给出改进建议。

4. 总结与反馈

通过演练，学生在模拟职场情境中体会沟通心理调适技巧的重要性与应用方法。在角色扮演和观察中，发现自身与他人的优缺点，提升自我认知与沟通能力。教师点评助力学生巩固知识、明确方向，以便未来更熟练运用技巧应对复杂沟通，提高效率，为职业发展打下基础。

第八章

沟通效果评估与反馈

【名人名言】

始吾于人也，听其言而信其行；今吾于人也，听其言而观其行。

——《论语·公冶长》

沟通是人与人思想与情感的传递，评估沟通效果如同审视桥梁是否坚固，反馈则是决定修缮方向的关键。

——彼得·德鲁克

【学习目标】

1. 掌握管理沟通的概念、特点及其重要性。
2. 了解管理沟通的发展历程。
3. 识别管理沟通的组成要素。
4. 有良好的沟通能力，能在不同情境中精准识别沟通要素并灵活优化运用。

本章思维导图

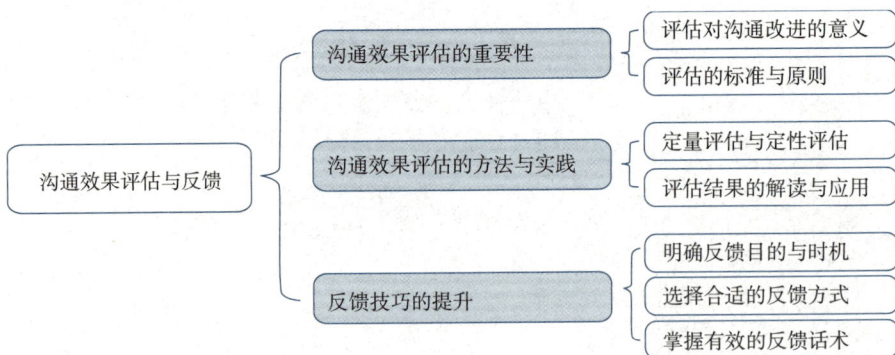

```
                              ┌─ 沟通效果评估的重要性 ─┬─ 评估对沟通改进的意义
                              │                      └─ 评估的标准与原则
                              │
沟通效果评估与反馈 ───────────┼─ 沟通效果评估的方法与实践 ─┬─ 定量评估与定性评估
                              │                          └─ 评估结果的解读与应用
                              │
                              │                      ┌─ 明确反馈目的与时机
                              └─ 反馈技巧的提升 ──────┼─ 选择合适的反馈方式
                                                     └─ 掌握有效的反馈话术
```

导入案例

华为：在复杂业务布局下的沟通进阶之路

2024 年，华为作为全球领先的 ICT 解决方案供应商，业务横跨 5G 通信、智能手机、云计算、智能汽车零部件等多领域，在 170 多个国家和地区开展业务，员工众多且分布广泛。组织架构日趋复杂，不同团队及合作伙伴间的沟通问题频现，如信息延迟、误解，阻碍了项目的推进与创新。为此，华为采取了一系列沟通优化措施。

扩展阅读 8-1　字节跳动
如何让员工无障碍沟通

2024 年初，华为筹备新一代旗舰智能手机，其融合多项前沿技术。手机影像团队需将全新影像算法信息精准传达给多部门。因初期技术概念表述模糊，硬件团队选型出错，样品成像不佳，影像团队紧急组织跨部门研讨会，邀请专家，借助高清演示、3D 模型和数据对比阐释要点，统一各团队的意见。新品上市后，手机拍照功能获高度认可，影像好评率达 92%，提升了产品竞争力。

同年，华为云计算业务筹备全球线上推广活动。策划初期，市场运营团队向多部门传达方案时，遗漏云服务在不同地区的合规细节及客户咨询预案。活动开启后，合规问题导致服务延迟，投诉激增。运营团队重新梳理方案，以文档和线上培训形式分发完整信息，建立实时沟通渠道。后续活动顺利开展，投诉率降 70%，参与人数超预期 40%，推动了业务拓展。

面对智能汽车竞争，2024 年下半年，华为智能汽车团队计划发布智能驾驶辅助系统升级方案。团队通过官网、社交媒体等多渠道，第一时间将方案关键信息推送给车企、消费者和媒体，并通过直播解答疑问、展示路测效果。车企能提前规划适配，消费者关注度大增，咨询量一周内涨 5 倍。升级方案推送后，适配车型销量短期内增长 15%。

2024 年末，华为为提升智能家居体验，对交互界面进行升级。团队通过线上调研、线下体验店收集及论坛分析等方式，了解用户习惯和痛点，据此优化界面布局等。升级后，智能家居系统用户活跃度提升 50%，月均使用时长增加 40 分钟，留存率提高 25%，主动推荐率达 35%。

2024 年全年，华为人力资源部门关注员工沟通体验，通过问卷、访谈等收集反馈，发现员工对跨部门沟通优化需求大。于是，联合信息技术部门优化协作平台，打造专属沟通空间，推出培训课程。员工沟通满意度从 65% 升至 88%，跨部门项目推进加快 35%。

此外，华为组建专业评估小组，依托自研平台监测办公软件使用数据，结合第三方问卷收集多维度评价。每年制定评估框架，涵盖不同业务、层级、场景及区域团队，每季度都进行常规评估，遇重大调整随时进行专项评估。每次评估后均出具报告并提出建议，如统一文件格式、完善导师制等，显著提升了内部沟通效率，助力企业保持竞争优势。

思考：

1. 华为在确定沟通效果的各项标准（准确性、完整性、及时性、有效性、满意度）后，分别取得了不同程度的积极成果。结合案例内容，分析这五项标准之间存在怎样的内在逻辑联系，以及它们是如何相互影响，共同提升沟通效果的。

2. 华为在沟通效果评估过程中遵循了客观性、全面性、动态性、实用性原则。假设你所在的企业也想借鉴这些原则来开展沟通效果评估工作，但资源有限、业务相对单一，你会如何根据企业实际情况对这些原则进行灵活运用和调整？

第一节　沟通效果评估的重要性

在企业与组织的运营过程中，内部沟通犹如神经系统，贯穿各个环节，连接着管理者与被管理者。有效的沟通能够助力企业实现战略目标、提升团队协作效率、增强被管理者的归属感。要确保沟通始终保持高效，对沟通效果进行科学评估必不可少。

一、评估对沟通改进的意义

在企业和组织的日常运营中，沟通是一项贯穿始终且至关重要的活动。无论是管理者传达决策、布置任务，还是被管理者反馈工作进展、提出建议，抑或是不同部门之间的协同合作，都离不开有效的沟通。现实中的沟通并非总是一帆风顺，往往会受到各种因素的影响，导致信息传递不准确、理解出现偏差、协作效率低下等问题。这些问题如果得不到及时解决，将会对企业和组织的发展产生负面影响。因此，如何改进沟通效果，使其更好地服务于企业和组织的目标，成为管理者和研究者关注的焦点。沟通效果评估作为一种重要的管理工具，对于发现沟通中存在的问题、明确改进方向、提升沟通质量具有不可替代的作用。

（一）为管理者优化沟通策略提供依据

管理者在企业和组织中扮演着至关重要的角色，他们需要通过有效的沟通来传达战略目标、协调资源分配、激励被管理者士气。沟通效果评估能够为管理者提供全面、客观的反馈，帮助他们了解自己的沟通方式是否有效，以及被管理者对沟通内容的理解和接受程度。沟通效果评估还可以帮助管理者了解不同部门、不同层级被管理者的沟通需求和偏好，从而制定更加个性化的沟通策略。

（二）促进被管理者提升沟通能力

对于被管理者来说，沟通效果评估是一个自我反思和成长的机会。通过评估，他们可以了解自己在沟通中的优点和不足，明确需要改进的方向，从而有针对性地提升自己的沟通能力。沟通效果评估还可以激发被管理者的学习动力和积极性。当他们看到自己的沟通能力得到提升，并对工作产生积极影响时，他们会更加主动地寻求学习和成长的机会，不断提升自己的综合素质。

（三）增强企业和组织内部的协作与凝聚力

在企业和组织中，各个部门和岗位之间需要密切协作才能实现共同的目标。有效的沟通是促进协作的关键因素之一，而沟通效果评估可以帮助企业和组织发现沟通中的问题和障碍，及时采取措施加以解决，从而增强内部的协作与凝聚力。沟通效果评估还可以促进企业和组织内部的知识共享和经验传承。通过评估，被管理者可以了解到其他部门和同事的优秀沟通经验和做法，从而学习和借鉴，提高整个组织的沟通水平和工作效率。

（四）提升企业和组织的整体绩效

沟通效果评估对企业和组织的整体绩效有着直接的影响。有效的沟通可以确保信息的准确传递和理解，避免因沟通不畅而导致的工作失误和延误，从而提高工作效率和质量。沟通效果评估还可以帮助企业和组织及时发现和解决潜在的问题和风险，避免因沟通不畅而导致的危机事件。

沟通效果评估对于企业和组织的发展具有重要意义。它不仅可以帮助管理者优化沟通策略，促进被管理者提升沟通能力，增强内部的协作与凝聚力，还可以提升企业和组织的整体绩效。因此，企业和组织应该高度重视沟通效果评估工作，建立科学、完善的评估体系，不断改进和优化沟通效果，为实现组织目标提供有力支持。

二、评估的标准与原则

在企业与组织的内部沟通情境里，我们已然明晰沟通效果评估对于改进沟通意义重大。然而，若想让评估切实发挥作用，为沟通的优化提供精准且可靠的指引，就必须建立一套科学合理的评估标准与原则。标准为我们衡量沟通效果提供了具体的尺度，让我们能够清晰判断沟通是否达到预期；原则则确保评估过程的公正性、全面性以及实用性，使评估结果真实有效，且能切实助力沟通的持续改善。

（一）评估的标准

（1）准确性标准。在企业和组织的内部沟通中，信息的准确传递是最为基础和关键的要求。无论是管理者向下属传达工作任务、战略规划，还是被管理者向上反馈工作进展、问题建议，信息的准确性都直接关系沟通的有效性。准确性要求所传递的信息在内容上真实可靠，没有虚假或误导性成分；在表达上清晰明确，避免模糊、歧义的表述。

（2）完整性标准。完整的信息传递是确保沟通效果的重要保障。企业和组织内部的沟通往往涉及复杂的业务内容和多方面的信息需求，因此，沟通内容应涵盖所有必要的信息，不能有所遗漏。

（3）及时性标准。在当今快速变化的商业环境中，信息的时效性至关重要。及时的沟通能够使企业和组织迅速响应市场变化、解决突发问题，把握发展机遇。对于管理者来说，及时了解下属的工作情况和需求，可以做出适时的指导和决策；对于被管理者而言，及时获取工作任务和相关信息，能够高效地完成工作。

（4）有效性标准。沟通的最终目的是要对接收者的行为、态度或决策产生积极的影响，实现预期的沟通目标。有效性体现在沟通是否能够促使被管理者按照管理者的期望执行任务，是否能够解决实际问题，是否能够增强团队的凝聚力和协作效率等方面。

（5）满意度标准。除了客观的信息传递和目标达成外，沟通的效果还应考虑接收者的主观感受。满意度反映了被管理者对沟通方式、沟通频率、沟通氛围等方面的认可程度。如果被管理者对沟通感到满意，他们会更愿意积极参与沟通，提高沟通的效率和质量。反之，如果他们对沟通不满意，可能会产生抵触情绪，影响沟通效果。

（二）评估的原则

（1）客观性原则。沟通效果评估必须基于客观事实和数据，避免主观偏见和个人情感的干扰。评估过程应采用科学的方法和工具，如问卷调查、实地观察、数据分析等，以确保评估结果的真实性和可靠性。

（2）全面性原则。企业和组织内部的沟通是一个复杂的系统，涉及多个层面和多个环节。因此，评估应从整体出发，全面考虑沟通的各个方面，包括沟通主体（管理者和被管理者）、沟通渠道（正式会议、电子邮件、面对面交流等）、沟通内容（工作任务、政策法规、企业文化等）及沟通环境（组织文化、团队氛围等）。只有进行全面的评估，才能准确把握沟通效果的真实情况，发现存在的问题和不足。

（3）动态性原则。企业和组织所处的内外部环境是不断变化的，沟通需求和沟通方式也会随之发生变化。因此，沟通效果评估应具有动态性，定期或不定期地进行评估，及时调整评估标准和方法，以适应新的情况和要求。

（4）实用性原则。评估的目的是改进沟通效果，提高企业和组织的管理水平。因此，评估结果应具有实用性，能够为管理者和被管理者提供具体的改进建议和措施。评估报告应简洁明了，突出重点，便于理解和应用。

思考：腾讯的沟通进化之旅

明确沟通效果评估的标准与原则，是确保评估工作科学、规范、有效的前提。只有遵循这些标准和原则，才能准确评估沟通效果，发现问题，改进不足，从而提升企业和组织的沟通水平，促进其健康发展。

第二节　沟通效果评估的方法与实践

一、定量评估与定性评估

在企业和组织内部沟通效果评估的范畴中，定量评估与定性评估是两种相辅相成且不可或缺的重要方式。它们各自凭借独特的视角和方法，为管理者和研究者全面、深入了解沟通状况提供有力支持，助力企业和组织不断优化内部沟通，提升整体运营效率。

（一）定量评估

定量评估旨在运用数学模型和统计分析方法，以数据化的形式精准衡量企业和组织内部沟通的效果。这种评估方式能够提供客观、可量化的证据，帮助管理者清晰把握沟通的成效与问题所在。

1. 问卷调查法

在企业和组织内部沟通效果评估的领域中，问卷调查法作为一种极为重要且常用的定量评估手段，发挥着不可替代的作用。它以结构化的数据收集方式，为深入了解组织内部沟通状况提供了丰富且具说服力的信息。

（1）设计科学问卷

一份科学设计的问卷是问卷调查法成功实施的基石。在企业和组织内部沟通评估情境下，问卷设计需要高度的专业性和细致考量。因为内部沟通是一个复杂的多维度概念，所以问卷内容必须紧密围绕沟通的各个关键维度进行精心构建。

首先，沟通渠道是内部沟通的重要载体。问卷应涉及沟通渠道的使用频率与满意度调查。例如，询问员工日常使用最多的沟通工具是电子邮件、即时通信软件、面对面会议还是其他方式，并让他们对每种渠道在信息传递的便捷性、准确性和效率等方面进行满意度评分。这有助于了解不同沟通渠道在组织内的实际应用情况及员工对其的接受程度，从而判断哪些渠道在沟通中发挥重要作用，哪些可能需要改进或调整。

其次，信息传递的质量是衡量沟通效果的核心要素。问卷应聚焦于信息传递的准确性与及时性。比如，可以设置问题："在接收上级传达的工作任务时，您是否经常遇到信息模糊不清或容易产生歧义的情况？""当您需要获取重要信息时，通常能否及时得到？"通过这些问题，能够直接洞察信息在组织内部流动过程中是否存在阻碍或偏差，进而为优化信息传递流程提供依据。

最后，沟通对工作效率和团队协作的影响也是不容忽视的维度。问卷可以设计相关题目，如"您认为近期的团队沟通对您完成工作任务的效率有何影响""在团队项目中，沟通的顺畅程度对团队协作效果的贡献如何"之类的问题，旨在从员工的实际工作体验出发，评估沟通在组织运行和团队合作中的实际效能，明确沟通与工作成果之间的关联。

为了确保问卷的科学性和有效性，在设计过程中还应注意问题的表述方式。问题应简洁明了、通俗易懂，避免使用过于专业或生僻的词汇，防止被调查者产生理解障碍。同时，要保证问题的中立性，不引导或暗示特定答案，以获取真实客观的反馈。

（2）广泛发放与回收

问卷设计完成后，确保其广泛发放并有效回收是获取可靠评估结果的关键步骤。为了使评估结果能够准确反映整个组织内部沟通的真实状况，问卷必须覆盖不同部门、不同层级的被管理者。这是因为不同部门在工作性质、沟通需求和方式上可能存在差异，不同层级的员工对组织沟通的认知和体验也不尽相同。只有广泛收集各方意见，才能全面、立体地了解组织内部沟通的全貌。

借助企业内部网络平台和邮件系统是实现问卷广泛发放的有效途径。企业内部网络平台具有便捷性和实时性的优势，员工可以在日常工作中轻松访问问卷链接。邮件系统则能够确保问卷准确送达每一位员工的邮箱，提醒他们参与调查。这两种方式相结合，可以大大提高问卷发放的便捷性和覆盖面，确保尽可能多的员工能够收到问卷。

然而，仅仅发放问卷并不足以保证足够的回收率。为了提高被管理者的参与度，设定合理的回收期限至关重要。过短的期限可能导致许多员工因工作繁忙而无暇顾及问卷，过长的期限则可能使员工遗忘调查事项。一般来说，根据组织规模和员工工作节奏，设定两周到三周的回收期限较为合适。

此外，适当的激励措施能够显著提高员工参与调查的积极性。小礼品或抽奖活动是常见且有效的激励方式。例如，承诺所有参与问卷填写的员工都有机会参与抽奖，奖品可以是实用的办公用品、电子设备或其他员工感兴趣的物品。这种激励机制不仅能够提高问卷回收率，还能在一定程度上提升员工对调查的重视程度，从而提高问卷回答的质量。

（3）数据分析与解读

当问卷成功回收后，接下来便是运用统计学方法对海量数据进行深入分析的关键阶段。这一过程如同解开密码锁，通过对数据的挖掘和解析，揭示隐藏在其中的规律和趋势，为组织内部沟通状况提供量化的结果。

在数据分析中，计算各项指标的平均值、标准差、相关系数等统计量是常用的方法。平均值能够直观地反映某个变量的集中趋势。例如，通过计算员工对某种沟通渠道满意度评分的平均值，可以了解该渠道在整体员工群体中的平均评价水平。标准差则用于衡量数据的离散程度，它可以告诉我们员工对同一问题的回答是否存在较大差异。如果标准差较大，说明员工对该问题的看法较为分散，可能意味着在这方面存在多种不同的情况或观点，需要进一步深入探究。

相关系数则用于分析两个或多个变量之间的关联程度。在内部沟通评估中，我们可能会关注信息传递的及时性与工作效率之间的关系。通过计算两者之间的相关系数，如果系数为正且数值较大，说明信息传递越及时，工作效率越高，两者存在较强的正相关关系。反之，如果系数接近零，则表明两者之间可能不存在明显的关联。

除了这些基本的统计分析方法，还可以运用更高级的数据分析技术，如因子分析、聚类分析等。因子分析可以帮助我们从众多复杂的变量中提取出关键的公共因子，简化数据结构，更清晰地理解内部沟通的主要影响因素；聚类分析则能够将具有相似特征的员工或部门归为一类，以便发现不同群体在内部沟通方面的特点和差异，为针对性地制定沟通改进策略提供依据。

数据分析的最终目的是实现有效的解读，将数据转化为有价值的信息和切实可行的建议。在解读数据时，需要结合组织的实际情况和背景知识，避免孤立地看待数据。例如，当发现某个部门在信息传递准确性方面得分较低时，不能仅仅停留在数据表面，而要深入了解该部门的工作流程、人员构成及沟通模式等因素，找出导致问题的根本原因。

通过科学严谨的数据分析与解读，我们能够从问卷数据中提炼出关于组织内部沟通的全面认识，为组织制定针对性的沟通改进措施提供坚实的数据支持，从而不断优化内部沟通效果，提升组织的整体运行效率。

2. 绩效评估法

绩效评估法是将沟通效果纳入被管理者绩效评估体系，是从工作成果角度对沟通进行定量评估的有效方式。

（1）设定沟通相关指标（见表 8-1）。要为不同岗位设定明确、可衡量的沟通相关绩效指标。

（2）定期考核与记录。在绩效评估周期内，管理者要定期收集和记录被管理者的沟通绩效数据。

扩展阅读 8-2　沟通能力打分表

表 8-1　沟通能力分类考核指标

沟通能力分类	考核指标	衡 量 标 准
口头表达能力	清晰度	观察其在会议、演讲或日常交流中的表达是否流畅、有条理
	准确性	检查其发言或书面材料中的信息是否准确、术语使用是否恰当
	说服力	观察其在讨论、谈判或销售等场景中的表现，以及他人对其观点的接受程度
倾听能力	专注度	观察其在会议、讨论或一对一交流中的注意力集中程度
	理解力	通过提问、复述或总结等方式检验其理解程度
	反馈能力	观察其在交流中的反馈是否及时、准确且有助于推动讨论或解决问题
书面沟通能力	准确性	检查其报告、邮件、备忘录等书面材料中的信息是否准确、无误导性内容
	清晰度	观察其书面材料的结构、逻辑和语言表达是否清晰易懂
	专业性	检查其书面材料中的术语使用、格式排版等是否符合专业标准
冲突解决能力	识别能力	观察其在面对冲突时的反应速度和识别准确性
	处理能力	检查其处理冲突的方法是否有助于化解矛盾、促进和谐
	共识达成能力	观察其在冲突解决后的行为表现，以及是否实现了双方或多方的共赢
团队协作能力	合作意愿	观察其在团队中的行为表现，以及是否积极参与团队讨论和决策
	沟通能力	检查其在团队会议、讨论或协作中的沟通方式和效果
	贡献度	根据其工作成果、团队反馈和绩效评估结果进行综合评估

（3）结果应用与反馈。将沟通绩效评估结果与被管理者的薪酬调整、晋升、奖励等挂钩，激励被管理者重视并提升自身沟通能力。同时，及时向被管理者反馈评估结果，帮助他们明确自身在沟通方面的优势与不足，制订针对性的改进计划。

3. 沟通流量分析法

（1）监测沟通数据

随着信息技术在企业和组织中的全方位渗透，各类信息系统和网络工具成为内部沟通的主要载体。沟通流量分析法正是借助这些先进的技术工具，实现对内部沟通数据的精细化监测与记录。

企业内部的信息系统种类繁多，涵盖办公自动化系统、项目管理软件、即时通信工具及电子邮件系统等。这些系统不仅承载着日常工作中的各种信息交流，还详细记录了每一次沟通行为的关键数据。网络监控工具则如同敏锐的"观察者"，能够实时捕捉网络中信息传输的动态，精确追踪信息的来源、去向及传输量。

通过这些工具的协同运作，我们可以对各类沟通渠道的信息流量进行全面且细致的监测。例如，在即时通信工具方面，能够记录每个员工每天发送和接收的消息数量、消息的字符长度、聊天群组的活跃度等数据；对于电子邮件系统，可以统计邮件的发送和接收频率、邮件附件的大小和类型、邮件的传阅路径等信息；在项目管理软件中，能够跟踪项目相关讨论的发起次数、参与人员的互动频率以及任务分配与反馈的信息流情况。

这种实时监测和记录的优势在于，它能够还原组织内部沟通的真实场景，为后续的分析提供丰富且准确的数据基础。与传统的沟通评估方式相比，它不再局限于事后的主观回忆或片面的观察，而是基于客观、详尽的数据，使评估结果更具说服力和可信度。

（2）分析流量模式

收集到丰富的沟通流量数据只是第一步，更为关键的是对这些数据进行深度挖掘，从中探寻隐藏的模式和规律，从而揭示组织内部沟通的本质特征。

在分析过程中，时间维度是一个重要的切入点。通过观察不同时间段的沟通活跃度，可以发现组织内部沟通的高峰和低谷时段。例如，某些企业可能在工作日的上午10点至11点半及下午3点至4点半出现沟通流量的高峰，这可能与日常的工作汇报、项目讨论会议安排有关；在午休时间或临近下班时，沟通流量相对较低。了解这些时间规律，有助于管理者合理安排重要的沟通活动，避免在沟通低谷期发布关键信息，确保信息能够得到及时关注和响应。

部门间的沟通活跃度分析同样具有重要意义。通过对比不同部门之间的信息交互频率，可以清晰地看到哪些部门之间联系紧密，哪些部门相对孤立。例如，研发部门与市场部门之间频繁的沟通可能预示着产品研发与市场需求的紧密对接；财务部门与某些业务部门沟通较少，可能暗示着在预算分配、成本核算等方面存在信息流通不畅的问题。

信息在组织内部的流动方向也是分析的重点。信息可能是自上而下的传达，如管理层向基层员工发布政策指令；可能是自下而上的反馈，如员工向上级汇报工作进展和问题；还有大量的横向沟通，即部门之间的协作交流。通过分析信息的流动方向，可以判断组织内部的沟通机制是否顺畅、是否存在信息阻塞或单向流动的情况。例如，如果发现基层员工向上级反馈的信息流量较小，可能意味着员工的意见和建议未能得到充分重视，需要优化沟通渠道，鼓励员工积极表达。

此外，信息的分布情况也能反映组织内部的沟通均衡性。某些部门或岗位可能成为信息的"枢纽"，接收和发送大量信息，而其他部门则处于信息边缘。这种不均衡可能导致部分员工对组织整体情况了解不足，影响团队协作和决策的科学性。通过分析信息分布，管理者可以及时发现这些问题，采取措施促进信息的更广泛传播和共享。

（3）优化沟通资源配置

基于对沟通流量的深入分析，管理者能够获取关于组织内部沟通状况的全面结果，进而以此为依据，对沟通资源进行科学合理的配置，以提升沟通效率和效果。

对于沟通流量大且重要的业务领域，增加相应的沟通资源投入是十分必要的。这可能包括人力、物力和技术资源等多个方面。在人力资源方面，可以调配经验丰富、沟通能力强的员工加入该领域，或者为现有员工提供专业的沟通培训，提升他们的沟通技能和协作能力。例如，在新产品研发的关键阶段，由于涉及多个部门的紧密协作和大量的信息交流，安排专门的项目协调员负责沟通协调工作，能够有效避免信息混乱和误解，确保项目顺利推进。

在物力资源方面，为这些重要业务领域配备先进的沟通设备和工具。例如，提供高清视频会议设备，方便跨地区团队进行实时、清晰的沟通；引入功能强大的项目管理软件，实现信息的集中管理和高效共享。

技术资源的投入同样不容忽视。利用大数据分析技术对沟通流量数据进行持续监测和深度挖掘，为管理者提供更精准的决策支持；借助人工智能技术开发智能沟通助手，自动筛选和推送重要信息，提高信息处理效率。

相反，对于沟通流量较小且并非核心业务的领域，可以适当精简沟通资源，避免资源浪费。但这并不意味着忽视这些领域的沟通需求，而是通过优化沟通方式，如采用定期汇报、集中沟通等方式，在保证基本沟通效果的前提下，提高资源利用效率。

通过沟通流量分析法，企业和组织能够以数据驱动的方式深入了解内部沟通状况，发现潜在问题，优化沟通资源配置，从而构建更加高效、顺畅的内部沟通体系，为组织的持续发展提供有力保障。

（二）定性评估

定性评估侧重于深入理解企业和组织内部沟通的本质、意义和过程，通过非量化的方式揭示沟通现象背后的深层次原因和影响因素。

1. 访谈法

访谈法是定性评估中常用的方法之一。

（1）规划访谈提纲。在开展访谈前，根据评估目的和研究问题，精心设计访谈提纲。访谈提纲应具有开放性和引导性，鼓励受访者充分表达自己的观点和感受，如针对企业内部沟通氛围的评估。

（2）选择访谈对象。为获取全面、多元的信息，访谈对象应涵盖企业和组织内不同层次、不同部门的员工，包括管理者、基层员工、不同职能部门代表等。根据研究重点和实际情况，采用随机抽样、分层抽样或目的性抽样等方法确定具体的访谈对象。

（3）深度访谈与记录。在访谈过程中，访谈者要营造宽松、信任的氛围，引导受访者深入分享自己的经历和看法。采用追问、澄清等技巧，确保获取丰富、准确的信息。同时，认真记录访谈内容，可采用录音、笔记相结合的方式，以便后续整理和分析。

2. 焦点小组法

焦点小组法是将一组具有相似特征或相关经验的人聚集在一起，围绕特定的沟通主题展开讨论。

（1）组建焦点小组。在企业和组织内部沟通评估中，根据部门、岗位、层级等因素合理分组，每组人数一般控制在6～12人这一范围。

（2）引导小组讨论。由专业的主持人引导小组讨论，确保讨论围绕主题有序进行。主持人应具备良好的沟通技巧和组织能力，鼓励小组成员积极发言、相互交流，激发思想碰撞。在讨论过程中，主持人要注意观察成员的表情、语气和互动方式，捕捉非言语信息。

（3）总结与提炼观点。讨论结束后，对小组讨论的内容进行系统总结和提炼。分析小组成员的共同观点、分歧点及提出的建设性意见，挖掘沟通问题背后的深层次原因和潜在影响因素。

3. 观察法

观察法通过直接观察企业和组织内部的沟通行为与互动过程来评估沟通效果。观察方式包括自然观察和参与观察。自然观察是观察者在不干扰被观察对象的前提下，在自然工作场景中观察沟通行为；参与观察则是观察者融入被观察群体，亲身参与工作活动，在过程中观察沟通情况。

（1）记录观察要点。在观察过程中，详细记录观察到的关键信息，包括沟通场景、参与人员、沟通方式（语言、非语言）、沟通内容、互动效果等。

（2）分析与解读观察结果。观察结束后，对记录的信息进行深入分析和解读。通过归纳、分类、对比等方法，总结沟通行为的特点和规律，发现沟通中存在的问题和潜在的改进空间。

定量评估与定性评估在企业和组织内部沟通效果评估中各有优劣，相互补充。定量评估以数据为支撑，提供客观、精确的评估结果，有助于管理者进行宏观决策和绩效衡量；定性评估则以深入理解为导向，挖掘沟通现象背后的深层原因和主观体验，为制定针对性的改进策略提供丰富的信息。在实际应用中，应根据评估目的、研究问题和资源条件，灵活选择和综合运用这两种评估方式，以全面、准确地评估企业和组织内部的沟通效果，为提升沟通质量和组织效能提供有力保障。

二、评估结果的解读与应用

（一）评估结果的解读

在企业和组织内部沟通效果评估工作完成之后，对评估结果进行准确、深入的解读是至关重要的环节。这不仅能够帮助管理者和相关人员清晰地了解当前沟通状况，还能为后续的决策和改进措施提供坚实的依据。无论是通过定量评估获得的数据，还是定性评估收集到的丰富信息，都蕴含着关于企业和组织内部沟通的关键线索。

1. 定量评估结果的解读

（1）数据趋势分析。定量评估所产生的数据呈现出各种趋势，这些趋势反映了企业和组织内部沟通在一段时间内的变化情况。

（2）指标关联性解读。各项定量指标之间并非孤立存在，它们相互关联，共同反映沟通效果的全貌。

扩展阅读 8-3　企业内部沟通定量评估报告

（3）对比分析。将本企业或组织的定量评估结果与同行业标杆企业进行对比，或者与企业或组织内部不同部门、不同团队之间进行对比，能够发现自身的优势与差距。

2. 定性评估结果的解读

（1）主题归纳与提炼。定性评估中的访谈、焦点小组讨论和观察等方法会产生大量丰富的文本信息。对这些信息进行主题归纳与提炼是解读的关键步骤。通过仔细阅读访谈记录、焦点小组讨论纪要和观察笔记，提取出反复出现的关键主题。

（2）观点与态度分析。除了主题归纳，还要深入分析受访者和被观察者所表达的观点与态度，注意他们的用词、语气和情感倾向，以全面理解其内心想法。

（3）因果关系探寻是管理沟通研究的核心环节，其本质是通过结构化方法追溯现象间的内在联系。明确的因果关系诊断可为改善沟通流程、制定干预策略提供实证依据，从而实现从现象认知到管理实践的转化。

（二）评估结果的应用

对企业和组织内部沟通效果评估结果进行有效应用，是将评估工作转化为实际行动、提升沟通质量和组织效能的关键环节。通过合理运用评估结果，管理者能够制定针对性的改进策略，优化沟通流程，促进组织的健康发展。

1. 对管理者的启示与应用

（1）调整沟通策略。基于评估结果，管理者可以及时调整自身的沟通策略。如果定量评估显示被管理者对管理者单向沟通方式的满意度较低，而定性评估又反映出被管理者渴望更多的双向沟通和参与感，那么管理者应增加与被管理者互动交流的机会，采用定期座谈会、意见箱等方式，鼓励被管理者表达想法和建议。

（2）提升沟通能力。评估结果也为管理者提升自身沟通能力提供了方向。如果定性评估中发现管理者在倾听被管理者意见时不够专注，或者在表达观点时不够清晰准确，管理者可以通过参加沟通培训课程、阅读相关书籍和文献、进行自我反思和实践锻炼等方式，有针对性地提升倾听、表达、反馈等沟通技能。

（3）优化组织沟通架构。当评估结果显示企业和组织内部存在沟通不畅、信息传递延迟或失真等问题时，管理者需要考虑优化组织沟通架构。这可能涉及调整部门设置、明确职责分工、简化沟通流程等方面。

2. 对被管理者的影响与应用

（1）个人沟通能力提升。评估结果可以帮助被管理者认识到自己在沟通方面的优势和不足，从而有针对性地提升个人沟通能力。企业可以为被管理者提供个性化的沟通培训和发展计划，根据评估结果为被管理者推荐适合的培训课程或学习资源。

（2）促进职业发展。良好的沟通能力是被管理者职业发展的重要助力。通过沟通效果评估，被管理者可以了解到沟通能力对工作绩效和职业晋升的影响，从而更加重视自身沟通能力的培养。当被管理者在沟通方面表现出色，能够与上级、同事和客户进行有效沟通时，他们更容易获得工作机会和职业发展。

（3）改善工作关系。评估结果还可以帮助被管理者改善与同事和上级之间的工作关系。如果定性评估中发现被管理者之间存在沟通误解或冲突，企业可以组织团队建设活动或沟通辅导课程，帮助被管理者学会换位思考、有效倾听和表达，化解矛盾，增进彼此之间的理解和信任。

3. 对企业和组织整体的推动作用

（1）优化内部沟通机制。综合评估结果，企业和组织可以对内部沟通机制进行全面优化。这包括建立更加完善的信息发布制度、规范沟通渠道的使用、加强沟通培训体系建设等方面。

（2）增强组织凝聚力。通过应用评估结果改进沟通效果，能够增强企业和组织的凝聚力。当被管理者感受到组织对沟通的重视，并且看到沟通问题得到有效解决时，他们会对组织产生更强的认同感和归属感。良好的沟通还能够促进被管理者之间的协作与配合，形成积极向上的组织文化。

（3）提升企业竞争力。有效的内部沟通是企业和组织应对外部竞争的重要优势。通过评估结果的应用、优化沟通效果，能够提高企业的决策效率、创新能力和客户响应速度。

企业和组织内部沟通效果评估结果的解读与应用是一个系统性的过程。通过准确解读定量和定性评估结果，管理者和被管理者能够从中获取有价值的信息，并将其应用于实际工作中，实现沟通能力提升、工作关系改善和组织效能增强的目标。持续关注评估结果的应用效果，并根据实际情况进行动态调整和优化，将有助于企业和组织建立长效的沟通管理机制，在日益复杂多变的市场环境中保持竞争优势，实现可持续发展。

扩展阅读 8-4　西门子沟通效果评估助力企业发展

第三节　反馈技巧的提升

在企业与组织的运营过程中，内部沟通犹如神经系统，贯穿各个环节，连接着管理者与被管理者。有效的沟通能够助力企业实现战略目标、提升团队协作效率以及增强被管理者的归属感。要确保沟通始终保持高效，对沟通效果进行科学评估必不可少。

一、明确反馈目的与时机

（一）反馈目的的明确

在企业和组织的内部管理中，反馈是沟通的重要环节，它对于提升工作效率、增强团队协作、促进被管理者发展及实现组织目标都具有不可忽视的作用。要使反馈真正发挥其价值，管理者和被管理者都需要明确反馈的目的，并精准把握反馈的时机。

1. 助力被管理者个人发展

在企业和组织内部，被管理者的个人成长与发展对于整体绩效的提升至关重要。管理者给予反馈的一个重要目的就是帮助被管理者认识到自己的优势和不足，从而有针对性地进行自我提升。

2. 纠正工作偏差与错误

在日常工作中，被管理者可能会因为各种原因出现工作偏差或错误，这不仅会影响个人的工作绩效，还可能对整个团队或项目产生负面影响。此时，管理者及时给予反馈的目的就是纠正这些偏差和错误，确保工作按照预定的目标和计划顺利进行。

3. 强化积极行为与表现

当被管理者在工作中表现出积极的行为和优秀的业绩时，管理者给予及时的反馈和认可，能够强化这些积极行为，使其在未来的工作中得以持续。这种正面反馈不仅可以增强被管理者的自信心和工作满意度，还能够在组织内部营造积极向上的工作氛围。

4. 促进团队协作与沟通

在企业和组织中，团队协作是实现目标的关键。通过反馈，管理者可以促进团队成员之间的沟通与协作，提高团队的整体效能。

（二）反馈时机的把握

1. 即时反馈

即时反馈是指在事件发生后立即给予反馈，这种反馈方式适用于一些需要及时纠正的行为或问题。

2. 定期反馈

定期反馈是指按照一定的时间间隔给予反馈，如每周、每月或每季度进行一次绩效评估或工作总结。这种反馈方式适用于对被管理者的工作表现进行全面、系统的评估和反馈。

3. 关键节点反馈

关键节点反馈是指在工作项目或任务的关键阶段或重要节点给予反馈。关键节点反馈的目的是确保工作在关键阶段能够按照计划顺利推进，及时发现和解决可能出现的问题，保证项目的最终成功。

4. 非正式场合反馈

除了正式的工作场合外，管理者还可以在一些非正式的场合给予被管理者反馈。这种反馈方式比较轻松、自然，能够让被管理者更容易接受。

在企业和组织内部的管理沟通体系中，明确反馈目的与把握反馈时机是提升反馈技巧、实现有效沟通的关键要素，二者相辅相成，共同影响沟通效果与组织运行效率。

二、选择合适的反馈方式

在企业与组织的内部管理沟通体系里，反馈环节犹如一座桥梁，连接着管理者与被管理者，对组织的高效运作和被管理者的个人发展起着关键作用。当明确了反馈目的与时机后，选择恰当的反馈方式便成为决定反馈成效的核心要素。合适的反馈方式能够确保信息精准传递，增强管理者与被管理者之间的理解与信任，进而提升整个组织的沟通质量与运营效率。

（一）正式反馈与非正式反馈

1. 正式反馈：构建组织沟通的严谨框架

正式反馈是在特定的组织环境与规则约束下进行的沟通方式，具有鲜明的严肃性、规范性与系统性。它通常依托于既定的流程和标准，旨在传递重要、全面且具有决策影响力的信息。

绩效评估面谈是正式反馈的典型形式之一。在企业中，定期开展的绩效评估面谈为管理者与被管理者提供了深度沟通的契机。管理者依据预先设定的、与组织战略紧密相连的绩效指标体系，对被管理者在特定时间段内的工作表现进行全方位剖析。

正式报告作为另一种重要的正式反馈手段，以书面形式系统呈现工作进展、问题分析及解决方案等关键信息。它结构严谨、内容翔实，要求数据准确、逻辑严密。例如，项目负责人向上级提交的项目进展报告，应涵盖项目的阶段性成果、遇到的技术难题、资源调配情况、风险评估及应对策略等内容。

正式会议反馈则是在组织规定的正式会议场合进行的信息交流活动。在会议中，管理者向团队成员或相关部门通报工作进展、传达重要决策、提出问题并征集意见。这种反馈方式能够集中各方力量，促进信息的快速传播与共享，激发团队成员的参与热情与责任感。

2. 非正式反馈：营造组织沟通的灵活氛围

非正式反馈不拘泥于形式与场合，更加自然、随意，是在日常工作与生活的点滴交流中实现的信息传递。它能够捕捉到正式反馈难以触及的细节与情感，为组织沟通增添了一份温暖与亲和力。

日常交谈是最为常见且自然的非正式反馈方式。管理者在与被管理者的日常接触中，随时随地给予反馈与指导。无论是在办公室的短暂交流、走廊上的偶遇还是茶水间的闲聊，管理者都可以针对被管理者的工作表现、行为举止等给予及时的肯定、鼓励或建议。

电子邮件与即时通信工具则借助现代信息技术，实现了便捷、高效的非正式反馈。电子邮件适用于传递较为详细、复杂的信息，管理者可以通过邮件详细阐述反馈内容，提供具体的事例、数据支持以及明确的改进建议。

（二）口头反馈与书面反馈

1. 口头反馈：传递情感与思想的直接通道

口头反馈是通过面对面的语言交流进行的信息传递方式，具有直接、生动、互动性强的显著特点。在口头反馈过程中，管理者与被管理者能够实时观察对方的表情、语气、肢体语言等非语言信号，从而更准确地理解彼此的意图与情感，及时调整沟通策略。

口头反馈的互动性为管理者与被管理者提供了深入交流的机会。管理者在反馈过程中可以鼓励被管理者提问、发表自己的看法与观点，双方进行坦诚的对话与讨论。通过这种互动，管理者能够更好地了解被管理者的想法、需求与困惑，为进一步的管理决策提供依据；被管理者也能够更加清晰地理解反馈内容，明确自己的工作方向与改进目标。

2. 书面反馈：记录与传承组织智慧的载体

书面反馈是以文字形式呈现反馈信息的方式，具有准确性高、可追溯性强、便于存档与传播的优势。它能够将重要的反馈内容以正式、规范的形式固定下来，为被管理者与组织提供长期的参考依据。

绩效评估报告是书面反馈的重要形式之一。它全面、系统地记录了被管理者在一定时期内的工作表现、绩效指标完成情况、优点与不足，以及综合评价等内容。绩效评估报告通常基于客观的数据、事实与明确的评价标准，具有较高的可信度与权威性。

书面评语则是对被管理者的具体工作表现、行为或项目成果给予的简要评价。它言简意赅、切中要害，能够准确传达管理者对被管理者的看法与期望。

建议书作为书面反馈的一种特殊形式，通常是管理者针对组织内部存在的问题、流程优化、战略规划等方面提出的建设性意见与方案。它要求管理者具备敏锐的洞察力与深入的分析能力，能够准确识别问题的本质，并提出切实可行的解决方案。

（三）正面反馈与负面反馈

1. 正面反馈：激发被管理者潜能的动力源泉

正面反馈是对被管理者的积极行为、优秀表现与卓越成就给予及时、真诚的肯定与赞扬。这种反馈不仅能够增强被管理者的自信心、工作动力与成就感，还能提升被管理者的工作满意度与忠诚度，营造积极向上、团结奋进的组织文化氛围。

在给予正面反馈时，管理者要注重反馈的具体性和真诚性。具体性要求反馈内容具有明确的针对性，能够准确指出被管理者哪些方面的表现值得赞扬，以及这些行为对团队、项目或组织产生的积极影响。

2. 负面反馈：助力被管理者成长的修正之翼

负面反馈是指管理者指出被管理者工作中存在的问题、不足或错误行为，帮助被管理者认识到自己的差距与改进方向。虽然负面反馈往往比正面反馈更难被接受，但如果运用得当，它就能够成为被管理者成长与进步的重要推动力。

在给予负面反馈时，管理者需要谨慎选择时间、地点与方式，以确保反馈能够被被管理者有效接受。首先，要选择一个合适的时间，避免在被管理者忙碌、疲惫、情绪低落或公众场合下给予负面反馈；其次，反馈方式要注重客观性与建设性，以客观事实为依据，避免主观臆断与情绪化的表达；最后，在负面反馈中融入正面元素也是一种有效的技巧。管理者可以在指出问题之前，先肯定被管理者的努力与优点，让被管理者感受到自己的工作并非一无是处，从而更容易接受批评意见。

（四）不同反馈方式的组合运用

在企业与组织的实际管理沟通中，单一的反馈方式往往难以满足复杂多变的沟通需求。管理者需要根据具体情况，灵活、巧妙地组合运用不同的反馈方式，发挥各种反馈方式的优势，以达到最佳的反馈效果。

在绩效评估过程中，可以将正式反馈与非正式反馈有机结合。在正式的绩效评估面谈之前，管理者可以通过日常交谈、即时通信工具留言等非正式方式，与被管理者进行初步的沟通与交流，了解被管理者对自己工作的认知、感受与期望，同时也为正式面谈做好铺垫。

在处理被管理者问题时，可以将口头反馈与书面反馈相结合。当发现被管理者存在问题时，管理者可以选择一个合适的时机，与被管理者进行面对面的口头沟通。在口头反馈中，以平和、诚恳的态度指出问题的严重性与影响，倾听被管理者的想法与解释，共同分析问题产生的原因，并提出初步的改进建议。为了确保被管理者能够准确理解反馈内容，并将改进措施落到实处，管理者可以通过书面形式，如发送电子邮件或撰写书面备忘录等，将问题、原因、改进建议及时间节点等详细内容进行整理与记录，发送给被管理者。书面反馈不仅可以作为被管理者后续工作的参考依据，也方便管理者进行跟踪与监督。

在激励被管理者时，可以将正面反馈与负面反馈相结合。在被管理者取得成绩与进步时，及时给予正面反馈，肯定被管理者的努力与成就，增强被管理者的自信心与工作动力。

三、掌握有效的反馈话术

在企业和组织内部的管理沟通中，反馈话术的有效性直接影响反馈的效果，进而影响管理者与被管理者之间的关系及组织目标的实现。有效的反馈话术不仅能够准确传达信息，还能激发被管理者的积极性，促进其成长与发展，营造良好的内部沟通氛围。

（一）掌握有效的反馈话术

1. 正面反馈话术

正面反馈是对被管理者积极行为和优秀表现的认可与赞扬，恰当的正面反馈话术能够极大地增强被管理者的自信心和工作动力。

（1）具体描述行为

在给予正面反馈时，管理者应避免泛泛而谈，而是要具体描述被管理者的行为细节，并强调这些行为对团队、项目或组织产生的积极影响。

（2）表达真诚欣赏

真诚是正面反馈的关键。管理者要用真诚的语言表达对被管理者的欣赏，让被管理者感受到这份赞扬是发自内心的。同时，结合对被管理者未来的期望，为其指明持续进步的方向。通过这种方式，被管理者不仅能获得当下的成就感，还能明确未来的努力方向，增强对自身职业发展的信心。

（3）根据场合反馈

根据具体情况，管理者可以选择在公开场合对被管理者进行表扬，以树立榜样，激励更多人。同时，也不要忽视私下里对被管理者的肯定。

2. 负面反馈话术

负面反馈相对棘手，因为它涉及指出被管理者的问题和不足，需要更加谨慎地运用话术，以避免伤害被管理者的积极性和自尊心。

（1）事实切入

在进行负面反馈时，管理者要以具体的事实为依据，客观地陈述问题，避免主观评判和情绪化表达。通过明确指出具体的时间范围、项目名称和未完成的任务，让被管理者清楚了解问题所在，并且感受到反馈是基于客观事实的，而非无端指责。

（2）归因分析

单纯指出问题是不够的，管理者还需要与被管理者一起分析问题产生的原因，并提供建设性的意见和解决方案。这种方式让被管理者感受到管理者是在帮助他们解决问题，而不是一味地批评，从而更愿意接受反馈并积极改进。

（3）正向收尾

在负面反馈的结尾，管理者要强调改进问题的重要性，让被管理者认识到问题的解决对个人和组织的意义；同时，表达对被管理者能够改进的信心，给予他们积极的鼓励。

（二）不同层级沟通中的反馈话术

1. 管理者对上级的反馈话术

在企业和组织内部，管理者向上级反馈信息时，需要遵循一定的原则和话术技巧，以确保信息准确传达，并获得上级的认可和支持。

2. 管理者对平级的反馈话术

管理者与平级之间的沟通需要注重平等、合作和共赢，反馈话术也应围绕这些原则展开。

以合作的姿态开场：以合作的姿态开启对话，能够营造良好的沟通氛围。例如："老张，咱们最近都在忙各自的项目，但我发现我们两个项目之间有一些交叉的地方，我觉得我们有必要一起沟通一下，看看怎么更好地协同合作，实现双赢。"

客观公正地表达观点：在反馈问题或提出建议时，要保持客观公正，避免偏袒或指责。例如："在具体事项上，我发现我们两个部门的工作方式有些不同，这可能导致一些重复劳动和沟通成本的增加。我觉得我们可以共同探讨一下，制定一个统一的标准和流程，提高工作效率。"

寻求共同利益点：强调共同利益点，能够增强平级之间的合作意愿。例如："如果我们能够在这个问题上达成共识，实现更好的协同，不仅能够减轻我们各自的工作负担，还能为整个公司带来更高的效益，这对我们大家都有好处。你对此有什么想法？"

3. 管理者对下级的反馈话术

管理者对下级的反馈话术既要体现领导权威，又要关注被管理者的感受，促进被管理者的成长和发展。

明确期望与目标：在反馈时，要明确告诉被管理者组织对他们的期望和工作目标。例如："小王，公司希望你们这个团队在本季度能够完成具体业绩目标，这不仅关系团队的绩效，也与大家的个人收入和职业发展息息相关。你作为团队成员，要清楚自己在这个目标中的角色和责任。"

具体指导与鼓励：针对被管理者的工作表现，给予具体的指导和鼓励，帮助他们提升能力。例如："在最近的项目执行过程中，我发现你在客户沟通方面有了很大的进步，但在项目进度把控上还需要加强。我建议你制订一个详细的工作计划，明确每个阶段的时间节点和责任人，这样有助于确保项目按时完成。我相信你有能力做好这项工作，加油！"

倾听被管理者的想法：鼓励被管理者表达自己的想法和意见，体现对他们的尊重和关注。例如："小李，对于我刚才提到的这些问题和建议，你有什么想法或者疑问吗？我们可以一起讨论，看看怎样才能更好地解决问题，提升工作效果。"

4. 应对不同性格被管理者的反馈话术

不同性格的被管理者对反馈的接受方式和反应各不相同，管理者需要根据被管理者的性格特点调整反馈话术，以达到最佳效果。

（1）对积极主动型被管理者的反馈话术

这类被管理者通常工作热情高、主动性强，对自己有着较高的要求。管理者在反馈时可以更加直接和简洁，同时给予充分的肯定和挑战性的目标。例如："小张，你最近的工作表现非常出色，总是能主动承担任务，并且高质量地完成。这次项目你完成得很出色，超出了我的预期。接下来，我有一个更具挑战性的任务交给你，希望你能带领团队在规定时间内完成，我相信你一定可以做到。"

（2）对内向谨慎型被管理者的反馈话术

内向谨慎型的被管理者可能比较敏感，对反馈会更加在意。管理者在反馈时要注意语气温和，措辞委婉，多给予鼓励和支持。例如："小赵，我注意到你在工作中一直都很认真负责，对待每一个细节都一丝不苟。上次你完成的工作任务质量很高，看得出你下了很大的功夫。不过，我发现你在与团队成员沟通时有时会比较含蓄，其实你有很多好的想法可以大胆地表达出来，这样能更好地发挥你的优势，也有助于团队协作。我相信你可以慢慢尝试，变得更加自信和开朗。"

（3）对倔强固执型被管理者的反馈话术

对于倔强固执型的被管理者，直接强硬的反馈可能会引发他们的抵触情绪。管理者可以采用迂回的方式，先肯定他们的优点，再逐步引导他们认识问题。例如："老王，我一直很欣赏你对工作的执着和坚持，在很多事情上你都有自己独到的见解。就拿这次项目来说，你的一些想法确实为我们提供了新的

扩展阅读 8-5　华为的反馈艺术

思路。但是，在具体问题上，我觉得我们可以换个角度思考一下。经过分析发现，如果我们按照建议方案来做，可能会取得更好的效果。你不妨考虑一下我的建议，我们一起探讨探讨。"

通过对沟通效果评估与反馈技巧的系统学习，管理者能够更加科学、有效地进行管理沟通，提升组织内部的沟通质量和效率，促进被管理者的成长与发展，实现组织目标。同时，被管理者也应积极参与沟通效果评估，认真对待反馈信息，借助反馈的力量不断提升自身能力和绩效。

本章小结

（1）沟通效果评估与反馈在管理沟通中占据关键地位。沟通效果评估是衡量沟通是否达成预期目标的重要手段，反馈则是确保沟通形成闭环、促进持续改进的关键环节。

（2）沟通效果评估具有重要意义，它能助力管理者及时察觉沟通中存在的问题，如信息传递偏差、渠道不畅等，进而针对性地调整优化，保障沟通的高效顺畅，推动组织目标的实现。

（3）沟通效果评估方法丰富多样，包括定性与定量评估方法。定性评估通过观察法、访谈法等，从多角度获取丰富信息；定量评估通过问卷调查法、绩效评估法等，实现直观准确的评估。在实践中，要将二者有机结合，明确评估目标与标准，重视评估结果的反馈与应用。

（4）反馈技巧的提升包含多个层面。要依据不同情境与对象，灵活选用正式与非正式、口头与书面、正面与负面等多种反馈方式。

（5）掌握有效的反馈话术至关重要，面对不同层级和性格的被管理者，需要运用

恰当的话术进行沟通，以实现良好的反馈效果。

（6）信息沟通存在诸多障碍，包括发送者障碍和组织方面的障碍等，这些障碍会干扰信息的准确传递与理解，影响沟通效果。

（7）为提升管理沟通水平，需要综合运用多种方法，如培养卓越的倾听与表达技巧、强化科学有效的反馈机制、营造开放包容的沟通氛围及定期开展评估与改进工作等，以此不断优化管理沟通的各个环节。

本章即测即练

自学自测　扫描此码

本章复习思考题

1. 为什么沟通效果评估对组织和个人的发展至关重要？

2. 沟通效果评估的定性方法和定量方法分别有哪些？在实践中如何结合使用这两种方法？

3. 在运用沟通效果评估方法时，可能会遇到哪些困难？怎样克服这些困难以确保评估结果的准确性和有效性？

4. 针对不同性格类型的沟通对象，如何调整反馈方式以达到最佳效果？

5. 给予正面反馈和负面反馈时，分别需要注意哪些要点？

6. 根据案例"林悦的竞聘"回答：

（1）林悦在竞聘答辩中提到了基于国内市场调研经验的沟通效果评估方法和沟通技巧运用方式，但未获得总裁认可。请你结合海外市场的特点，分析她应该在哪些方面提出更具创新性的策略，以满足海外市场复杂多变的沟通需求？

（2）林悦竞聘失败后，如果她希望提升自己在海外市场沟通及管理方面的能力，以便未来能胜任类似岗位，你认为她可以从哪些方面入手进行学习和实践？

本章案例：林悦的竞聘

沟通实战演练

沟通实战演练

1. 分组与角色分配

学生分成若干小组，每组5~6人。为每个小组设定一种沟通场景。

场景一：部门会议上关于新方案的讨论，涉及方案策划者、持反对意见的同事、中立同事、部门领导等角色。

场景二：销售人员与客户就产品价格和功能进行谈判，角色包括销售人员、客户、客户的技术顾问、销售经理等。

场景三：项目组内部因任务分配不均产生矛盾，角色包括项目经理、任务过重的成员、任务较轻的成员、协调者等。参与者依据各自小组的场景分配角色。

2. 活动流程

小组成员按照分配的角色展开角色扮演，模拟真实沟通场景进行互动交流。其他小组的成员作为观察者，仔细观察并记录该组沟通过程中沟通效果评估方法的运用情况，以及反馈技巧的亮点与不足之处。

3. 教师活动

观察各小组的表现，重点关注沟通效果评估方法是否得当、反馈技巧是否有效，记录关键行为和有待提升之处。在每组角色扮演结束后，进行针对性点评和总结，指出小组在沟通效果评估和反馈技巧方面的优点与不足，给出切实可行的改进建议。

4. 总结与反馈

全体学生共同回顾各个场景的演练过程，分享在沟通效果评估和反馈技巧运用上的收获与体会。教师总结本次实战演练的整体情况，强调沟通效果评估与反馈技巧提升的要点，鼓励学生将所学应用到实际沟通中。

第九章

书面沟通

【学习目标】

1. 熟悉书面沟通的基本要素。
2. 了解通知、通报、报告、请示、函、会议纪要等常用公务文书的定义和适用范围，掌握各类公务文书的写作规范和要求。
3. 能够清晰、准确地通过书面文字传达信息和意图。
4. 能够根据职场需求，熟练撰写各类职场文书。
5. 遵守职场文书的写作规范和行业标准，展现良好的职业素养。

本章思维导图

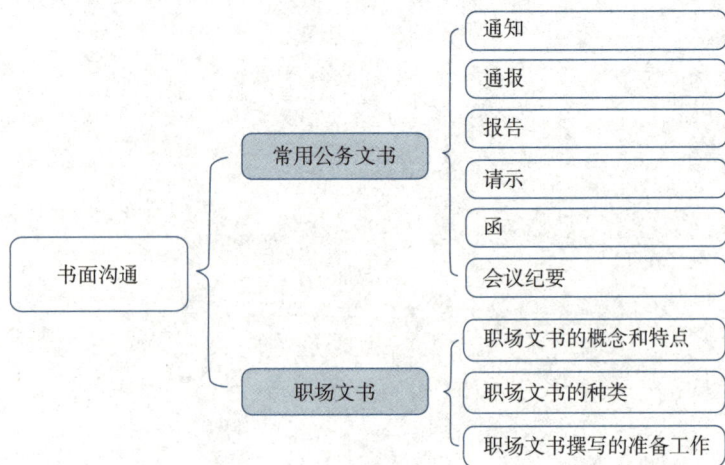

书面沟通
- 常用公务文书
  - 通知
  - 通报
  - 报告
  - 请示
  - 函
  - 会议纪要
- 职场文书
  - 职场文书的概念和特点
  - 职场文书的种类
  - 职场文书撰写的准备工作

导入案例

"北京中轴线"申遗成功

2024 年 7 月 27 日，"北京中轴线——中国理想都城秩序的杰作"被成功列入《世界遗产名录》。"这是全球首次利用数字化技术全过程参与世界文化遗产申报，成为北京中轴线申遗的重要创新。"中国常驻联合国教科文组织代表杨新育说。

在先农坛参与一场农耕祭祀仪式，在钟鼓楼敲响明永乐大铜钟……用游戏的方式沉浸"打卡"北京中轴线，感受北京城 800 年来的市井喧嚣，那些饱经风霜的建筑、文物和城市空间得以精准还原。

2021 年 9 月 6 日，北京市文物局和腾讯公司就北京市中轴线申遗项目达成战略合作。在项目启动初期，腾讯与北京市文物局通过详细的书面提案和合同来明确双方的合作内容、责任分工、时间表及预算等关键要素。这些书面文件不仅为双方提供了合作的法律依据，还确保了项目的顺利进行。

在项目实施过程中，腾讯团队定期向北京市文物局提交书面进展报告。这些报告详细记录了项目的进展情况、已完成的任务、遇到的问题及下一步的工作计划。通过书面沟通，双方能够及时了解项目的最新动态，共同解决遇到的问题。

为了确保数字技术的准确性和可靠性，腾讯团队在项目中制定了详细的技术文档和规范。这些文档包括数字孪生模型的构建方法、云渲染技术的实现细节、数据安全和隐私保护措施等。通过书面沟通，双方能够共同遵守这些技术文档和规范，确保项目的技术质量。

为了提高公众对北京中轴线文化遗产的认识和保护意识，腾讯团队还制作了多种书面宣传材料，包括海报、手册、宣传册等。这些材料通过简洁明了的语言和生动的图像，向公众介绍了北京中轴线的历史沿革、文化价值和保护意义。同时，腾讯还利用社交媒体等线上渠道进行广泛传播，进一步扩大了项目的社会影响力。

历经 1000 多个日夜的努力、542 个版本迭代，沉浸式体验产品"数字中轴·小宇宙"诞生了，利用高清照扫、游戏引擎、PCG（程序化内容生成）、Physion Groom（实时头发物理模拟）、SmartGI（实时动态全局光照方案）等技术，对北京中轴线 7.8 公里核心遗产区进行精细还原，生成超大规模的地形、植被和建筑群。

"数字中轴"助力北京中轴线申遗是腾讯可持续社会价值事业部探元数字文化开放平台（以下简称"探元平台"）探索以数字化技术推动文化遗产保护发展的一个案例。基于探元平台的能力，腾讯先后发起"探元计划""繁星计划"和"四个灯塔"项目，为平台的数字资源沉淀、确权授权、数字工具应用、共创场景连接等提供底层技术支撑，解决文博行业从"入门"到"上路"的问题，打通"考古探源—文物保护—场景活化"的完整链条，助力文博机构数字化转型提速增效。

思考：

1. 请结合书面沟通的类型与功能，分析书面文件（如合同、技术文档、进展报告等）如何保障各阶段目标的实现？若缺乏书面沟通，可能对项目产生哪些风险？

2. 请从书面沟通的专业性和协作性角度，探讨此类文档如何平衡技术团队与文博机构的知识鸿沟。技术文档的标准化对文化遗产数字化项目的长期价值是什么？

3. 结合书面沟通的受众分析原则，你认为这些材料在内容设计上应如何兼顾历史严谨性与大众可读性？若需面向国际受众推广中轴线文化，书面材料可能面临哪些跨文化沟通挑战？请提出优化建议。

第一节 常用公务文书

常用公务文书是各级各类国家机构、社会团体、企事业单位在处理公务活动中，用以表达意志、发布号令、传递交流重要信息的重要载体和工具。这些文书不仅具有特定的效力和规范格式，还承载着传达党和国家方针政策、请示回答问题、指导商洽工作、汇报沟通情况、总结交流经验等重要职能。

视频：公文种类

根据《党政机关公文处理工作条例》的相关规定，公务文书种类多样，包括但不限于决议、决定、命令、公报、公告、通告、意见、通知、通报、报告、请示、批复、议案、函、纪要等。每一种公文都有其特定的适用范围和写作要求。例如，决议适用于会议讨论通过的重大决策事项，决定用于对重要事项做出决策和部署，而公告则适用于向国内外宣布重要事项或者法定事项。

在此，我们聚焦于探讨常用公务文书在公务活动中的实际应用与价值。随着国家治理体系和治理能力现代化的不断推进，公务文书作为行政管理和决策的重要手段，其规范性和有效性越发受到重视。因此，熟练掌握各类公文的写作技巧和应用场景，对于提升公务活动的效率和质量具有重要意义。

一、通知

（一）通知的含义和特点

《党政机关公文处理工作条例》规定，通知适用于发布、传达要求下级机关执行和有关单位周知或者执行的事项，批转、转发公文。

具体来说，通知主要用于发布规章、传达要求下级机关执行以及需要有关单位周知或者共同执行的事项；批转下级机关的公文、转发上级机关和不相隶属机关的公文；还可用于任免和聘用干部。

从严格意义上说，党政机关的通知属于法定公文，而企业和社会团体的有些通知则属于事务文书。其他单位的通知可参照党政机关的通知格式来撰写。

通知是各级党政机关、企事业单位、社会团体使用最普遍的一种文种，具有广泛性、常用性、时效性等特点。

（二）通知的写法

从内容和性质上看，通知可以分为发布性通知，批转、转发性通知，指示性通知，告知性通知，会议性通知，任免或聘用性通知。

通知的结构由标题、主送机关、正文、落款等部分构成。在所有的公文中，通知的写法最灵活，涉及内容最广泛。不同类型的通知具有不同的写法，各类通知的主送机关和落款部分没有太大区别，下面就标题和正文的写法作一简要介绍。

视频：通知的写法

1. 发布性通知

这类通知主要用于发布规章制度和其他重要文件。

（1）标题。一般使用完全式标题，由"发文机关名称＋关于印发（发布、颁布）＋被印发的文件名称＋通知"构成。如果被发布的是法规性文件，应加上书名号，把发布的法规性文件作为附件处理。

（2）正文。依次写清被发布的规章名称、发布的目的、执行的要求和实施的日期即可，篇幅简短。有的通知还需要简要说明被发布规章的适用范围和执行过程中的有关事宜。

2. 批转、转发性通知

这类通知用于批转下级机关的公文，转发上级机关、平级机关和不相隶属机关的公文。被批转、转发的公文作为通知的附件。

（1）标题。批转、转发性通知的标题制作比较特殊，通常由转发机关名称加上"批转"或"转发"，然后加上被转发文件全称，再加上"通知"组成，如《××关于转发〈××关于××的通知〉的通知》。这类标题中会涉及两个或两个以上的文种，拟定标题时应注意以下问题：

除发布或转发行政法规、规章性公文加书名号外，标题中一般不加其他标点符号，如《国务院办公厅关于转发＜教育部等部门教育部直属师范大学师范生公费教育实施办法＞的通知》。

关于层层转发的通知，标题可能会形成如下形式：《××市政府办公室转发××省政府转发省××厅关于××的通知的通知的通知》，为避免重复，可采取省略中转层次直接取原文件标题的方法，即《××市政府办公室转发省××厅关于××的通知的通知》。

（2）正文。简要写明批转（转发）的文件名称、目的和要求，这类通知称为照批照转式通知。有些批转、转发性通知除写清楚上述内容之外，还扼要阐述被批转或转发公文的重要性、必要性以及执行过程中的具体要求，或补充完善有关内容，这类通知称为按语式通知。

扩展阅读 9-1 国务院办公厅转发生态环境部《关于建设美丽中国先行区的实施意见》的通知

3. 指示性通知

这类通知用于上级机关向下级机关传达领导或职能部门的指示、意见，阐述政策措施，部署工作，阐明工作的指导原则，要求下级机关办理或共同执行等。

（1）标题。一般使用完全式标题，如遇特殊情况，还可在"通知"前加"联合""紧急""补充"等字样，如《国务院办公厅关于保障近期蔬菜市场供应和价格基本稳定的紧急通知》。

（2）正文。由发文缘由、具体事项和结尾构成。

发文缘由主要阐述行文的依据、目的和意义，其目的是提高受文机关对通知事项的必要性和重要性的认识，增强执行的自觉性和积极性。

具体事项是指示性通知的主体部分，应写明指示的具体内容，并阐述执行的具体方法。具体事项多采用条款方式，应注意条与条、项与项之间的逻辑关系。

结尾部分一般用于提出希望或要求。

4. 告知性通知

这类通知是将新近决定的有关事项告知受文单位时使用的通知，用于传达需要有关单位周知的事项。

（1）标题。一般由"发文机关名称＋事由＋通知"构成。

（2）正文。这类通知的正文无固定的写法，写清告知事项的依据、目的和具体告知内容即可。

5. 会议性通知

这类通知专门用于通知召开会议的有关事项。

（1）标题。一般由"发文机关名称＋关于召开××会议＋通知"构成。

（2）正文。会议性通知在写作上具有要素化的特点，写明会议名称、发文目的、中心议题、开会时间、开会地点、参加人员、会前准备及其他事项等。

6. 任免或聘用性通知

这是党政机关任免、聘用干部时使用的通知，也包括设立和撤销机构的通知。

（1）标题。一般为《××关于××等任免职的通知》。

（2）正文。写明任免事项或设立和撤销的事项即可。有的也交代任免依据、工作程序等。在行文时，一般应遵循先任后免或先设后撤的原则。

扩展阅读 9-2　各类通知撰写模板

【小练手】

任务一：会议通知

假设你是某公司行政部的负责人，公司计划于下周三上午 9 点在公司大会议室召开全体员工大会，主要议题包括上一季度工作总结、下一季度工作计划以及员工福利政策调整说明。

要求：

撰写一份会议通知，明确会议时间、地点、参会人员及主要议程。

提醒参会人员提前 10 分钟到达会场签到，并准备好相关材料。

强调会议纪律，如手机静音、准时参加等。

通知中附上联系人及联系方式，以便参会人员如有疑问可及时咨询。

任务二：发布性通知

假设你是一家大型企业的行政部经理，企业需要发布一项新的《员工考勤管理制度》，该制度旨在规范员工的考勤行为，提高工作效率。

要求：

撰写一份发布性通知，标题需要包含发文机关名称、发布内容（即《员工考勤管理制度》）及"通知"字样。

正文中需要简要说明发布该制度的目的，强调其对于提升工作效率的重要性。

明确该制度的执行要求和实施日期，提醒员工遵守。

如有必要，简要阐述该制度的适用范围和执行过程中的注意事项。

任务三：指示性通知

假设你是一家科技公司的项目经理，近期公司决定推广一项新的客户服务流程，以提高客户满意度。你需要向下属各部门发出指示性通知，要求各部门配合实施新流程。

要求：

撰写一份指示性通知，标题中可包含"紧急"字样以强调重要性。

正文开头阐述行文依据，即公司决策层的决定，以及推广新流程的目的和意义。

主体部分详细阐述新客户服务流程的具体内容，包括各环节的职责分配、操作流程等，并强调执行的具体方法。

使用条款方式组织内容，确保条与条、项与项之间的逻辑关系清晰。

结尾部分提出希望和要求，鼓励各部门积极配合，确保新流程顺利推广实施。

二、通报

（一）通报的含义和种类

1. 通报的含义

通报是用于表彰先进、批评错误、传达重要精神和告知重要情况时使用的公文，属于下行文。通报具有知晓性和指导性的作用。

2. 通报的种类

（1）表彰性通报。表彰性通报主要用于表彰先进人物、先进集体，介绍先进经验，其主要作用是表彰先进、树立榜样，以达到激励先进、发扬正气、推广经验、指导工作的目的。

（2）批评性通报。批评性通报主要用于对工作中出现的影响较大的错误事件、错误做法进行通报批评，借以告诫和教育人们吸取教训，引以为戒。

（3）情况性通报。情况性通报主要用于向干部群众传达重要精神和告知重要情况，使广大干部群众及时了解工作中存在的带有普遍性的问题或出现的新情况和新问题，以便统一认识，统一行动，推动工作的顺利开展。

（二）通报的特点

1. 晓谕性

通报的目的是扬善抑恶、树立榜样、惩戒错误、推广经验等。表扬性通报对表彰对象是一种鼓励，对其他单位也是一种正面教育；批评性通报是为了让人们知道错误、认识错误，吸取教训，引以为戒。

2. 典型性

对于一般性质的好人好事、一般性质的错误，不必采用"通报"行文。通报的事项一般应具有典型性，具有反映事物本质的典型意义，从而起到教育、激励、警戒的作用。

3. 时效性

通报一般是对工作中出现的特定问题、先进典型、重要情况等信息公开的一种途径，要做到及时通报，才能及时杜绝类似事件的发生；或者及时推广典型经验，以便更好地发挥指导作用。

（三）通报的写法

通报的结构一般由标题、主送机关、正文、落款四部分组成。

1. 标题

（1）由发文机关名称、事由和文种组成，如《中共教育部党组关于脱贫攻坚专项巡视整改进展情况的通报》。

（2）由事由和文种构成，如《关于表彰×××等同志的通报》。

（3）少数通报的标题是在文种前冠以机关名称，如《中共××市纪律检查委员会通报》；也有的通报标题只有文种名称，一般只见于张贴式通报。

2. 主送机关

除普发性通报外，其他通报均应写明主送机关。

3. 正文

通报的正文由开头、主体和结尾构成。开头部分说明通报缘由，主体部分作出通报决定，结尾部分提出希望和要求。不同类型的通报，其正文的写法不尽相同。

（1）表彰性通报。根据表彰通报的内容和对象，表彰性通报可分为表彰先进人物、先进集体的通报和介绍先进经验的通报两大类。

①表彰先进人物、先进集体的通报，其正文大体可分为四个部分。

一是概括介绍先进人物或先进集体的事迹，说明通报缘由。叙述先进事迹，包括时间、地点、人物、事件、结果等要素，详略得当、重点突出，这部分是通报的主要内容，应写得详细些。

二是分析评议先进事迹的典型意义，并对此作出肯定性、合理性的评价，阐明所述事迹的性质和意义。评价时要实事求是，不能任意夸大。

三是依据相关规定提出表彰决定，如通报表扬、授予荣誉称号或给予一定的物质奖励等。

四是提出希望和学习号召，既要包括对表彰对象的勉励和期望，又要包括对广大群众的希望和号召，以体现发文意图。

②介绍先进经验的通报，其正文一般可分为三个部分。

一是简要介绍取得经验和成绩的相关事迹，并依据有关规定作出表彰决定。

二是具体介绍取得经验和成绩的单位或个人的典型做法及其成功经验。这部分是全文的核心，为了更好地宣传、推广先进经验，可采取分条列项式写法。

三是指出存在的不足，有则写，没有则不必强求。

（2）批评性通报，其正文部分大致包括以下四个方面。

①叙述错误事实。首先概括地介绍错误事实发生的时间、地点、简单经过，以及造成的经济损失和社会影响等。

②分析原因并评议。客观分析错误事实产生的原因，并指出错误的性质、危害及违反了哪些政策、规定。

③提出处分决定。提供处理的有关依据，然后提出对主要责任者的处理决定和工作上的改进措施。

扩展阅读 9-3　批评性通报示例

④提出要求并发出警戒。主要是要求被通报的有关单位或相关人员，从此类错误中吸取教训，同时向有关方面发出不要再犯类似错误的警戒。

（3）情况性通报，其正文部分主要包括以下三个方面。

①叙述情况。这一部分所占篇幅相对大一些，但在写作时要注意表述准确，语言精练。

②分析情况。针对通报的相关情况，作出恰如其分的分析，并表明态度。

③提出希望或要求。根据通报的情况，提出对今后工作的具体意见和要求。

情况性通报的写法比较灵活。在具体写法上，有的是先叙述情况，然后进行分析，得出结论；有的是先通过简要分析得出结论，再列举情况来说明结论的正确性和针对性。

4. 落款

在正文后右下方写明发文机关名称和成文日期。

三、报告

（一）报告的含义和种类

1. 报告的含义

扩展阅读 9-4 通报撰写模板

报告是适用于向上级机关汇报工作、反映情况，回复上级机关询问的公文。报告属于上行文。

报告的适用范围很广，可用于定期或不定期地向上级机关汇报工作，反映实际工作中遇到的问题，反映本单位贯彻执行各项方针、政策、批示的情况，为上级机关制定方针、政策或做决策、发指示提供依据；也可用来向上级机关陈述意见，提出建议；还可用于回复上级机关的询问，使上级机关在全面掌握情况的基础上，准确、有效地指导工作。

2. 报告的种类

按范围来分，报告可分为综合报告和专题报告。按内容和性质分，报告可分为以下四种。

（1）工作报告。工作报告主要用于下级机关向上级机关汇报某一阶段工作的进展、成绩、经验、存在的问题及打算，汇报上级机关交办事项的执行情况等。

（2）情况报告。情况报告用于向上级机关汇报工作中发生或发现的某些情况或问题，特别是反映工作中的突发事件、重大情况、特殊情况等。

（3）建议报告。建议报告是下级机关就工作中的重大问题和事项，专门向上级机关提出相关建议的报告。

（4）答复报告。答复报告用于答复上级机关的询问或汇报上级所交办事情办理结果的报告。

作为党政机关公文的报告，其与一些专业部门从事业务工作时所使用的标题中也带有"报告"二字的行业文书，如"审计报告""评估报告""立案报告""调查报告""鉴定报告"等，不是相同的概念，这些文书不属于党政机关公文的范畴。

（二）报告的特点

1. 陈述性

本单位遵照上级指示，做了什么工作、怎样做的、取得了哪些成绩、还存在哪些不足，要一一向上级汇报。反映情况时，因为要把时间、地点、人物、事件、原因、结果叙述清楚，向上级机关提供准确的信息，所以报告大都采用叙述、说明的表达方式，具有明显的陈述性。

2. 汇报性

汇报性是报告相对于"请示"而言的特点。报告是下级机关向上级机关或业务主管部门汇报工作，一般是将做过的事情报告给上级，让上级掌握基本情况，以利于上级对工作进行指导。

3. 单向性

单向性也是报告相对于"请示"而言的特点。报告是下级机关向上级机关汇报工作、反映情况时使用的单方向上行文，不需要上级机关予以批复。请示具有双向性的特点，有批复与之相对应，报告则是单向性行文。

扩展阅读 9-5 "请示"与"报告"有哪些区别

（三）报告的写法

报告的结构由标题、主送机关、正文、落款四部分组成。

1. 标题

（1）由发文机关、事由和文种构成，如《×××关于××火灾事故的情况报告》。

（2）由事由和文种构成，如《关于共青团组织格局创新工作选举结果的报告》。

2. 主送机关

报告的主送机关应为负责受理报告的上级机关，一般为发文机关的直接上级机关。如有必要需报送其他上级机关，可采用抄送形式。

3. 正文

报告正文的结构一般由开头、主体和结尾语等部分组成。

（1）开头。报告开头主要交代发文的缘由，概括说明报告的目的、意义或根据，然后用"现将有关情况报告如下"一语转入下文。

（2）主体。报告主体是报告的核心部分，用来说明报告事项。在不同类型的报告中，报告事项的内容可以有所侧重。

①工作报告的主体部分。写明工作基本情况、工作进度、主要成绩、经验教训、存在的问题及下一步工作安排。主要采用记叙方式撰写，按时间顺序、工作发展过程或逻辑关系分设若干部分，有层次地概括叙述。要避免把工作报告写成面面俱到的流水账，做到点面结合，重点突出。要实事求是地汇报工作，报告中所列成绩或问题都必须属实，不夸大、不缩小，并能从中提炼出一定的规律性认识。在报告中可以写设想、提建议，但不可附带请示事项。

②情况报告的主体部分。情况报告要将工作中的重大情况、特殊情况和新动态等及时向上级机关报告，便于上级机关根据下级情况及时采取措施，指导工作。作为下级机关，有责任做到下情上传，保证上级机关耳聪目明。如果下级机关隐情不报，则是一种失职行为。写作中要将突发情况或某事项的原因、经过、结果、性质与建议表述清楚，有助于推进当前工作的开展。

③答复报告的主体部分。针对上级的询问，要实事求是、有针对性地回答上级机关的询问和要求。要写清问题，表明态度，不可含糊其词。

④建议报告的主体部分。建议报告与工作报告不同，它不侧重于汇报工作情况，而是侧重于对普遍存在的问题提出意见或建议。因此，在概括叙述事实的基础上，加强分析和说理，在表述上多用分条列项的写法。报告所提出的意见或建议，要具有科学性和可行性。

（3）结尾语。根据报告种类的不同，一般使用不同的习惯用语，应另起一段来写。工作报告和情况报告的结尾语常用"特此报告"；建议报告则用"请审阅""请收阅"等；答复报告多用"专此报告"。报告的结尾语不是必需的要素。

扩展阅读 9-6　报告撰写模板

扩展阅读 9-7　《党政机关公文处理工作条例》第四章 行文规则

4. 落款

在正文后右下方写明发文机关名称和成文日期。

四、请示

（一）请示的含义和种类

1. 请示的含义

请示是适用于向上级机关请求指示、批准的公文，属于上行文。

下级机关在向上级机关行文时，应当严格遵循上行文的规则，行文规则在《党政机关公文处理工作条例》"第四章 行文规则"中有明确规定。

2. 请示的种类

（1）请求指示的请示。遇到本机关在职权范围内过去没遇到过的新情况、新问题，而在有关的方针、政策、规章及上级的指示中，都找不到相应的处理依据，无章可循，因而没有对策，需要上级机关给予指示。对有关方针、政策和上级机关发布的规定、指示有疑问，不能擅自决定的，需要上级机关给予解释和说明时，要用请示。与同级机关或协作单位在较重要的问题上出现分歧，需要请求上级机关裁决的，需用请示。

（2）请求批准的请示。下级机关工作中的新做法、新方案、新项目等，需要上级机关批准后方可执行的，一般需要请求上级批准。依据有关规章和管理权限，下级机关制定的某些规定、规划等，需要经过上级机关的批准才能发布实施。请求审批某些项目、指标，如在工作中遇到人、财、物方面的困难，自己无法解决，可提出解决方案请上级机关审批。

（3）请求批转的请示。下级机关就某一涉及面广的事项提出处理意见和办法等，需要有关单位协同办理，但按规定又不能直接要求平级机关或不相隶属机关办理的，需请求上级机关审定后批转至有关部门执行。

（二）请示的特点

1. 呈批性

请示属于双向对应文种之一，与它相对应的文种是批复。下级机关有一份请示呈报上去，上级机关对于呈报的请示事项，无论同意与否，都必须给予批复回文。

2. 单一性

请示行文必须遵循"一文一事"原则。一份请示只能就一项工作、一种情况或一个问题作出请示。请示的单一性还体现在主送机关的数量上，只写一个主送机关，即使受双重领导的下级机关，也只能主送其一，必要时抄送另一个上级机关。

3. 针对性

只有本机关单位职权范围内无法决定的重大事项，如机构设置、人事安排、重要决定、重大决策、项目安排等问题，以及本机关没有对策、没有把握或没有能力解决的重要事件和问题，才可以用"请示"行文。

4. 时效性

请示是针对本单位当前工作中所涉及的新情况或新问题，为求得上级机关指示或批准的公文。请示事项都有一定的迫切性，应当及时制发，如有延迟，就有可能延误解决问题的时机。

（三）请示的写法

请示的结构由标题、主送机关、正文和落款四部分组成。

1. 标题

（1）由发文机关名称、事由和文种构成，如《××学院关于增加20××年人员编制的请示》。

（2）由事由和文种构成，如《关于成立××研究所的请示》。

作为上行文，其标题一般不能省略发文机关名称。"请示"的标题不能仅写"请示"二字，也不能写成"报告"或"请示报告"。另外，请示含有请求、申请的意思，所以请示的标题中不宜再出现"请求"或"申请"等字样。

2. 主送机关

请示的主送机关是指负责受理和答复请示的机关。请示只能写一个主送机关。受双重或多重领导的下级机关向上级机关行文，如有必要，应当写明主送机关和抄送机关，由主送机关负责答复其请示事项。

《党政机关公文处理工作条例》还规定："除上级机关负责人直接交办事项外，不得以本机关名义向上级机关负责人报送公文，不得以本机关负责人名义向上级机关报送公文。"

3. 正文

请示的正文一般包括开头、主体和结尾语三部分。

（1）开头。开头部分主要交代请示的缘由。它是请示事项能否被批准的关键，关系事项是否成立、是否可行，关系上级机关审批请示的态度，也是上级机关批复的依据，所以这部分内容要客观具体、有理有据、说明充分，上级机关才好及时决断，予以有针对性的批复。因此，缘由要十分完备，依据、情况、意义、作用等都要写上，有时还需要说明相关背景。

（2）主体。主体部分主要提出请求的具体事项。这部分内容要单一，坚持"一文一事"的原则。请求事项要符合法规、符合实际，具有可行性和可操作性。事项要写得具体、明确、条项清楚，如果请示的事项比较复杂，要分清主次，逐条写出，重点突出，用语明确，语气得体。

（3）结尾语。另起一段，使用请示的习惯用语，如使用"当否，请批示""妥否，请批复""以上请示如无不妥，请批复""以上请示如无不妥，请批转各部门研究执行"等语句作结。结尾语不能遗漏。

如请示中有附带的名单、报表、方案等补充材料，可作为"附件"处理。

4. 落款

请示的落款包括署名和成文时间两项内容。如为联合请示，主办单位印章在前，协办单位印章在后，最后一个单位的印章下压成文日期。

【小练手】

××大学经济与管理学院拟面向全校学生举办第×届创新创业大赛。比赛将邀请专家评审作品，需要支付评审费 500元/人； 比赛将评选一等奖 3 名、二等奖 6 名、三等奖 10 名和优秀奖若干，主办方将为获奖者颁发获奖证书和奖品。请你按照请示的写法，向学校教务部门撰写一篇请示，以获得比赛经费支持。

扩展阅读 9-8　请示撰写模板

五、函

（一）函的含义及适用范围

《党政机关公文处理工作条例》规定，函适用于不相隶属机关之间商洽工作、询问和答复问题、请求批准和答复审批事项。

作为公文中唯一的一种平行文种，函的适用范围相当广泛。在行文方向上，函主要用于平行或不相隶属的单位相互之间的往来，具有隶属关系的单位之间也可使用函来相互行文。

在适用的内容方面，它除了主要用于不相隶属机关相互商洽工作、询问和答复问题以外，也可以向有关主管部门请求批准事项、向上级机关询问具体事项，还可以用于上级机关答复下级机关的询问或请求批准事项，以及上级机关向下级机关催办有关事宜，如要求下级机关函报报表、材料、统计数据等。由于它主要是与业务主管部门而不是与有隶属关系的上级机关发生联系，所以它有别于"请示"。

一般来说，向有直接隶属关系的上级机关请求指示或批准用"请示"，向无隶属关系的主管部门请求批准用"函"。

（二）函的种类

1. 按性质分

按性质分，函可分为公函和便函。公函用于机关单位正式的公务活动往来；便函则用于日常事务性工作的处理。公函的格式较为正规，一般应按照公文格式制发，由标题、主送机关、正文、落款等部分组成，还应编上发文字号。便函不属于正式公文，没有公文格式要求，甚至可以不要标题，不编发文字号，只需要在尾部署名、注明日期，并加盖印章即可。

2. 按内容和用途分

按内容和用途分，函大致可分为商洽函、问答函、批请函、告知函、邀请函、催办函、报送材料函等。下面介绍常用的四种类型。

（1）商洽函。这种函多用于平行机关之间或其他无隶属关系的机关之间洽谈业务、商调人员、联系参观学习、请求支援帮助等。

（2）问答函。问答函可分为询问函和答复函，适用于无隶属关系的机关之间就某些问题进行询问和解答。上下级机关之间问答某个具体问题，联系、告知或处理某项具体工作，而又不宜采用请示、批复、报告、指示等文种时，则可使用函。

（3）批请函。批请函可分为请批函和批答函。请批函主要用于向业务主管部门请求批准有关事项，而批答函是有关业务主管部门答复请批事项的函。

（4）告知函。告知函主要用于告知不相隶属机关有关事项。

3. 按行文方向分

按行文方向的不同，函可以分为去函和复函。去函是主动提出公务事项所发出的函，复函则是针对来函所提出的问题或事项答复对方所发出的函。

（三）函的特点

1. 广泛性

函是平行公文，函的使用不受级别高低、单位大小的限制。除了平行行文以外，还可以向上或向下行文，没有其他文种那样严格的行文规则限制。

2. 灵活性

灵活性表现在两个方面。一是格式灵活。除了国家高级机关的重要函必须按照公文的格式、行文要求行文以外，其他一般的函，格式灵活，可以按照公文的格式及行文要求撰写，可以有文头版，也可以没有文头版，不编发文字号，甚至可以不拟标题。二是写法灵活。函的写法根据内容而定，如代行请示的函，可按请示的写法去写；代行批复的函，可参照批复的写法去写。函的习惯用语也比较灵活，但用语需注意谦恭有礼，多使用敬谦词，力求得到对方更多的理解和支持。

3. 沟通性

对于无隶属关系的机关之间相互商洽工作、询问和答复问题，函起着沟通作用，充分显示平行文种的功能，这是其他文种所不具备的特点。

（四）函的写法

函的种类很多，结构格式和内容表述都具有灵活性，这里主要介绍规范性公函的结构、内容和写法。公函格式为特定格式，《党政机关公文格式》对其各个要素进行了详细说明，公函的结构一般由标题、发文字号、主送机关、正文、落款五部分组成。

1. 标题

（1）由发文机关名称、事由和文种构成，如《××关于提供20××年度相关住房登记信息的函》《××大学关于××公司行政管理人员进修的复函》等。

（2）由事由和文种构成，如《关于推荐科技培训师资的函》。

2. 发文字号

公函的发文字号不是位于版头部分，而是顶格居版心右边缘编排在第一条红色双线之下。函的发文字号与其他党政公文的发文字号相似，只需要在机关、单位代字中加上"函"字。如"教高司函〔2024〕8号"表示教育部高等教育司2024年第8号函件。

3. 主送机关

主送机关即受理函件的机关单位，应当使用机关全称、规范化简称或者同类型机关统称，其后用冒号，如"各省、自治区、直辖市教育厅（教委），新疆生产建设兵团教育局："。

4. 正文

函的正文一般由开头、主体、结尾和结语组成。

（1）开头。开头部分主要说明发函的缘由、背景、原因、目的、依据等内容。

去函的开头或说明根据上级的有关指示精神，或简要叙述本地区、本单位的实际需要、疑惑或困难，然后用"现将有关问题说明如下"或"现将有关事项函告如下"等过渡语转入下文。

复函的开头一般先要引用对方来函的标题和发文字号，有的复函还简述来函的主题，这与批复的写法基本相同，如"你局《关于明确临时工和合同工能否执罚问题的请示》（××字〔20××〕×号）收悉。现函复如下"。

（2）主体。这是函的核心部分，主要说明致函事项或表达意见。简明扼要地写清需要商洽、询问、联系、请求、告知或答复的事项，这部分内容根据实际情况可多可少。

去函事项部分应采用叙述和说明的写作方法，直陈其事。无论是商洽工作、询问或答复问题，还是向业务主管部门请求批准事项等，都要用简洁得体的语言把需要告诉对方的问题或意见叙述清楚，如事项复杂，可分条列项来写。

如果是复函，还要注意答复事项的针对性和明确性，如不能满足对方要求时，应加以解释，不同意的原因是什么，或应该怎么办、不应该怎么办，或对询问问题作出说明等。

（3）结尾。结尾部分用礼貌用语向对方提出希望或请求，或希望对方给予支持和帮助，或希望对方给予合作，或请求对方提供情况，或请求对方予以批准等。这些主要是去函的结尾写法。

（4）结语。在结尾下面另起一行写结语。不同种类的函结语有别。如果发函只是告知对方事项而不需要对方回复，则用"特此函告""特此函达"等。如要求对方复函的，则用"请予函复""盼复"等。商洽函的结语常用"恳请协助""不知贵方意见如何，请函告""望协助办理，并请尽快见复""望大力协助，盼复"等。请批函的结语常用"请审核批准""当否，请审批"等。答复函、批答函的结语常用"此复""特此函复""专此函告"等。

扩展阅读 9-9　函撰写模板

5. 落款

在正文后右下方写明发文机关名称和成文日期。

六、会议纪要

《党政机关公文处理工作条例》指出，纪要适用于记载会议主要情况和议定事项。纪要是根据会议记录、会议文件或者其他有关材料加工整理而成的，它是反映会议的基本情况和会议精神的纪实性公文，记录会议议决事项和重要精神，并要求有关单位执行的一种文种。纪要既可上呈，又可下达，还可以被批转或者被转发到有关单位去遵照执行，使用比较广泛。纪要一般不能单独作为文件下发，需要下发执行的纪要，可用"通知"进行转发，纪要作为通知的附件。

纪要由标题、成文日期和正文组成。在结构格式上与其他公文不同的是，纪要不用写明主送机关和落款，成文时间多写在标题下方。纪要不加盖印章。

（一）标题

纪要的标题有单标题和双标题两种形式。

（1）单标题。由"会议名称+文种"构成，如《共青团××大学第×次代表大会纪要》；由"事由+文种"构成或由"发文机关+事由+文种"构成，如《××大学20××年收费工作会议纪要》。

（2）双标题。由"正标题+副标题"构成，正标题揭示会议主旨，反映会议的主要精神和内容；副标题标示会议名称和文种。

（二）成文日期

纪要的成文日期不同于其他党政机关公文，有的是纪要形成的时间，有的是会议结束的时间。成文日期标注的位置有两种：一种是写于标题下；另一种是写于正文右下方。

扩展阅读 9-10　会议纪要撰写模板

（三）正文

纪要的正文一般由导言、主体和结尾三部分组成。

（1）导言。导言一般用于概括会议的基本情况，交代会议的名称、目的、议程、时间、地点、规模、与会人员、主要议题和会议成果等。

（2）主体。主体部分根据会议的中心议题，按主次、有重点地写出会议的情况和成果，包括对工作的评价、对问题的分析、会议议定的事项、提出的要求等。主体部分一般有分项式、综述式、发言式三种写法。

（3）结尾。结尾一般写对与会者的希望和要求，也有的纪要不写专门的结尾用语。用于指导下一步工作的纪要，还可在结尾部分对相关单位或有关人员提出要求。

第二节　职　场　文　书

职场文书写作是职场沟通与交流的重要工具，它不仅关乎个人职业形象，更直接影响工作效率和团队合作。无论是向上级汇报工作进展，还是与同事协调项目细节，或是向客户展示解决方案，都需要通过清晰、准确、专业的文字来表达。因此，掌握职场文书写作技巧，对于每一个职场人士而言都是必不可少的技能。

职场文书写作不仅仅是文字的堆砌，更是一种思维的体现。它需要作者具备良好的逻辑思维、问题解决能力和清晰表达能力。在写作过程中，作者需要明确写作目的、了解受众需求、把握文体风格，并注重信息的准确性和条理性。只有这样，才能确保职场文书的有效传达，实现预期的沟通效果。

同时，职场文书写作也是一个不断学习和提升的过程。随着职场环境的变化和个人职业发展的需要，职场文书的形式和内容也在不断更新和变化。因此，职场人士需要持续关注行业动态，掌握最新的写作技巧和规范，以适应不断变化的工作需求。

一、职场文书的概念和特点

（一）职场文书的概念

职场文书是指在职场环境中，为了处理各种事务、传达信息、沟通协调而撰写的具有特定格式和内容的文字材料。它既包括传统的书信、报告、计划等，也包括现代电子邮件、即时通信信息、社交媒体发布等数字化形式的文字表达。

传统上，职场文书主要包括书信、报告、计划等几种基本类型。书信作为最古老的沟通方式之一，在职场中仍然扮演着重要角色。无论是商务信函、求职信，还是内部通知、感谢信，书信都以其正式、严谨的特点，成为传递重要信息、建立和维护职场关系的重要手段。报告是向上级或相关部门汇报工作进展、分析问题、提出建议的重要文件。它要求内容准确、条理清晰、逻辑严密，以便接收者能够快速了解情况并作出决策。计划是职场中用于规划未来工作、设定目标、分配资源的文字材料。它要求具有前瞻性、可行性和可操作性，以确保各项工作的顺利进行。

随着信息技术的飞速发展，职场文书的形式也在不断创新和拓展。电子邮件、即时通信信息、社交媒体发布等数字化形式的文字表达，逐渐成为职场沟通的主流方式。电子邮件以其快速、便捷的特点，成为职场人士日常沟通的首选工具。它不仅可以用于传递文件、安排会议、协调工作进度，还可以用于表达感谢、道歉、祝贺等情感交流。即时通信信息，如微信、钉钉等平台的聊天记录，虽然相对随意和口语化，但在紧急情况下或需要快速沟通时，同样发挥着不可替代的作用。社交媒体发布则成为职场人士展示个人形象、分享工作经验、拓展人脉资源的新渠道。通过精心策划和撰写的内容，职场人士可以在社交媒体上树立自己的专业形象，提升个人品牌价值。

职场文书作为职场沟通与协作的重要工具，对于职场人士来说具有不可替代的作用。通过不断学习和实践，掌握职场文书的撰写技巧和要求，将有助于提升个人职业素养和职场竞争力，为职业生涯的发展奠定坚实的基础。

（二）职场文书的特点

职场文书作为职场沟通的重要载体，具有以下特点。

1. 目的性

职场文书往往承载着明确的写作意图，这是其首要且最显著的特点。无论是汇报工作进展、申请资源支持，还是介绍产品或服务，每一份文书都有其特定的目的。清晰表达这一意图，确保接收者能够准确理解文书的核心内容，是职场文书撰写的基本要求。

目的性的明确，有助于接收者快速把握文书的重点，减少信息筛选的时间成本。同时，它也促使文书在撰写过程中更加聚焦于核心问题，避免冗余和偏离主题的表述。在实际工作中，一份目的明确的文书往往能够更加有效地推动工作进展，促进团队协作，提高工作效率。例如，在工作报告中，明确报告的目的是展示成果、反映问题，还是提出改进建议，对于有针对性地收集数据、分析情况并形成具有说服力的报告至关重要。同样，在资源申请中，明确申请的目的和用途，有助于增强申请的说服力，提高审批的通过率。

2. 规范性

职场文书通常遵循一定的格式和规范，这不仅是职场文化的体现，更是专业性的彰显。从标题、称呼到正文、结尾，每一部分都有其特定的结构和要求。同时，语言风格、用词选择等方面也应符合职场文书的规范。规范性的遵循，有助于保持文书的统一性和专业性，提升接收者的阅读体验。它使不同作者撰写的文书在格式和风格上保持一致，便于接收者快速适应和理解。同时，规范性的要求也促使文书在撰写过程中更加注重细节和准确性，避免出现低级错误和疏漏。

在实际工作中，遵循规范性的职场文书往往能够赢得接收者的信任和尊重。例如，在商务信函中，使用正式的称呼、礼貌的用语和清晰的结构，能够展现出专业素养和尊重对方的态度，有助于建立良好的商务关系，促进合作的顺利进行。此外，规范性的遵循还有助于提升职场形象。一份格式规范、内容专业的文书，不仅能够提升个人的职业形象，还能够为所在组织树立良好的品牌形象。

3. 准确性

准确性是职场文书不可或缺的特性之一。在职场环境中，信息的准确传达至关重要。一份包含错误或歧义信息的文书，不仅可能导致误解和沟通障碍，还可能对工作进展和团队协作产生负面影响。为了确保信息的准确性，需要对所撰写的内容进行仔细核对和修改。这包括数据的准确性、事实的真实性、逻辑的严密性等方面。同时，还需要注重用词的选择和搭配，避免使用模糊、含糊不清的表述方式。

在实际工作中，准确性的要求贯穿于职场文书的始终。例如，在财务报告中，需要确保数据的准确性和真实性，避免出现虚假或误导性的信息。在项目计划中，需要明确项目的目标、范围、进度和资源需求等方面，以确保项目的顺利进行。此外，准确性的要求还体现在对接收者需求的准确把握上。了解接收者的背景和需求，以便使用恰当的语言和表述方式，有助于增强文书的可读性和说服力，提高接收者的满意度和认可度。

4. 时效性

时效性是职场文书的重要特性之一。在职场环境中，时间就是效率。一份及时传达信息的文书，有助于抓住关键时机，推动工作的顺利进行。因此，需要注重写作效率，合理安排时间，确保文书在规定的时间内完成并传达给相关人员。时效性要求在撰写过程中更加注重效率和质量。在有限的时间内收集信息、分析情况、构思内容并撰写成文，要求具备快速思考和高效写作的能力，以便在紧张的工作节奏中保持竞争力。

在实际工作中，时效性的要求体现在多个方面。例如，在汇报紧急情况时，需要迅速收集相关信息并撰写报告，以便上级能够及时了解情况并做出决策。在与客户沟通时，及时回应客户的询问和需求，能够增强客户的满意度和忠诚度。此外，时效性的要求还促使注重文书的可读性和简洁性。使用简洁明了的语言和表述方式，以便接收者能够快速理解文书的核心内容。这有助于减少沟通障碍和时间成本，提高工作效率和团队协作效果。

5. 沟通性

职场文书不仅是信息的传递者，更是沟通的桥梁。它承载着交流与互动的功能，有助于增进彼此的理解和信任。因此，需要注重文书的沟通性，通过文字建立良好的沟通关系。沟通性的体现，在于能够准确把握接收者的需求和期望，并使用恰当的语言和表述方式与之进行对话。这要求具备敏锐的观察力和同理心，能够站在接收者的角度思考问题并给出解决方案。同时，还需要注重文书的逻辑性和条理性，以便接收者能够清晰地理解意图和思路。

在实际工作中，沟通性的要求体现在多个方面。例如，在撰写项目提案时，需要充分了解客户的需求和期望，并结合项目的实际情况给出具体的解决方案。在撰写工作总结时，需要回顾过去的工作经历和成果，并总结经验教训，以便未来更好地开展工作。这些都需要通过文字进行深入的交流和互动。此外，沟通性还要求注重文书的情感色彩和人文关怀。在文书中展现出真诚和热情，以便与接收者建立更加紧密的联系和信任关系。这有助于增强团队的凝聚力和向心力，提升工作效率和团队协作效果。

二、职场文书的种类

职场文书种类繁多，根据不同的分类标准可以划分为多种类型。

（一）报告类文书

报告类文书是职场中最为常见的文书之一，主要用于向上级汇报工作进展、成果和存在的问题，以及下一步的工作计划。

1. 工作报告

工作报告是职场中最为基础且常见的报告类型，包括任务概述、完成情况、问题分析、改进措施等内容。任务概述部分简要介绍工作任务的背景和目标；完成情况部分详细汇报工作的实际进展和已取得的成果；问题分析部分深入分析工作中遇到的问题和原因；改进措施部分则提出解决问题的具体方案和计划。工作报告的特点是内容全面、条理清晰，有助于上级了解工作全局，及时发现问题并指导改进。

案·例

《2024年国务院政府工作报告》是国务院总理李强代表国务院向十四届全国人大二次会议所作的报告。

报告共分三个部分：一、2023年工作回顾；二、2024年经济社会发展总体要求和政策取向；三、2024年政府工作任务。

报告指出，2024年发展主要预期目标是：国内生产总值增长 5% 左右；城镇新增就业 1200 万人以上，城镇调查失业率 5.5% 左右；居民消费价格涨幅 3% 左右；居民收入增长和经济增长同步；国际收支保持基本平衡；粮食产量 1.3 万亿斤以上；单位国内生产总值能耗降低 2.5% 左右，生态环境质量持续改善。

2024 年 3 月 11 日，十四届全国人大二次会议表决通过了关于政府工作报告的决议，批准了这个报告。

2. 调研报告

调研报告是针对特定问题或领域进行深入调研后撰写的报告，旨在提供全面、客观的信息和数据支持，为决策提供依据。调研报告通常包括调研背景、调研方法、调研结果和结论建议等内容。调研背景部分说明调研的目的和意义；调研方法部分介绍调研的流程和采用的方法；调研结果部分展示调研数据和发现；结论建议部分则基于调研结果提出具体的建议和决策依据。调研报告的特点是数据翔实、分析深入，有助于决策者做出科学、合理的决策。

（二）计划类文书

计划类文书主要用于明确未来一段时间内的工作任务、目标、步骤和时间安排，以确保工作的有序进行。

1. 工作计划

工作计划是职场人士在日常工作中常用的计划类文书，明确规定了未来一段时间内的工作任务、目标、步骤和时间安排。工作计划通常包括工作背景、工作目标、工作步骤、时间安排和责任人等内容。工作背景部分介绍制订计划的原因和背景；工作目标部分明确工作的总体目标和具体目标；工作步骤部分详细列出实现目标的步骤和方法；时间安排部分设定每个步骤的完成时间；责任人部分则明确每个步骤的负责人。工作计划的特点是目标明确、步骤清晰，有助于提高工作效率和确保工作质量。

2. 项目计划

项目计划是针对具体项目制订的详细计划，涵盖项目背景、目标、范围、进度、资源分配等内容。项目背景部分介绍项目的背景和目的；项目目标部分明确项目的总体目标和阶段性目标；项目范围部分界定项目的具体内容和边界；项目进度部分制定项目的时间表和关键节点；资源分配部分则明确项目所需的人力、物力、财力等资源及其分配方案。项目计划的特点是全面细致、可操作性强，有助于项目团队明确工作方向，合理调配资源，确保项目顺利实施。

（三）信函类文书

信函类文书是职场中用于正式沟通的重要工具，遵循一定的格式和礼仪规范，以确保沟通的正式性和有效性。

1. 商务信函

商务信函是职场中用于商务往来的正式沟通文书，广泛应用于询价、报价、订单确认、合同签署等商务活动中。商务信函通常包括称谓、正文、结尾和签名等部分。称谓部分根据对方的身份和地位选择合适的称呼；正文部分明确沟通的目的和内容，表达清晰、简洁；结尾部分表达感谢、期待合作等意愿；签名部分则签署发件人的姓名和职务。商务信函的特点是格式规范、语言正式，有助于维护良好的商务关系，促进商务合作。

2. 邀请函

邀请函是邀请他人参加会议、活动或庆典的正式文书，需要明确邀请对象、时间、地点和活动内容。邀请函通常包括称谓、正文、活动详情和回复方式等部分。称谓部分根据邀请对象的身份和地位选择合适的称呼；正文部分表达邀请的诚意和目的；活动详情部分详细介绍活动的时间、地点、内容和注意事项；回复方式部分则告知受邀者如何回复邀请。邀请函的特点是语言礼貌、信息全面，有助于确保受邀者能够准确了解活动详情并作出回应。

（四）申请类文书

申请类文书是职场中向上级或相关部门提出请求的文书，包括请假申请、资源申请等类型。

1. 请假申请

请假申请是向单位或上级申请休假的文书，需要说明请假原因、时间、工作安排等。请假申请通常包括称谓、正文、请假时间和签名等部分。称谓部分根据审批人的身份和地位选择合适的称呼；正文部分详细阐述请假的原因和必要性；请假时间部分明确请假的起止时间和工作安排；签名部分则签署申请人的姓名和职务。请假申请的特点是理由充分、时间明确，有助于确保请假请求得到批准。

2. 资源申请

资源申请是为开展工作而向上级或相关部门申请资金、设备、人员等资源的文书，需要说明申请资源的原因、用途和计划。资源申请通常包括称谓、正文、资源需求和签名等部分。称谓部分根据审批人的身份和地位选择合适的称呼；正文部分详细阐述申请资源的原因和必要性，以及资源的用途和计划；资源需求部分明确所需资源的种类、数量和预期效果；签名部分则签署申请人的姓名和职务。资源申请的特点是理由充分、需求明确，有助于确保申请得到批准，为工作的开展提供必要的资源支持。

（五）通知类文书

通知类文书是职场中用于传达信息、告知事项的文书，包括会议通知、政策通知等类型。

1. 会议通知

会议通知是通知相关人员参加会议的文书，包括会议时间、地点、议程、参会人员等信息。会议通知通常包括称谓、正文、会议详情和回复方式等部分。称谓部分根据参会人员的身份和地位选择合适的称呼；正文部分明确通知的目的和会议的主题；会议详情部分详细介绍会议的时间、地点、议程和参会人员；回复方式部分则告知参会人员如何确认参会或提出疑问。会议通知的特点是信息全面、格式规范，有助于确保参会人员能够准确了解会议详情并按时参会。

2. 政策通知

政策通知是传达单位或政府部门的最新政策、规定或要求的文书，用于确保相关人员及时了解并遵守新的政策或规定。政策通知通常包括称谓、正文、政策内容和执行要求等部分。称谓部分根据接收通知人员的身份和地位选择合适的称呼；正文部分明确通知的目的和背景；政策内容部分详细介绍新的政策或规定；执行要求部分则明确执行的具体要求和期限。政策通知的特点是内容权威、要求明确，有助于确保相关人员能够及时了解和遵守新的政策或规定，维护单位的正常运营和管理秩序。

（六）总结类文书

总结类文书是职场中用于对一段时间内的工作或学习进行全面回顾和总结的文书，通常包括工作总结和学习总结等类型。

1. 工作总结

工作总结是对一段时间内的工作进行全面回顾和总结的文书，包括工作背景、工作成果、问题分析、改进措施和未来计划等内容。工作背景部分介绍工作的背景和目的；工作成果部分详细总结已取得的成果和进展；问题分析部分深入分析工作中遇到的问题和原因；改进措施部分提出解决问题的具体方案和计划；未来计划部分则展望未来的工作方向和目标。工作总结的特点是内容全面、分析深入，有助于发现工作中的问题和不足，提出改进措施，为未来的工作提供参考和借鉴。

2. 学习总结

学习总结是对参加培训、学习等活动的心得体会进行总结的文书，包括学习内容、学习收获、问题反思和未来计划等内容。学习内容部分概述参加的学习活动或课程；学习收获部分详细总结学习的知识点和技能；问题反思部分分析学习中遇到的问题和不足；未来计划部分则展望未来的学习方向和目标。学习总结的特点是条理清晰、感悟深刻，有助于将所学知识转化为实际能力，提升个人专业素养和综合能力。

（七）纪要类文书

纪要类文书是职场中用于记录会议、访谈等活动的关键信息和观点的文书，包括会议纪要和访谈纪要等类型。

1. 会议纪要

会议纪要是记录会议讨论的主要内容和形成的决议的文书，用于确保相关人员了解会议情况并落实执行。会议纪要通常包括会议背景、参会人员、讨论内容和决议事项等部分。会议背景部分介绍会议的背景和目的；参会人员部分列出参会人员的名单和职务；讨论内容部分详细记录会议中讨论的主要议题和观点；决议事项部分则列出会议形成的决议和行动计划。会议纪要的特点是内容准确、条理清晰，有助于确保相关人员了解会议情况，落实执行会议决议。

2. 访谈纪要

访谈纪要是记录访谈过程中的关键信息和观点的文书，用于为后续分析或报告提供依据。访谈纪要通常包括访谈背景、访谈对象、访谈问题和关键观点等部分。

访谈背景部分介绍访谈的背景和目的；访谈对象部分列出访谈对象的名单和职务；访谈问题部分列出访谈中提出的问题；关键观点部分则记录访谈对象的回答和关键观点。访谈纪要的特点是信息准确、观点鲜明，有助于为后续的分析或报告提供有力的支持。

三、职场文书撰写的准备工作

撰写职场文书是职场沟通中不可或缺的一环，无论是内部报告、商务信函，还是项目提案、政策通知，都需要精心准备以确保信息的有效传达。以下是一份详尽的职场文书撰写指南，从明确写作目的到准备必要的辅助工具，涵盖整个撰写过程的各个方面，旨在帮助职场人士提升文书撰写能力，实现高效沟通。

（一）明确写作目的

1. 确定核心目标

在开始撰写任何职场文书之前，首要任务是明确写作的核心目标，奠定文书基调。这一步骤至关重要，因为它将直接影响文书的主题选择、内容组织及整体风格。例如，撰写工作报告时，目标是向上级展示工作成果、反映存在的问题并提出改进建议；撰写销售提案时，旨在向客户展示产品优势、解决其痛点并激发购买意愿。明确目标有助于聚焦核心信息，避免偏离主题。

2. 分析受众需求

了解受众的需求、兴趣及关注点，是确保文书内容具有针对性和有效性的关键。这要求撰写者对受众的背景、职位、行业知识等方面有深入了解。通过调研、过往交流记录或内部资料，收集受众的相关信息，以便调整文书的语言风格、信息密度及呈现方式，使内容更加贴近受众的需求，增强说服力和吸引力。

3. 设定预期成果

明确写作目的还应包括设定预期的成果或效果。这可以是获得批准、促进合作、提升品牌形象等。设定预期成果有助于在写作过程中保持方向感，确保每一部分的内容都服务于最终目标的实现。同时，它也作为评估文书成效的基准，帮助撰写者了解信息传达的效果。

（二）深入调研与信息收集

1. 确定信息来源

收集信息是撰写高质量职场文书的基础。信息来源可以包括内部资料（如公司报告、会议纪要）、外部数据（如市场调研报告、行业分析）、专家访谈、网络资源等。要根据写作目的和受众需求，选择合适的信息来源，确保信息的全面性和权威性。

2. 数据筛选与验证

收集到的信息往往庞杂且可能包含不准确的内容。因此，对信息进行筛选和验证是必不可少的步骤。筛选时，应去除与主题无关或重复的信息；验证时，应确保数据的准确性和来源的可靠性。对于关键数据或引用，最好能够提供出处，增强文书的可信度。

3. 案例研究与对比分析

针对特定议题，案例研究和对比分析是提供深度见解的有效手段。通过查找相关案例，了解类似情境下的成功或失败经验，可以为文书提供有力的论据支持。对比分析则有助于突出自身方案的独特性和优势，增强说服力。

（三）文书结构与格式设计

1. 确定基本结构

一定的结构框架，包括标题、引言、正文、结论等部分。标题应简洁明了，概括文书主旨；引言部分简要介绍背景、目的和重要性；正文是核心内容，详细展开论述；结论则总结要点，提出行动建议或展望未来。明确各部分的内容安排，有助于构建清晰的逻辑框架。

2. 选择合适的格式

格式的选择不仅关乎文书的外观，也影响信息的传达效率。要根据文书的类型和受众偏好，选择合适的字体、字号、段落格式、页边距等排版要素。正式的报告或提案通常采用更为严谨的格式，如 Times New Roman 字体、12 号字号、1.5 倍行距等，以体现专业性。同时，注意保持全文格式的一致性，提升阅读体验。

3. 视觉元素的运用

合理利用图表、图片、表格等视觉元素，可以有效增强文书的可读性和吸引力。图表可用于展示数据趋势、对比分析；图片则能直观展示产品、场景或概念；表格则便于列出复杂数据或对比信息。在插入视觉元素时，要确保其与文本内容紧密相关，且设计简洁、易于理解。

（四）制订计划

1. 设定时间节点

制订详细的写作计划，包括开始时间、关键节点（如大纲完成、初稿撰写、修订完善）和最终提交日期。要合理分配时间，避免拖延，确保每个阶段都有足够的时间进行高质量的工作。对于复杂的项目，可以考虑将任务分解为更小、更易于管理的部分，逐步推进。

2. 阶段性目标设定

在每个关键节点设定具体的阶段性目标，如完成初稿的某一章节、收集并整理所有必要的数据等。阶段性目标的达成，不仅有助于保持进度，还能提供成就感，激励继续前行。同时，它也是对整体计划执行情况的即时反馈，便于及时调整策略。

3. 灵活调整与应对挑战

尽管制订了详细的计划，但在实际操作中难免会遇到意外情况，如信息不足、时间冲突等。面对挑战时，要保持灵活性，适时调整计划，寻找替代方案。同时，要学会优先级排序，确保最关键的任务得到优先处理。

（五）熟悉规范与要求

1. 遵循写作规范

不同的职场文书类型可能遵循不同的写作规范，如商务信函的格式要求、学术报告的引用规则等。在开始撰写前，务必熟悉并遵循相关的写作规范，确保文书的格式正确、引用恰当、语言规范。这不仅能提升文书的专业性，也是尊重受众、展现职业素养的体现。

2. 了解行业标准

特定行业或领域可能有一套特定的术语、报告格式或沟通习惯。了解并遵循这些行业标准，有助于增强文书的专业性和针对性。要通过参加行业会议、阅读专业期刊、与同行交流等方式，不断学习和更新行业知识。

3. 遵守法律法规

在撰写涉及法律、财务、健康等敏感领域的文书时，必须严格遵守相关法律法规，确保信息的准确性和合法性。对于不确定的内容，务必咨询专业人士或法律顾问，避免潜在的法律风险。

（六）准备辅助工具

1. 文字处理软件

选择合适的文字处理软件，如 Microsoft Word、WPS 等，进行文书的编辑和排版。这些软件提供了丰富的格式设置选项、拼写检查、语法校正等功能，有助于提高写作效率和文档的专业性。

2. 数据处理与分析工具

对于包含大量数据的文书，如市场调研报告、财务报表分析，使用 Excel、SPSS 等工具进行数据处理和分析，可以生成图表、进行趋势预测，使数据更加直观、易于理解。

3. 视觉设计与演示软件

对于需要视觉呈现的文书，如项目提案、产品介绍，利用 PowerPoint、Canva 等软件设计幻灯片、图表和图片，提升文书的吸引力和说服力。这些软件提供了丰富的模板、图形元素和动画效果，便于快速制作出高质量的视觉内容。

4. 在线资源与工具

利用在线词典、语法检查工具（如 Grammarly）、写作指南网站等，确保语言的准确性和流畅性。此外，还可以参考行业报告、案例研究、专业博客等资源，获取灵感和素材，丰富文书内容。

5. 团队协作工具

在团队项目中，使用 Slack、Trello、Microsoft Teams 等协作工具，可以方便团队成员之间的沟通和任务分配，提高协作效率。这些工具支持文件共享、实时讨论、任务跟踪等功能，有助于确保项目按时完成。

（七）修订与反馈

1. 自我审查与修订

完成初稿后，进行自我审查，检查语法错误、拼写错误、标点符号使用不当等问题。同时，评估内容的逻辑性、条理性及是否符合写作目的和受众需求。必要时，进行多次修订，直至满意为止。

2. 寻求他人反馈

向同事、上司或专业人士寻求反馈，可以从不同角度审视文书，发现潜在的问题和改进空间。对于收到的反馈，要认真倾听、分析，并据此进行调整。

3. 最终校对与格式调整

在提交前，进行最终校对，确保所有信息准确无误，格式符合规范。特别注意日期、数字、引用等细节，避免任何可能的错误。此外，根据受众的偏好或特定要求，对字体、颜色、页边距等进行最后的调整，确保文书的完美呈现。

撰写职场文书是一项系统工程，需要明确的写作目的、深入的信息收集、合理的结构设计、高效的计划管理、对规范的熟悉、恰当的语言风格、有效的辅助工具及细致的修订反馈。通过遵循这一指南，职场人士可以显著提升文书撰写的能力，不仅能够有效传达信息，还能展现个人职业素养，促进职场沟通与合作的顺利进行。

本章小结

（1）书面沟通是职场中不可或缺的一部分，对于信息的准确传达、任务的顺利执行及团队协作的高效进行起着至关重要的作用。

（2）通知、通报、报告、请示、函、会议纪要等是常用的公务文书，每种文书都有其特定的适用范围和写作规范。

（3）通知用于发布规章制度、传达上级指示、转发下级报告等，具有广泛的适用性；通报则侧重于表彰先进、批评错误、传达重要情况等。在写作时，要明确目的、内容具体、语言简洁明了，确保接收者能够迅速理解并执行。

（4）报告是向上级或相关部门汇报工作进展、分析问题、提出建议的重要文件，要求内容准确、条理清晰、逻辑严密；请示则是向上级请求指示或批准的文书，要写明请示缘由、事项及具体要求。在撰写时，应注重事实的客观描述，避免主观臆断，同时遵循相应的格式和规范。

（5）函是平行机关或不相隶属机关之间商洽工作、询问和答复问题、请求批准和答复审批事项时所使用的文书。它具有灵活性和广泛性，适用于多种场合。在写作函时，应注重礼貌用语，明确表达意图，确保信息的准确传递。

（6）会议纪要是对会议内容、决定事项进行整理、归纳、概括而形成的书面材料。它具有纪实性、指导性和规范性的特点，是执行会议决议、检查工作进度的重要依据。在撰写会议纪要时，要忠实记录会议内容，突出重点，条理清晰，便于查阅和执行。

（7）有效的书面沟通要求表达清晰、准确，避免歧义和误解。

（8）职场文书撰写是职场人士必备的技能之一，包括工作报告、项目计划、商务信函等。

（9）撰写职场文书前，要明确写作目的，进行深入的调研与信息收集，并准备必要的辅助工具。

本章即测即练

自学自测  扫描此码

本章复习思考题

1. 简述书面沟通在职场中的重要性。
2. 列出撰写会议通知时应包含的关键要素。
3. 如何选择合适的职场文书格式？
4. 合理利用视觉元素对职场文书撰写有何帮助？
5. 提升职场文书撰写能力有哪些关键步骤？
6. 针对本章典型案例"格力公司空调产品升级项目的沟通策略分析"，就以下问题进行分析讨论。

（1）分析格力公司在空调产品升级项目中采取的书面沟通策略的有效性。

（2）你认为格力公司在书面沟通方面还有哪些可以改进的地方？请提出具体的建议。

（3）假设你是格力公司的一名公关经理，如何设计一份针对消费者的新产品宣传文案，以最大限度地提升新产品的市场接受度？请简要描述你的宣传文案内容和结构。

本章案例：格力公司空调产品升级项目的沟通策略分析

沟通实战演练

项目模拟：品牌策划提案

1. 分组与角色分配

任务书：明确各小组需提交的提案内容，包括但不限于品牌定位、市场策略、创意概念、预期成果等。

角色分配：每组 4～5 人，分别担任项目经理、市场分析师、创意总监、文案编辑及财务规划师等角色。

评分标准：制定提案的评估标准，涵盖创意性、可行性、目标受众匹配度、语言表达清晰度及团队协作等方面。

2. 活动流程

阶段一：策略孵化。

品牌解构：基于案例背景拆解用户痛点与市场机会。

头脑风暴：使用 SWOT 矩阵定位差异化策略，同步构建提案逻辑树。

阶段二：提案锻造。

分工撰写：按角色职责输出对应模块（市场分析报告需附带数据可视化图表）。

交叉审核：要求文案编辑与财务规划师互审语言合规性与成本合理性。

阶段三：提案攻擂。

动态演示：提案代表需同步使用 FABE（特征–优势–利益–证据）法则强化说服力。

对抗性问答：其他小组针对策略漏洞发起质询（如"如何应对 Z 世代审美疲劳风险"）。

阶段四：认知迭代。

撰写品牌策划书，针对市场情况分析品牌的核心价值和元素，并提出可行性的品牌提升策略。

3. 教师活动

教师总结各组表现，强调书面沟通在品牌策划中的重要性。

分享品牌策划提案中的常见错误与成功案例，提升学员认识。

4. 总结与反馈

针对品牌策划领域，增强在撰写提案时的语言组织、逻辑构建及说服力。

通过模拟真实品牌策划场景，掌握品牌故事讲述、目标受众分析及市场定位等关键要素。

促进团队成员间的有效沟通，学会在团队中贡献想法并接受建设性反馈。

第十章

管理沟通的未来趋势

【名人名言】

可与言而不与之言，失人；不可与言而与之言，失言。知者不失人，亦不失言。

——《论语》

未来的管理者必须是沟通专家，因为一切管理工作都建立在沟通之上。

——彼得·德鲁克

【学习目标】

1. 理解管理沟通中面临的主要挑战。
2. 探讨技术和组织变革对沟通的影响。
3. 了解未来管理沟通的发展趋势。
4. 提升跨文化与国际沟通能力。

本章思维导图

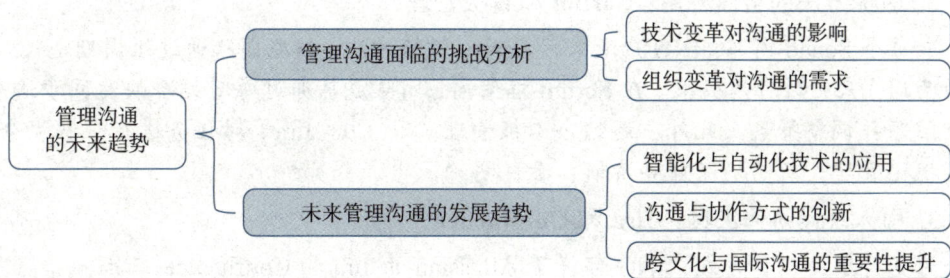

```
                          ┌─── 技术变革对沟通的影响
           管理沟通面临的挑战分析 ┤
                          └─── 组织变革对沟通的需求
管理沟通
的未来趋势 ┤
                          ┌─── 智能化与自动化技术的应用
           未来管理沟通的发展趋势 ┼─── 沟通与协作方式的创新
                          └─── 跨文化与国际沟通的重要性提升
```

导入案例

在当今全球化和数字化的商业环境中，跨国企业在技术和组织变革中常常面临沟通挑战。通过引入先进的协作工具，这些企业能够有效提升沟通效率，促进团队协作。

荷兰国际集团（ING）是一家全球领先的金融机构，位列世界 500 强。随着金融科技的迅猛发展和市场竞争的加剧，ING 意识到传统的组织架构和工作方式已无法满足快速变化的市场需求。为此，ING 于 2015 年开始在荷兰总部进行敏捷转型，旨在通过组织变革和技术创新提升内部沟通效率和市场响应速度。

挑战与需求

在转型过程中，ING 面临以下挑战：

跨部门沟通障碍：传统的科层组织导致信息在不同层级和部门之间传递缓慢，信息失真和延迟问题频繁发生，影响了部门之间的协作效率。

市场响应速度慢：金融行业中客户需求和市场环境变化迅速，但传统的产品开发和发布流程周期较长，从概念到市场通常需要数月甚至更长时间，难以及时应对客户的动态需求。

员工创新积极性不足：复杂的流程和层级化的管理模式限制了员工的创新动力，员工的想法和创意往往难以在实际工作中迅速落地。

技术支持不足：缺乏统一、高效的数字化工具，导致跨职能团队间的协作效率低，重要信息难以及时共享，增加了工作中的摩擦和误解。

解决方案

为了有效解决上述问题，ING 采取了一系列具有前瞻性的解决方案。这些方案结合了组织架构调整、敏捷工作方式和数字化协作工具的引入，系统性地提升了企业内部的沟通效率和市场响应速度。

1. 组织架构调整：引入 "Squad" 小队模式

ING 从 Spotify 的组织架构中获得启发，摒弃了传统的科层式组织模式，将团队划分为小而灵活的 "Squad"（小队）。每个小队是一个跨职能团队，通常由 8～10 人组成，团队成员包括开发人员、市场人员、业务分析师等。每个小队独立负责某一产品、服务或客户需求的全生命周期工作，从设计到开发再到市场推出，实现了 "小队自治" 和 "端到端责任制"，从而大幅减少沟通层级，提高了决策效率。

2. 敏捷方法的全面应用：Scrum 和看板管理

在每个 Squad 内部，ING 广泛采用 Scrum 敏捷方法，鼓励团队通过短周期迭代（通常为两周）来交付可用成果。在 Scrum 框架内，团队成员通过每日站会快速同步进展、识别问题并调整策略。此外，还结合看板管理工具（如 Jira）对任务进行分解、分配和可视化管理，从而确保任务清晰、责任明确。

3. 引入现代协作工具：Jira 和 Confluence

为支持敏捷工作方式，ING 部署了 Atlassian 的 Jira 和 Confluence 工具。

Jira 用于任务管理和工作流程的可视化，支持团队实时跟踪任务进展和优先级调整。

Confluence 用于团队的知识管理和文档共享，支持跨团队的协作和信息透明化。此外，通过 API 接口，这些工具与现有的金融系统和其他数字工具无缝集成，进一步提升了技术效率。

4. 强化员工赋能与培训

ING 通过实施全面的培训计划，确保员工能够快速适应敏捷工作方式和新工具的使用。这些培训内容涵盖敏捷方法、工具使用技巧及团队协作技能，帮助员工快速进入新角色，同时提升他们的创新和适应能力。

实施过程与效果

1. 分阶段试点和推广

ING 选择荷兰总部的部分团队作为试点，通过试点积累经验和教训，并逐步扩展到更多业务部门和分支机构。在每个阶段都引入了外部敏捷咨询专家，以确保实施过程符合最佳实践。

2. 多层级支持与持续反馈

管理层全力支持敏捷转型，积极参与小队的运行机制。同时，ING 通过定期的回顾会议收集员工和团队的反馈，识别瓶颈并持续优化工作流程和协作工具的使用方式。

3. 技术和文化并行推进

为推动变革的深入，ING 不仅投入了大量资源用于技术系统的部署，还着力培养敏捷文化，推动"快速迭代、持续改进、团队合作"的价值观在全公司范围内落地。

成果与成效

经过全面实施，ING 取得了显著成效。

1. 产品开发周期缩短 80%

敏捷方法和协作工具的结合使产品开发从原来的数月缩短至数周，极大提升了市场响应速度。

2. 沟通效率显著提高

Jira 和 Confluence 的部署使团队任务的分配、进度跟踪、文档共享更加便捷，团队成员的协作更加高效，跨部门沟通的壁垒被打破。

3. 客户满意度提升

ING 能够更快速地推出符合客户需求的新产品，增强了客户黏性，客户满意度在市场调研中明显提升。

4. 员工参与度和创新能力增强

小队自治的工作模式和敏捷文化赋予员工更多的决策权和创造空间，激发了员工的积极性和创新能力。

思考：

1. ING 通过引入跨职能的"Squad 小队模式"打破了传统科层制的沟通壁垒。结合管理沟通理论中的横向沟通和网络化沟通结构，分析这种扁平化的小队结构如何解决信息传递延迟和失真问题。

2. 在跨职能团队中，可能存在哪些新的沟通挑战？ING 需如何通过制度或工具设计来应对？

第一节　管理沟通面临的挑战分析

管理沟通在当今复杂多变的商业环境中面临前所未有的挑战。随着全球化进程的加速和数字化转型的深入，企业内部的沟通渠道日益多样化，但同时也带来了信息过载、沟通效率低下等问题。管理者需要在这样的背景下，确保信息的准确传递和有效接收，避免误解和冲突的产生。此外，跨文化沟通也成为管理沟通中的一大难点，不同文化背景下的员工在价值观、思维方式等方面存在差异，这给沟通带来了额外的障碍。因此，如何提升管理沟通的效率和质量，跨越文化和语言的界限，建立更加紧密和有效的沟通机制，是当前企业管理者亟待解决的重要课题。

一、技术变革对沟通的影响

在 21 世纪，技术变革如海啸般席卷而来，以不可阻挡之势重塑了人类沟通的方方面面。尤其在商业和管理领域，这场变革不仅从根本上改变了我们沟通的工具和模式，更深刻地影响了沟通的效率、成本和最终效果。随着人工智能、大数据、云计算、区块链和 5G 等前沿技术的日益成熟和广泛应用，管理沟通正经历着一场前所未有的革命。这不仅仅是工具层面的更新迭代，更是一场关于思维方式和行为习惯的彻底重构。面对这场波澜壮阔的变革，管理者必须积极拥抱新技术，重塑沟通理念，方能在未来的商业竞争中立于不败之地。

（一）从线性到网络化：信息流动模式的颠覆

在传统的管理沟通体系中，信息传递通常呈现出自上而下的线性模式。这种模式强调"命令"和"反馈"，但传递效率和信息覆盖率常常受到组织层级结构的严重制约。然而，技术的飞速进步彻底颠覆了这一单向沟通模式，催生了以网络化为核心特征的新型沟通体系。现代互联网和移动通信技术使信息传递不再依赖于固定的组织结构，而是能够通过去中心化的方式，实现跨层级、跨地区、跨时区的实时互动。信息在组织内部流动的方式发生了革命性的转变，打破了传统的等级森严的壁垒，使沟通更加扁平、高效、灵活。

越来越多的企业开始采用社交协作工具如 Slack、Microsoft Teams 等，员工可以通过群组讨论、即时消息和视频会议等方式进行直接沟通，不再受限于传统的电子邮件和正式会议。这种网络化的沟通方式大大减少了信息在传递过程中的失真和时间延迟，极大地提高了沟通的效率和准确性。员工可以随时随地参与到工作讨论中，及时获取最新信息，快速做出反应和决策。然而，这种变革也带来了信息过载的风险，因为信息的流动速度大大加快，员工和管理者可能会被海量的信息淹没，从而导致注意力分散、决策困难等问题。管理者需要学会利用新工具过滤和管理信息，提炼关键内容，避免信息过载对工作效率的负面影响。

案例

即时通信发展简史

即时通信（IM）我们并不陌生，QQ、微信（WeChat）、YY、飞书、钉钉等都是一些我们比较熟悉的即时通信软件。

但是你知道吗？即时通信发展到如今这般模样，经历了相当漫长的时间。

人类计算工具的演化经历了从简单到复杂、从低级到高级等过程。

1946 年，美国宾夕法尼亚大学诞生了世界上第一台电子计算机，开启了人类的计算机时代。这台名为"ENIAC"的计算机使用了 17840 个晶体管，重量高达 28 吨，其运算速度仅为每秒 5000 次。

ENIAC 的问世，具有划时代的意义，表明电子计算机时代正式到来。

在接下来的几十年里，计算机技术以惊人的速度发展，经历了电子管数字机、晶体管数字机、集成电路数字机、大规模集成电路计算机时代。

1964 年诞生的集成电路数字机，计算速度每秒钟可以达到数百万次，甚至数千万次，可靠性显著提高，价格进一步下降，开始进入文字处理和图形图像处理领域，从而为即时通信工具的诞生打下坚实的基础。

20 世纪 70 年代，世界上第一个电脑辅助教学系统——柏拉图系统，诞生了最早的即时通信程序。

当用户在程序中输入聊天信息时，处于另一个终端的用户会立即看到对方所发的消息。不过与今天的即时通信软件不同，现在的即时通信，交谈中的另一方只会在一方按下回车确定发送后才会看到消息。而当时的即时通信程序，是真的"即时通信"。用户输入的每一个字符，都会立即显示在双方的屏幕上，而且每一个字符的删除、修改，也都会即时地反映在屏幕上。

20 世纪 80 年代，基于 UNIX/Linux 的即时通信工具被工程师和学术界广泛使用。

这种类型的即时通信工具，已经实现了很多基础的功能，但它们还没有接入互联网，只能在局域网内使用。

1996 年，三个以色列人维斯格、瓦迪和高德芬格聚在一起，决定开发一种人们可以在互联网上直接交流的软件，不久之后 ICQ 诞生了。

这是第一款基于互联网、被广泛使用的即时通信软件。ICQ 出现的同时，即时通信软件飞速发展，出现了大量类似的软件，如 Gaim、Miranda IM、Trillian 等。

这些软件有一个致命的缺点，它们所使用的协议都不一样，无法彼此互通。用户需要同时运行两个以上的即时通信软件才能实现聊天。

ICQ 诞生后不久，中国即时通信软件也开始发展。马化腾创办了深圳腾讯计算机系统有限公司，模仿 ICQ，在 ICQ 前加了一个字母"O"，意为"opening i seek you"，意思是开放的 ICQ。不久后的 2000 年，因为陷入侵权风波，OICQ 改名为 QQ。

此时的即时通信软件，已经不再满足于即时聊天，而是将社交、游戏、娱乐等整合在一起，形成一个以即时通信为基础的庞大产业链。

手机的普及迎来即时通信软件发展的第二春，各个国家均派生出不同的即时通信软件，如美国的 Whatsapp、日本的 LINE、韩国的 Kakao Talk，以及中国的微信。

现在，即时通信领域更加细分化。既有面向个人的即时通信工具，也出现了企业级即时通信工具。

与个人不同，企业级即时通信软件更强调安全性、实用性、稳定性和扩展性，有的企业级即时通信软件还支持定制，极大提高了企业内部的沟通效率。

即时通信软件的发展，仅仅是互联网信息洪流中的一部分，但其从诞生到兴盛，也经历了漫长的 50 多年的发展。如今，即时通信已经成为人们工作和生活的一部分。

（二）实时性与沉浸式：沟通工具的飞跃

技术的进步为管理沟通带来了前所未有的实时性和沉浸感。特别是 5G 技术的普及，结合虚拟现实（VR）和增强现实（AR）等前沿技术，使管理者和员工能够跨越空间障碍，在虚拟会议室中进行栩栩如生的面对面实时沟通。这种沉浸式的沟通模式不仅能传递文字和语音信息，还能通过三维空间感和肢体语言丰富沟通的内容和情感，让远程协作的体验无限接近于现实中的当面交流。员工可以身临其境地参与讨论、演示和培训，大大提升了沟通的效果和参与度。

以 Meta（前 Facebook）提出的元宇宙办公场景为例。未来的企业会议可能在一个虚拟的办公室中举行，参与者通过数字化的化身在一个共享的虚拟空间内互动。这种突破物理空间限制的沟通方式，为管理沟通开辟了全新的想象空间，提供了更加丰富、立体、身临其境的沟通体验。但与此同时，这也对管理者和员工的沟通技能提出了更高的要求。管理者需要掌握在虚拟场景中有效沟通、引导讨论、激发创意的方法，员工也需要适应新的交互规则，学会在虚拟环境中准确表达自己的想法和情感。这需要组织投入大量的时间和资源对员工进行培训，帮助他们尽快适应和掌握新的沟通模式。

（三）大数据驱动的个性化沟通

技术变革的另一个关键方面是数据的深度挖掘和应用。大数据技术使管理沟通从粗放式的"一刀切"转变为精准化的"个性化定制"。通过收集和分析员工的行为数据、偏好特征和工作模式，企业能够精确地洞察每一位员工的沟通需求和习惯，从而制定出最优化的个性化沟通策略，大幅提升沟通的针对性和有效性。

借助人工智能驱动的员工画像和管理平台，企业可以根据每位员工的特点量身定制个性化的沟通方案。如果某个员工偏好通过即时通信工具接收信息，而另一个员工更喜欢面对面交流，系统可以智能地匹配最佳的沟通方式和频率，自动推送个性化的信息和互动。这种数据驱动的个性化沟通不仅大大提高了员工的工作满意度和参与度，也极大地提升了管理沟通的效率和效果。管理者可以根据员工的反馈和数据分析不断优化沟通策略，实现精准管理。

扩展阅读 10-1 易路 AI 驱动 HR 全球化，加速企业人才版图扩张

然而，大数据在赋能管理沟通的同时，也不可避免地带来了隐私和伦理方面的问题。企业在大规模收集和利用员工数据优化沟通策略时，必须高度重视数据安全和隐私保护，建立严格的数据治理机制，确保合规合法，以免引发员工的不信任和抵触情绪，损害企业文化和品牌形象。管理者需要与员工充分沟通，说明数据收集的目的和用途，尊重员工的知情权和选择权，在获得员工授权同意的基础上开展数据分析和应用。

（四）人工智能与自动化的深度参与

人工智能（AI）技术正在深刻改变管理沟通的内涵和外延，彻底重塑沟通的边界和想象空间。在传统沟通中，信息的收集、组织、处理和传递高度依赖于人的主观能动性和手工操作，而人工智能的引入使大量重复性、规则性的沟通任务实现了自动化和智能化，极大地提高了沟通效率，降低了管理成本。人工智能驱动的智能客服和聊天机器人可以 7×24 小时不间断地处理大量常见的员工咨询和服务请求，如考勤请假、福利查询、政策解读等，通过自然语言交互准确理解员工需求并给出专业解答，大幅减少了管理者和 HR 的工作量，提升了员工服务体验。

此外，人工智能还能通过自然语言处理（NLP）、语音识别、情感计算等技术对海量的沟通内容进行智能分析，从非结构化的文本、语音、图像等数据中提取关键信息，深入洞察员工情绪、满意度等隐藏在字里行间的关键信号，为管理决策提供数据支持和科学依据。一个典型的应用场景是智能情绪分析工具：人工智能算法可以实时分析员工在各类沟通场景（如邮件、会议、工单等）中的情绪状态和变化趋势，自动识别负面情绪的高风险信号，帮助管理者精准判断团队的工作情绪是否处于健康水平。例如，当某些员工在工作沟通中频繁使用负面情绪词汇时，系统可以及时捕捉这一异常信号并发出预警提示，督促管理者及时介入，深入了解员工的困扰和问题，采取针对性的关怀和疏导措施，有效防患于未然。

尽管人工智能技术在赋能管理沟通方面展现出了巨大的潜力和价值，但也带来了一系列不容忽视的问题和挑战。第一，过度依赖人工智能可能会削弱管理者与员工之间的真情实感和人文关怀，导致沟通变得机械化、程序化和冷漠疏离。管理者必须认识到，人工智能只是提高沟通效率的工具，而不能取代人与人之间的情感交流和信任建立。要让员工真正感受到组织的温暖和管理者的善意，关键在于管理者的言谈举止和人格魅力，在于用心倾听、设身处地地换位思考和真诚关爱。第二，人工智能算法可能存在偏见和歧视，在沟通时无意中放大不公平现象，尤其是在涉及性别、种族、地域等多元文化背景时，管理者必须保持高度警惕，及时识别和纠正算法偏差，营造包容、平等、互信的沟通环境。

（五）技术变革对组织透明度的影响

技术变革让沟通载体和信息形态日益多样化，这为管理沟通提供了更加丰富、立体、生动的表达方式，极大拓展了沟通的广度和深度，但也显著提升了管理沟通的复杂性和难度。过去，管理沟通主要依托于文字、语音等单一形式，而如今，图片、视频、虚拟现实、全息影像、实时数据可视化、动态报表等多种形式交织融合，使信息呈现更加直观、形象、富有冲击力。管理者运用恰当的信息形式，可以让抽象复杂的管理思想变得通俗易懂，数据图表可以使枯燥的经营数据一目了然，沉浸式的 VR 培训可以让员工身临其境地掌握专业技能。信息形式的革新极大地提升了管理沟通的表现力和感染力。

扩展阅读 10-2　VR 培训系统：如何改变员工培训方式？

　　然而，信息多样化也给管理沟通的统筹规划和有效执行带来了巨大挑战。管理者在制定沟通策略时，需要系统考虑各类信息形态的优势特点和适用场景，甄选最佳的组合搭配，并确保不同形式的信息在内容逻辑和价值导向上的高度一致性，共同传递清晰、准确、有说服力的核心信息。这对管理者的全局统筹和策略规划能力提出了更高要求。管理者需要成为"信息多面手"，全面理解和驾驭不同类型信息的特点规律，审时度势、因材施教，让每一种信息形式都发挥最大效能。

　　此外，信息形式的多样化也对员工的学习能力和接受能力形成了新的挑战，尤其是当团队成员来自不同国家、文化和语言背景时，沟通的复杂性进一步加剧。例如，一段深度的技术分析报告，如果仅仅以文字形式呈现，也许会让许多非技术背景的员工一头雾水。而如果辅之以形象生动的动画演示，也许就能让大家快速领会其中的关键逻辑。因此，管理者需要深入了解不同员工群体在认知风格、技术背景等方面的差异，因人而异地设计个性化的沟通方案，用最适合的信息形式准确触达每一位员工，帮助他们跨越文化隔阂和认知"鸿沟"。同时，企业也要持续开展针对性的培训和教育，帮助员工熟悉各类新兴信息形态的特点用法，提高数字化素养和快速学习能力，从容应对信息时代的沟通挑战。

（六）信息多样化与沟通复杂性

　　技术变革正在以前所未有的广度和深度重塑管理沟通的方方面面。从信息流动的网络化到沟通体验的沉浸化，从个性化互动到人工智能赋能，从组织透明到信息多样，技术的力量无处不在，带来诸多令人振奋的机遇。这些变革不仅极大地提升了管理沟通的时效性、互动性和精准度，也为沟通模式和领导方式的创新带来无限想象空间。管理者唯有敞开胸怀拥抱变革，以开放的心态学习新技术、新思维和新方法，才能在变革的浪潮中把准航向，驾驭万千变化。

　　同时，我们也要清醒地认识到，技术变革也带来了诸多不容忽视的问题和挑战，如信息过载、隐私安全、人文关怀弱化等。对此，管理者要保持高度敏感和警惕，在充分发挥技术优势的同时，更要坚守人本初心，始终关注员工的真实感受，用人格魅力和情感力统领科技力，在人机交互中张弛有度、趋利避害，做到"以人为本、技术为器"。唯有如此，方能从容驾驭技术变革的复杂性和不确定性，在重塑管理沟通的征途中行稳致远。

　　技术变革之于管理沟通的影响是全方位的、革命性的、不可逆的。管理者唯有以敏锐的洞察力解码变革的本质，以宽广的格局设计应变之策，以灵活的思维拥抱多元可能，以坚定的定力把控变革方向，以极强的学习力掌握各种新技术新工具，同时以人文情怀和道德操守引领科技向善，方能在变革的洪流中把准方向、驭浪前行，开创管理沟通的崭新境界，引领组织不断迈向卓越。

二、组织变革对沟通的需求

在全球化和技术创新的浪潮下，组织变革已成为企业生存和发展的常态。然而，变革不仅仅意味着业务流程和技术手段的更新迭代，更深层次的是对组织沟通方式的全面重塑和革新。高效、透明、多元的沟通是组织变革成功的关键，它直接关系企业内部的协调运转、员工的积极性调动及文化的传承和发展。在这一大背景下，组织沟通的复杂性、实时性、多样性及创新性需求正不断提升，亟待企业管理者和全体员工共同应对。

（一）传统组织架构的消融与沟通方式的转型

1. 科层制的局限性与现代架构的崛起

在工业化时代，科层制组织凭借其严密的等级划分和自上而下的指挥控制，曾在相当长的一段时期内风靡商界。在这一模式下，信息沟通遵循着自上而下的金字塔式路径，呈现出单向性、滞后性、失真性等特点。然而，随着市场竞争日趋激烈，企业所面临的内外部环境愈加复杂多变，这种僵化的沟通模式已难以为继。以某跨国制造企业为例。在传统的科层制架构下，一线员工对市场变化的感知和判断往往需要经过层层上报、审核、决策，待最终传递到决策层时，商机可能已经悄然流失。这种信息流通的迟滞和不畅，严重制约了企业对市场的反应速度和决策的准确性。

扩展阅读10-3　谷歌20%项目以及全面的绩效管理与考核体系

与此同时，扁平化和敏捷化的现代组织架构正在崛起，并深刻重塑着组织的沟通方式。在扁平化组织中，中间管理层被大幅精简，员工可以更直接地与决策层沟通交流，这极大地提高了信息传递的效率和准确度。而在敏捷组织中，跨职能的项目团队成为主要的工作单元，团队成员来自不同部门，围绕共同的任务目标开展高频、紧密的协作。在这种模式下，沟通的重点从"汇报"转向"协同"，从"自上而下"转向"平等互动"。以奈飞公司（Netflix）为例，其扁平化的组织架构赋予基层员工更大的自主权，使各团队能够根据市场变化快速做出决策和调整。当然，这种授权式的管理对团队领导者的沟通协调能力提出了更高要求，需要他们有效平衡自主性与一致性，确保团队成员在充分表达个人见解的同时，始终与组织的整体目标保持高度一致。

案例

实现扁平化、敏捷化的现代组织架构，重塑沟通方式

广汽传祺作为世界500强广汽集团的全资子公司，在面对汽车行业"新四化"浪潮时，积极进行了组织架构的变革。他们放弃了传统的科层级体制，转而采用矩阵式项目制产品团队，这种敏捷体制变革旨在提高产品开发效率和组织运作效率。项目制产品团队将产品研发、制造、品控等部门的管理技术人员横向拉通，共同为产品的成功负责，从而实现了组织架构的扁平化和沟通方式的高效化。

钉钉是阿里巴巴集团打造的免费沟通和协同的多端平台。钉钉通过其协同办公软件，有效提升了员工的工作效率，并实现了组织架构的扁平化和可视化。这种变革不仅提高了组织之间的管理沟通效率，还助力了企业业务流程的数字化变革。钉钉的成功，展示了扁平化和敏捷化组织架构在提升企业运营效率和管理水平方面的重要作用。

2. 去中心化与多向互动的崛起

在组织变革的浪潮中，传统的"中心—边缘"式沟通正逐步让位于去中心化、多向互动的网状沟通。这意味着，信息不再是单向地从上至下传递，而是在组织的各个节点间流动，形成了一个动态的、立体的沟通网络。在这个网络中，员工的主动反馈和创新建议能够更快速、更直接地到达决策层，而决策层的战略意图和行动计划也能够更有效地渗透到每一位员工。这种互动式的沟通不仅提升了信息传递的质量和效率，也极大地激发了员工的参与感和主人翁意识。谷歌就是这方面的典范，其内部拥有各种各样的员工反馈渠道，从定期的满意度调查到匿名的在线论坛，再到面对面的恳谈会，这些渠道使每一位员工都有机会表达自己的想法和诉求，而管理层也能够及时了解员工的真实感受，并据此优化管理决策。

3. 实时性与高效性的迫切需求

在"互联网+"和大数据时代，市场变化的速度和频率远超以往，这对组织沟通的实时性和高效性提出了前所未有的要求。信息必须以最快的速度在组织内外部流转，以便企业迅速洞察市场动向、把握发展机遇、应对各种风险挑战。这就要求企业建立起一套高度灵活、反应迅捷的沟通机制，确保关键信息在第一时间传递到相关决策者手中。华为的成功就得益于其高效的沟通体系，无论是日常的业务协同还是应对突发危机，华为都能通过内部的即时通信工具快速完成信息的收集、分析、决策、执行，并实现各部门、各层级间的无缝对接，从而最大限度地提升组织的整体效率。当然，实现高效沟通不仅需要先进的技术手段，更需要科学的流程设计和管理机制，以避免信息过载和决策失误。

扩展阅读10-4　WeLink–华为数字化办公体验是这样的

（二）全球化与跨文化团队的协作需求

1. 全球化对沟通的多样性要求

随着企业全球化布局的不断深入，来自不同国家和地区的员工正成为组织不可或缺的一部分。这种多样性固然为企业注入了创新活力，但也对沟通管理提出了更高的要求。不同文化背景下的员工在价值观念、行为习惯、语言表达等方面可能存在显著差异，如果处理不当，很容易产生误解和摩擦，影响团队的凝聚力和工作效率。以跨国项目团队为例，美国成员习惯于直截了当地表达观点，而日本成员则更倾向于婉转、含蓄的沟通方式。如果双方不能很好地理解和尊重彼此的文化特点，就可能在沟通中产生不必要的冲突和对抗。

因此，建立一套兼顾差异、包容多元的跨文化沟通机制，已成为全球化企业的当务之急。联合国可以说是这方面的典范，其项目团队通常由来自世界各地的专业人士组成，文化背景和工作方式可谓异彩纷呈。为了确保这些差异不会成为沟通的障碍，联合国采取了一系列行之有效的措施，包括定期开展跨文化敏感度培训、制定多语言工作规范、灵活调整会议时间等。通过这些努力，联合国成功搭建起了一个高效、和谐的多元协作平台，使各国员工能够充分发挥自身特长，携手推进各项全球性事业。

2. 远程协作与异步沟通的挑战

全球化不仅意味着文化的多样性，也意味着地理的分散。当企业的团队成员分布在不同的时区和区域时，如何实现有效的沟通和协作就成为一大挑战。传统的面对面沟通在这种情况下往往难以为继，取而代之的是各种远程协作工具和异步沟通方式。然而，相比于面对面的交流，远程沟通更容易产生信息失真、情感缺失等问题，如果处理不当，可能严重影响团队的士气和效率。例如，当美国和印度的团队需要远程开会时，时差问题就可能导致双方都不得不在非常规工作时间参会，长此以往，员工工作与生活之间的平衡就会受到严重影响。

为了应对这一挑战，越来越多的企业开始采用灵活的工作制度和先进的协作工具。GitLab 就是一个成功的范例。作为一家全球分布式的企业，GitLab 通过精心设计的异步工作流程和协作平台，使分布在 40 多个国家的员工能够高效协同、从容应对时差问题。在 GitLab，所有的会议都有详细的纪要，所有的决策都有书面记录，员工可以根据自己的时间安排灵活参与讨论和任务，既保证了工作的连续性，也兼顾了个人的生活节奏。当然，远程协作对员工的自律性和责任心也提出了更高要求，需要企业在选人用人上更加慎重，并通过科学的绩效管理机制来引导员工的行为。

3. 跨文化敏感性与全球化素养的培养

在全球化的大背景下，跨文化沟通能力已成为现代管理者和员工的核心竞争力之一。这种能力不仅包括语言表达、人际交往等基本技能，更包括对不同文化的深入理解、欣赏和包容。唯有如此，才能真正建立起基于尊重和信任的跨文化合作关系。宝洁公司在这方面做出了大量卓有成效的工作，在其全球化人才培养体系中，跨文化敏感性训练是一项重要内容。通过系统的课程学习和实践演练，宝洁的管理者和员工不断提升文化意识，学会站在对方的角度思考问题，用更加灵活、更加贴心的方式与不同文化背景的同事沟通。同时，宝洁还大力倡导"文化大使"的理念，鼓励员工主动分享自己的文化特色，促进不同文化间的交流互鉴。正是凭借这种兼收并蓄、和而不同的全球化视野，宝洁成功实现了全球业务的统一管理和本土化运营。

（三）数字化转型对沟通效率的要求

1. 数据驱动的决策与透明度

在数字时代，数据已经成为企业的核心资产和决策依据。海量的业务数据和用户数据如何有效汇聚、分析、应用，直接关系企业对市场的感知力和反应速度。而要实现数据的高效流转和充分利用，离不开组织内部透明、通畅的信息沟通机制。以亚马逊为例，其内部建立了一套数据驱动的业绩管理体系，通过实时收集和分析员工的工作数据，管理者可以及时掌握团队和个人的绩效表现，并据此开展针对性的辅导和优化，而员工也能随时了解自身的不足和改进方向。在这个过程中，数据成为上下级沟通的"润滑剂"和"助推器"，大大提高了管理的精准度和透明度。

当然，推行数据驱动的管理绝非易事，既需要强大的数据基础设施和智能算法，也需要开放、务实的企业文化。管理者要善于用数据说话，用客观事实而非主观臆断来评判员工的工作，员工也要学会通过数据来展示成果、分析问题、寻求支持。唯有如此，才能真正发挥数据的价值，实现"言必有据、绝不凭空"的科学管理。

2. 智能工具的应用与人机协同

人工智能技术的飞速发展，正在深刻改变组织的沟通方式和效率。智能客服、语音助手、实时翻译等 AI 工具的应用，使企业能够以更低的成本、更高的效率响应客户需求和开展跨语言沟通。而在内部管理中，AI 技术也在不断创造新的可能，如智能会议助手可以自动记录和提炼会议要点，智能日程管家可以帮助员工优化时间安排，大大减轻了员工的沟通负担，提高了工作效率。埃森哲就积极利用 AI 来赋能员工，其内部广泛使用的 AI 助手可以帮助员工快速检索所需信息，优化工作流程，大幅提升了员工的工作体验和创造力。

案例

埃森哲《技术展望 2024》：AI 拐点

埃森哲内部广泛使用的 AI 助手在赋能员工方面取得了显著成效，具体体现在帮助员工快速检索信息、优化工作流程及提升员工工作体验和创造力上。

首先，埃森哲的 AI 助手具备强大的信息检索能力。在日常工作中，员工经常需要查找大量的资料和信息来支持决策和解决问题。传统的检索方式可能耗时耗力，而埃森哲的 AI 助手则能够利用先进的自然语言处理技术和机器学习算法，快速准确地从海量数据中检索出员工所需的信息。这不仅极大地提高了工作效率，还让员工能够将更多的时间和精力投入到更有价值的工作中。

其次，AI 助手在优化工作流程方面也发挥了重要作用。埃森哲深知流程优化对于提升企业整体运营效率的重要性，因此积极利用 AI 技术来改进和优化各项工作流程。AI 助手能够根据员工的工作习惯和业务流程，智能地推荐最佳的工作路径和方法，从而帮助员工更加高效地完成任务。这种智能化的流程优化不仅减少了不必要的工作环节和重复劳动，还提高了工作的准确性和质量。

最后，AI 助手的广泛使用还显著提升了员工的工作体验和创造力。通过快速检索信息和优化工作流程，员工能够更加轻松地应对复杂多变的工作任务，从而减轻了工作压力和负担。同时，AI 助手的智能化和人性化设计也让员工感受到了科技的魅力和便利，激发了他们的工作热情和创造力。这种积极的工作体验和创造力反过来又促进了埃森哲的整体业务发展和创新能力的提升。

不过，在享受 AI 带来的便利的同时，企业也要审慎考虑人机分工和协作的边界。过度依赖 AI 可能弱化员工的主动性和创造性，而某些复杂、敏感的沟通场景也非 AI 所能完全替代。因此，企业要在人机互补中寻求平衡，让 AI 成为员工的得力助手而非潜在威胁。这需要管理者以开放的心态拥抱技术进步，也需要员工不断学习新技能、提升价值贡献。

3. 统一平台与无缝整合的诉求

随着企业数字化转型的不断深入，沟通工具和渠道的急剧增多，信息碎片化、沟通割裂的问题日益凸显。员工往往需要在不同的系统间切换，重复录入信息，这不仅降低了工作效率，也影响了协作体验。为此，越来越多的企业开始探索统一的沟通协作平台，力求实现各类工具和数据的无缝整合。Microsoft Teams 就是这方面的典范，它集成了即时通信、视频会议、文件共享、任务管理等多种功能，使员工能够在一个统一的界面上完成大部分的沟通协作任务，极大地提升了工作效率和连贯性。同时，Teams 还与 Office365 等其他微软产品深度整合，实现了数据和应用的全面打通，让员工能够随时随地获取所需信息，开展跨部门、跨区域的无缝协作。

当然，打造统一平台不仅需要技术层面的整合，更需要管理层面的统筹和规范。企业要全面梳理业务流程和数据标准，形成清晰的数据治理和应用架构，避免出现新的"信息孤岛"和重复建设。同时，也要注重平台的易用性和个性化，让员工能够根据自身需求灵活配置功能和界面，提升使用体验和满意度。唯有在技术、管理、人文等多个维度精心设计，统一平台才能真正成为组织协同的利器，推动企业数字化转型再上新台阶。

（四）员工多样化与个性化需求的增长

1. 跨代际员工的差异化沟通

如今，许多企业的员工队伍已经跨越了三代乃至四代，不同年龄段的员工在价值观念、工作方式、沟通偏好等方面存在显著差异。"90 后""00 后"员工成长于互联网时代，更热衷于通过即时通信、短视频等新媒体方式分享信息、表达观点；而"60 后""70 后"员工则更习惯于面对面的交流或书面的总结汇报。对于管理者而言，如何在尊重差异的前提下实现有效沟通，激发各个年龄段员工的潜力，已成为一项重要课题。

一些企业尝试通过"反向辅导"等方式，让不同代际员工建立持续、深入的互动。

在这种模式下，年轻员工不仅是被辅导的对象，也成为年长员工学习新技术、了解新趋势的"导师"。通过角色互换，不同代际员工能够更多地站在对方的角度思考问题，相互欣赏、相互包容，最终实现优势互补、共同成长。例如，在通用电气，资深员工与新入职的年轻员工常常成为"学习伙伴"，定期分享各自的观点和心得。年轻员工从前辈那里学到了企业文化和专业经验，而资深员工也从年青一代那里汲取了创新灵感和数字化技能，双方在交流中擦出了不一样的火花。

2. 个性化沟通与赋权式管理

随着新生代员工的崛起，个性化、差异化的沟通需求日益凸显。"千人一面"的统一化管理风格已然难以满足这一代员工的期待，他们渴望在工作中获得更多的自主权和表达空间，希望领导能够充分考虑自己的特点和诉求，给予更加个性化的指导和支持。这就要求管理者突破"一刀切"的思维定势，根据员工的不同特质和需求，因材施教，因事而异，灵活调整沟通的内容、方式和频率。

与此同时，越来越多的企业开始推行赋权式管理，给予员工更大的自主权和决策空间。在这种模式下，管理者不再事无巨细地控制和指挥，而是着力营造一种开放、包容的沟通氛围，鼓励员工大胆尝试、勇于创新。通过定期的一对一谈心，管理者可以更好地了解每个员工的想法和诉求，给予有针对性的辅导和支持；而通过放手让员工去尝试、去决策、去承担，则可以最大限度地激发员工的主观能动性和创造潜能。

（五）从任务导向到人际导向的沟通需求

1. 情感投入对变革的推动作用

在组织变革的关键时期，员工往往会感到不安和焦虑，对未来充满不确定性。这时，单纯的信息传递和任务布置往往难以凝聚人心、稳定军心。管理者需要投入更多的情感，通过坦诚、真挚的沟通化解员工的疑虑，重建信任和希望。例如，当企业面临重大的结构调整或战略转型时，CEO要勇于站在第一线，通过面对面的恳谈会、坦诚的内部信等方式，向员工阐明变革的缘由和目标，表达对员工的理解和支持，给予员工心理上的抚慰和鼓励。同时，管理者也要虚心倾听员工的心声，及时回应员工的问题和担忧，必要时还要给予实质性的帮助，如提供培训、调整岗位等。唯有如此，才能最大限度地赢得员工的理解和支持，凝聚变革共识，激发变革动力。

案·例

胖东来的经商之道：人情味与智慧的融合

在这个快节奏的时代，情绪管理变得尤为重要。一个人，如果连自己的情绪都控制不了，即便给他整个世界，他也早晚会毁掉一切。情绪的波动不仅影响我们的决策，还影响我们的人生轨迹。在这方面，胖东来的故事给我们提供了深刻的启示。

胖东来，作为中国零售行业的佼佼者，它的成功并不仅仅依赖于商业头脑，更重要的是它对情绪的把控和对团队的关怀。胖东来创始人张勇曾在多个场合提到，情绪管理在他的职业生涯中占据了重要的位置。他深知，情绪不仅会影响个人的判断力，还会对团队的士气产生深远的影响。因此，在企业管理中，他始终强调情绪的正向引导。

在胖东来的企业文化中，张勇鼓励员工在工作中保持积极的心态。他认为，员工的情绪直接关系顾客的体验，只有在一个积极的氛围中，员工才能更好地服务顾客，从而推动企业的持续发展。这种理念在胖东来的发展历程中得到了充分体现：它不仅关注产品的质量，更注重顾客的购物体验和员工的心理健康。

与其说胖东来是一个成功的商业案例，不如说它是一个关于情绪管理的生动教材。张勇曾分享过一个故事：在一次公司会议上，一位员工因个人问题情绪低落，影响了会议的气氛。张勇没有选择严厉批评，而是主动关心这位员工，询问他的情况，并给予他支持和建议。这种关怀不仅帮助员工走出了低谷，也增强了团队的凝聚力。通过这种方式，张勇展示了如何将情绪管理融入企业文化，让每个员工都能感受到被尊重和关心。

情绪管理不仅适用于企业管理，也适用于我们每个人的生活。生活中，我们常常会面临各种压力和挑战，情绪的波动在所难免。然而，正是这种波动决定了我们的反应和行动。如果我们无法控制自己的情绪，最终可能会导致错误的决策，甚至影响我们的人际关系和职业发展。相反，如果我们能够掌控情绪，保持冷静和理智，我们就能更好地应对生活中的各种挑战。

因此，学会情绪管理是每个人都应该重视的课题。首先，我们需要认识到情绪的存在，接受它们的合理性；其次，寻找适合自己的情绪宣泄方式，如运动、阅读或与朋友倾诉；最后，培养积极的心态，学会用乐观的眼光看待问题，这样才能在逆境中找到出路。

情绪管理是我们通往成功的重要一环。无论是在工作中还是生活中，掌控情绪，让自己成为心态的主人，才能真正成就自己的人生。胖东来的成功不仅是商业上的成功，更是情绪管理的成功。让我们从中汲取智慧，努力成为情绪的主人，而不是情绪的奴隶。只有心态平和，才能在复杂的世界中找到自己的位置，创造出属于自己的辉煌。

2. 价值观引领与文化认同的塑造

企业文化是组织的灵魂，是凝聚人心、指引方向的精神旗帜。在变革的洪流中，唯有始终坚守核心价值观，并将其内化为全体员工的信念和行为，组织才能始终保持定力和韧性。这就需要管理者在日常沟通中潜移默化地强化文化认同，让员工真正成为企业价值观的践行者和传播者。星巴克就非常重视通过各种渠道来传播"以人为本"的企业文化，从入职培训到日常工作，从店长会议到伙伴分享，处处体现着对员工的关怀和尊重。CEO也会定期通过视频演讲、内部博客等方式与员工分享心得体会，阐释企业文化的内涵和时代意义。正是在这种浸润式的文化熏陶下，星巴克的员工形成了高度的认同感和归属感，以主人翁的姿态投身企业的经营发展，也以"星味"服务打动了全球消费者的心。

3. 人文关怀与社会责任的担当

企业不仅是经济组织，更是社会公民，对员工、对社会负有不可推卸的责任。在沟通中彰显人文关怀，积极回应社会诉求，已成为越来越多优秀企业的价值追求和行动指南。阿里巴巴就把"唯一不变的是变化，唯一不变的是关怀"作为企业文化的核心内涵，无论是在日常管理还是在重大变革中，都始终把员工的幸福感和获得感放在首位。例如，在新冠疫情期间，阿里第一时间成立"关怀委员会"，通过各种线上线下渠道为员工提供健康指导、心理疏导、物资保障等服务，让员工切实感受到了企业大家庭的温暖。同时，阿里还积极履行社会责任，发起各种公益行动，以实际行动诠释"让天下没有难做的生意"的使命。正是凭借这种情怀与担当，阿里赢得了社会各界的广泛赞誉，也为自身的长远发展凝聚了强大的向心力和创造力。

在组织变革的浪潮中，沟通的内涵和价值正在发生深刻变革。从传统的金字塔式管控到扁平化的充分授权，从单向度的信息传递到立体化的情感交流，从注重事的推进到聚焦人的发展，沟通的形式更加多元，内容更加丰富，目的更加崇高。唯有顺应这一变革趋势，与时俱进地创新沟通理念和方式，企业才能真正激发员工的潜能，凝聚变革的合力，在动荡的环境中砥砺前行，续写新的辉煌。

第二节　未来管理沟通的发展趋势

未来管理沟通的发展趋势将呈现出多元化、数字化和情感化的特征。随着全球经济和技术的快速变革，管理沟通不再局限于传统的面对面交流或书面沟通，而是更多地借助社交媒体、在线会议等数字化工具，实现跨地域、跨文化的即时沟通。同时，管理沟通将更加注重情感的投入和理解，通过情感管理来提升团队的凝聚力和士气，促进组织内部的和谐与协作。此外，管理沟通还将更加关注个性化、定制化的需求，通过精准的市场分析和客户洞察，提供更加贴心、高效的服务。未来，管理沟通将成为企业竞争的重要软实力，推动组织不断适应市场变化，实现可持续发展。

一、智能化与自动化技术的应用

在管理沟通的未来蓝图中，智能化与自动化技术的深度应用已成为不可忽视的趋势。这一波技术浪潮正以前所未有的广度和深度，重塑着组织内外的信息流动方式。从人工智能赋能的数据分析，到自动化工作流的高效协同，再到虚拟助理的个性化服务，层出不穷的创新应用正在颠覆传统的沟通模式。

这场变革不仅提升了沟通效率，更开启了跨地域、跨部门协作的新范式。地理阻隔不再是障碍，文化差异不再是鸿沟。智能技术搭建起了连接人与人、人与信息的数字化桥梁，使知识共享和价值创造变得前所未有的便捷。置身其中的管理者，既面临巨大的机遇，也承载着引领变革的重任。

然而，技术并非万能灵药，其应用也绝非一蹴而就。伴随智能化转型而来的，是数据伦理、文化融合、创新边界等一系列亟待解答的难题。管理者需要在人机协作、效率与人性化的平衡点上审慎抉择，在技术部署与文化塑造间精心织就。唯有如此，才能真正释放智能技术的潜能，为组织发展注入源源不断的新动力。

（一）智能化与自动化技术：重新定义管理沟通的基石

1. 智能化与自动化技术的定义与原则

何谓智能化？何谓自动化？尽管这两个概念频频出现在技术头条，但其内涵却常常被简单化、片面化地解读。智能化，本质上是通过算法模拟人类智能，使机器具备感知、学习、推理、决策的能力。其核心是利用数据挖掘来获得洞见，用数学逻辑描摹人类思维。当前，智能技术主要应用于语音识别、图像理解、自然语言处理等领域，正加速向更加广阔的场景渗透。

而自动化则聚焦于用机器替代人力，完成那些重复性高、规则性强的任务，如数据处理、流程控制等。通过预设逻辑和精准控制，自动化系统能以超越人类的速度和准确度完成海量任务。从简单的电子邮件过滤到复杂的供应链调度，自动化已成为提升效率的利器。

智能化与自动化，看似两个独立的技术路径，但在管理沟通中却往往交织在一起，形成"1＋1＞2"的效应。智能系统擅长提供决策参考，自动化流程则善于执行指令。二者相辅相成，共同开启了管理沟通的全新想象空间。

【小贴士】

背景：智能化技术对沟通领域的渗透

回望过去数十年，信息技术已数次重塑了沟通方式。从电话会议到电子邮件，从即时通信软件到移动办公应用，新技术一次次突破时空界限，让沟通变得更加便捷高效。而今，智能化正以更迅猛、更颠覆性的姿态，加入这场变革的浪潮。

Gartner 公司预测，到 2025 年，超过 75% 的企业将在日常运营中嵌入至少一种人工智能技术。这些数字背后，是智能化应用从概念走向落地、从小众走向主流的大趋势。

在 IBM、微软等科技巨头的引领下，智能化技术正以前所未有的速度渗透到管理实践的方方面面。曾经遥不可及的黑科技，如今已悄然落地在日常办公场景中：智能语音助手像私人秘书一样随时待命，自然语言处理算法为海量邮件归类提质，情感计算模型甚至能解读员工反馈中的情绪波动。这一切无不预示着管理沟通正迎来一个全新的智能化时代。

2. 技术与人的协作：双轮驱动的沟通新模式

谈及智能化，一些人不免心存疑虑：技术的崛起，是否意味着人的价值被边缘化？未来，管理者的角色还有存在的必要吗？对此，我们必须明确一个基本共识：智能化从来都不是要取代人，而是要赋能人、成就人。

在未来的管理沟通中，人与技术将形成一种互补的共生关系。机器善于处理海量数据，发现人眼难以捕捉的关联；而人则擅长把握全局，做出富有洞察力的决策。人工智能为管理者节省了烦琐的信息整理时间，管理者则可以将更多精力投入战略构想、创新变革等更有价值的领域。

这种人机协同的新模式，不仅能大幅提升沟通效率，更有望开创一种更加智慧、更富人性化的管理风格。在技术的辅助下，管理者能更精准地把握员工情绪，给予更有温度的关怀；能更高效地识别流程中的瓶颈，实施更有的针对性的优化。由此，管理者从事务型执行者，转变为赋能型领导者，带领组织在变革中笃定前行。

（二）智能化与自动化技术在管理沟通中的实际应用

1. 人工智能驱动的数据分析与决策支持

在信息爆炸的时代，管理者常常面临数据过载的困扰。从员工反馈到市场信息，从内部流程到外部竞争，铺天盖地的信息如潮水般涌来，远超个人的处理能力。而人工智能，正是化解这一困境的关键所在。

以情感分析为例。传统的员工满意度调查，往往只能提供表层的数据，而隐藏在反馈背后的情绪波动和真实诉求却很难被量化和解读。但借助机器学习算法，管理者能够从海量非结构化文本中，快速识别员工情绪的关键特征。一个不经意的词语、一句看似中性的评论，都可能成为洞悉员工真实想法的线索。类似的还有舆情监测。过去，面对铺天盖地的媒体报道和社交媒体讨论，品牌管理团队常常疲于奔命。但如今，智能算法可以实时追踪品牌关键词，并自动评估各种信息的情感倾向。管理者可以及时获得品牌声誉的全景图，从而做出更加精准、高效的公关决策。再如客户服务。智能系统可以分析客户反馈的语义模式，自动将问题分类并匹配到相应的解决方案。在降低人工成本的同时，也能大幅提升客户满意度。更重要的是，这些分析能够为产品优化、营销策略调整等提供宝贵的数据支撑。

可以预见，随着算法的不断进化，人工智能将为管理沟通提供更多智慧的助力。从辅助决策到预测风险，从激发创新到优化资源配置，智能技术有望成为管理者的得力助手和智囊团。

2. 自动化工作流的部署与优化

在管理实践中，有许多看似简单、实则烦琐的任务，如信息同步、日程安排、任务跟踪等。这些事务性工作虽然必不可少，却常常占据了管理者大量的时间和精力。自动化技术的价值，正在于为管理者赋能，使其从琐碎杂务中解放出来，专注于更具创造力和战略意义的工作。

工作流自动化平台如 Zapier、Microsoft Power Automate 等，使跨系统、跨应用的信息流动变得无缝顺畅。管理者只需要设计好流程模板，系统便可自动执行一系列任务，如将新签约客户的信息同步到 CRM 系统，或在项目进度更新后自动通知相关成员。这不仅节省了时间，也大大降低了信息遗漏和延误的风险。

一些企业更进一步，将业务流程与内部沟通深度整合。他们利用智能机器人，实时监测业务状态，并根据预设规则自动触发相应的沟通行为。例如，当生产进度偏离预期时，系统可自动提醒负责人，并发起一场虚拟会议以商讨应对措施。由此，管理沟通从被动响应转变为主动预判和实时优化。

当然，自动化绝不意味着一劳永逸。相反，管理者需要持续检视工作流的运行状况，并根据反馈数据不断优化。这本身就是一个需要高度管理智慧的过程。自动化只是提供了一个高效的工具，但如何用好这个工具，考验的仍然是管理者的洞察力和创造力。

3. 智能化沟通工具的升级

过去，我们习惯用电话、邮件、即时通信等工具来传递信息。而如今，一系列智能化的沟通工具正在崛起，它们不仅能优化传统的沟通方式，更能创造出全新的互动体验。这些工具正在成为管理者连接内外、激发创新的重要抓手。

案例

以 Slack 为例，这款智能协作平台不仅支持跨部门、跨地域的无缝沟通，还内置了大量第三方应用，使信息流动与工作流程无缝整合。管理者可以一键掌握各项任务的最新进展，实现高效协作。更智能的是，Slack 还能根据员工的使用习惯，智能推荐相关的文件、数据和联系人，使知识共享变得前所未有的便捷。

视频会议领域的 Zoom，通过实时字幕、同声传译等高科技，让跨语言、跨文化的沟通变得更加顺畅。新冠疫情期间，Zoom 还推出了虚拟背景、美颜滤镜等功能，为枯燥的线上会议注入了趣味和人性化体验。

即便是日常办公，也在悄然进化。微软、谷歌等科技巨头纷纷推出了智能化的生产力套件，利用人工智能优化日常办公体验。例如，微软的智能助理 Cortana 可以根据用户的日程安排和邮件往来，主动提醒待办事项并给出行动建议。再如谷歌的 Smart Compose 功能可以根据用户的写作习惯，实时推荐后续表达，大大提高了写作效率。

可以说，智能化的沟通工具正在重塑管理者的工作方式。它们不仅节省了时间，更提供了数据洞察、流程优化、智能决策等附加值。管理者若能充分利用这些工具，必将极大地提升自身的管理效能。

4. 数字化学习与培训

员工的沟通技能，很大程度上决定了管理沟通的效果。而智能技术的发展，也为员工赋能，为组织学习注入了新的活力。过去，沟通培训往往局限于课堂授课，内容单一、形式呆板，很难满足员工的个性化需求。而如今在在线学习平台、虚拟现实、智能推荐等技术的加持下，数字化学习正在蓬勃兴起。

LinkedIn Learning 等在线学习平台，利用大数据分析和机器学习算法，可以根据员工的职业发展阶段和个人特点，智能推荐匹配度最高的沟通课程。学习者可以按照自己的节奏，随时随地访问所需资源。系统还能根据员工的学习行为和反馈数据，持续优化课程内容和呈现方式，做到因材施教、精准赋能。

更引人瞩目的，是虚拟现实（VR）和增强现实（AR）技术在沟通培训中的应用。这些沉浸式学习工具可以为员工营造逼真的情景模拟，让其在虚拟场景中练习沟通技巧、应对复杂场面。

（三）智能化与自动化技术的挑战与应对策略

1. 技术伦理与隐私问题

在推崇智能化的同时，我们也必须清醒地认识到，任何技术都是一把"双刃剑"。在为管理沟通赋能的同时，智能技术也可能带来伦理困境和隐私风险。例如，情感分析工具若被滥用，可能侵犯员工的情感隐私；工作流监控若缺乏制衡，可能滋生"数字霸凌"和微观管理。对此，管理者必须高度重视，并采取相应的防范措施。

首先，要建立健全的数据治理制度。明确数据采集、存储、使用的规范和边界，确保员工的隐私权益不受侵犯。对敏感数据的访问权限要严格管控，避免数据泄露或未经授权使用。同时，要建立数据使用的透明机制，让员工了解自己的数据如何被采集和应用，必要时可为其提供选择退出的权利。

其次，要加强技术伦理教育。管理者要提高员工对技术风险的认知，引导其形成正确的技术价值观。机器再智能，也只是管理的工具，而非主宰。过度依赖甚至迷信技术，只会导致管理失衡和决策偏差。管理者要以身作则，率先树立技术向善的价值取向，以人为本，以伦理为先。

最后，要构建人机协作的长效机制。要明确人工智能系统的功能边界，划定其自主决策的范围和人工干预的底线。对于涉及员工切身利益的决策，如绩效评估、晋升调动等，还是要以人为主导，辅之以数据分析，而非全盘交由算法决策。只有在人机协作中找到平衡，才能既发挥技术优势，又防范其潜在风险。

2. 技术适配与文化冲突

"智能化转型不仅是技术挑战，更是管理挑战。"这句话道出了企业数字化转型的重要命题。引入再先进的技术，如果不能与组织文化相融合，如果员工不能真正接纳和应用，其价值就难以真正释放。而在实践中，这样的技术适配和文化融合，往往是一个需要审慎对待、精心呵护的过程。

首先，管理者要评估组织的技术成熟度和文化土壤，选择适配的智能化方案。不同的行业、不同的企业阶段，对智能化的需求和接受程度是不一样的。比如，互联网企业对实时数据分析的渴求，可能远高于传统制造业；而成长期的初创公司在决策流程上，又可能比成熟期的大企业更灵活。管理者要客观评估自身条件，循序渐进，量力而行，避免生搬硬套、急于求成。

其次，管理者要成为变革的领导者和文化的塑造者。员工的技术焦虑和抗拒心理，往往源于对变革的担忧。管理者要通过持续、透明的沟通，让员工了解技术变革的意义和进程，消除其疑虑，赢得其支持。要用实际行动，如亲自参与技术培训、推动流程优化等，为员工树立学习和应用的榜样。只有管理者率先拥抱变革，员工才能跟上节奏，共同成长。

最后，要建立健全的配套机制，为智能化营造良好的文化生态。比如，要将技术应用与绩效考核、晋升激励等挂钩，调动员工学习和创新的积极性。要为员工提供持续的培训和支持，帮助其掌握必要的数字技能。要鼓励跨部门协作，打破"信息孤岛"，形成敏捷高效的组织形态。只有形成合力，才能真正将智能化融入企业的血脉。

3. 技术依赖与创新局限

智能技术虽然强大，但并非全能。过度依赖技术，不仅可能导致管理僵化，还可能抑制创新思维和人本情怀。这是管理者在推动智能化进程中必须警惕的陷阱。

首先，再智能的系统，其判断和决策仍是基于历史数据和预设规则。这意味着，它们擅长发现已有模式，但对于全新问题和颠覆性创意则可能缺乏敏感性和想象力。管理者切不可完全听命于算法，而要敢于从数据中跳出来，基于常识、经验和前瞻性思考做出判断。要鼓励员工打破思维定势，挑战现有范式，用创新的方法解决新问题。

其次，再智能的工具，其服务对象仍然是人。在智能化的进程中，不能让"高效至上"的理念泛滥，让员工沦为数据和算法的奴隶。要为人的主观能动性、创造力和价值判断保留空间。要以人性化的方式设计系统和流程，照顾员工的情感需求和成长诉求。要在人机协作中，始终秉持"以人为本"的理念，将人的主体性发挥到极致。

最后，要保持人机边界的敏感和人情味的温度。再智能的算法，也不能完全替代人与人之间的信任、理解和情感交流。智能时代，在沟通中保留人情味、领导中彰显人格魅力，反而会成为一种稀缺价值，成为组织的独特标识。要让员工感受到，他们不是在与冰冷的机器对话，而是与一个有温度、有担当、懂人情的领导者在交流。

（四）智能化与自动化技术的未来趋势

1. 个性化沟通的全面实现

随着智能算法的不断深化，个性化、定制化已成为未来服务的基本特征。沟通领域也不例外。未来，智能系统将能更精准地捕捉员工的个性特征，深入洞察其行为模式，从而提供量身定制的沟通内容和互动方式。

例如，针对不同员工的性格特点，系统可以自动调整沟通的语气、频率和反馈方式。对外向型员工，可以设计更多互动问答；对内敛型员工，则可以提供更多书面指引。对新入职员工，可以主动推送更多帮助信息；对临近退休的资深员工，则可以提供更多传帮带的机会。这种个性化的精准触达，将大大提升管理沟通的亲和力和有效性。

个性化沟通的提升，对管理者也提出了更高要求。管理者需要突破"一刀切"的思维，深入了解员工的个性需求，用更柔性、更多元的方式开展沟通。同时，还要注重员工反馈数据的分析，持续优化个性化沟通策略，做到对症下药、精准管理。个性化，将成为未来管理者的核心竞争力之一。

2. 混合式沟通生态的形成

新冠疫情加速了远程办公的普及，也让人们认识到，线上线下沟通各有优势。未来，二者很可能形成混合互补的沟通生态。智能化技术将成为连接虚拟与现实的重要纽带。

一方面，智能技术将持续赋能线上沟通。AR/VR等沉浸式技术将模糊虚拟与现实的边界，营造身临其境的远程协作体验。全息影像、5G等新兴技术也将使远程沟通更加流畅真实。管理者可以更加灵活地选择沟通场景和媒介，突破时空限制，随时随地开展管理活动。

另一方面，线下沟通也将借助智能化工具焕发新的活力。例如，智能会议系统可以根据参会者的面部表情、语音语调，实时分析会议氛围，并给出优化建议。又如，智能办公助理可以在关键时刻适时推送数据和资源，让管理决策更加精准高效。

混合式沟通生态的形成，对管理者的驾驭能力提出了更高要求。管理者既要擅长运用线上工具，又要善于把握线下场景；既要驾驭数字化的信息流，又要处理好人与人之间的关系网。唯有在两种生态间游刃有余，才能成为未来的沟通领导者。

3. 自适应沟通系统的出现

随着人工智能技术的不断发展，未来的沟通系统将从单纯的信息传递工具，逐步演变为智能化的决策助手。这种自适应系统能够根据员工行为、反馈等数据，自主优化沟通策略，提供个性化的管理方案。

案 例

微软利用智能系统优化管理沟通的实践

微软，作为全球知名的科技企业，在员工管理和沟通方面一直走在前列。为了提升管理沟通的效率和质量，微软引入了智能系统，通过数据分析来优化沟通策略。例如，系统能够分析员工的工作节奏和日常安排，自动规划出最佳的会议时间和频率，避免了因会议安排不当而造成时间和精力的浪费。

此外，微软的智能系统还能跟踪员工对内部推送内容的阅读和反馈情况。根据这些数据，系统能够动态调整推送的频次和深度，确保员工能够接收到最相关、最有价值的信息。这种个性化的推送策略，不仅提高了信息的传递效率，还增强了员工对内部沟通的参与感和满意度。

更值得一提的是，微软的智能系统还具备情绪识别功能。通过监测员工的情绪波动，系统能够及时发现员工的压力状态，并推荐相应的缓解压力的沟通话术。这种情绪智能的应用，不仅有助于员工保持积极的工作状态，还促进了管理者与员工之间的情感交流和理解。

微软利用智能系统优化管理沟通的实践，充分展示了数据驱动、智能驱动的管理沟通模式的优势。通过引入智能系统，微软不仅提升了管理沟通的效率和质量，还增强了员工的参与感和满意度，为企业的持续发展奠定了坚实的基础。

智能化与自动化技术正以前所未有的速度和广度，重塑管理沟通的图景。从个性化服务到混合式生态，从人机协同到自适应优化，一个更加智能、更加人本、更加高效的沟通新时代正在到来。置身其中的管理者，既要拥抱技术、引领变革，又要坚守初心、以人为本。要在效率与人情、工具与文化、创新与伦理间寻找平衡，在不断试错中探索前行。唯有如此，才能驾驭智能化浪潮，重塑管理沟通的未来图景。

二、沟通与协作方式的创新

随着技术的飞速发展与工作方式的演变，沟通与协作方式正经历一场前所未有的革命。从线性、单向的传统交流模式，演化到现在的实时、多维、沉浸式体验，现代组织正在逐步拥抱这些新兴的沟通范式。特别是在全球化迅猛、数字化深入、灵活工作模式普及的大背景下，沟通与协作的创新已成为企业适应环境、提升效率、增强竞争力的核心动力。

（一）沟通与协作方式创新的背景

1. 全球化与分布式团队的崛起

在过去的几十年中，全球化浪潮深刻重塑了企业的沟通与协作模式。现代企业的团队成员可能散布在不同国家、不同时区，甚至是截然不同的文化背景中。分布式团队的广泛出现，不仅对沟通的实时性和精确性提出了更高的要求，也催生了对协作工具和模式的持续创新。例如，企业现在依赖视频会议、异步沟通工具，以及云端协作平台等技术，来弥合地理上的隔阂。

2. 数字化转型驱动沟通范式变革

数字化转型如潮水般涌来，正在重塑管理沟通的基础。从传统的面对面会议，到如今的大规模虚拟协作，数字技术为沟通提供了多样化的媒介形式——文本、语音、视频，甚至是虚拟现实。这种转变不仅大幅提高了沟通效率，更催生了一系列灵活、富有创造力的协作方式。

3. 员工期望的变化

随着"Z 世代"和"千禧一代"员工逐渐成为职场的中流砥柱，他们对沟通方式有着全新的期望：强调平等、开放和灵活性。这种代际变化驱动了组织从传统的层级化沟通向更加扁平化、网络化的方向转型。在这一背景下，管理者需要不断调整沟通方式，以适应年轻员工对高效、透明以及个性化沟通的渴求。

扩展阅读 10-5　团队骨干中有"70 后""千禧一代""Z 世代"，如何高效实现跨代际沟通？

（二）异步沟通的崛起

传统的沟通方式往往依赖于实时对话，如电话会议或面对面交流。然而，随着分布式团队和灵活办公的普及，异步沟通逐渐成为主流选择。异步沟通指的是信息的发送与接收可以在不同的时间完成，如电子邮件、录制视频信息、任务管理系统等。这种方式为团队成员提供了更多的灵活性，尤其适合跨时区的合作。异步沟通打破了时间和空间的束缚，让每个人都能在最佳状态下工作，从而提高整体效率。

（三）沉浸式协作的兴起

1. 虚拟现实与增强现实的应用

沉浸式技术（如 VR 和 AR）正在颠覆传统的协作方式。通过虚拟现实技术，团队成员可以打破物理空间的限制，在虚拟环境中进行高度沉浸式的互动。例如，Facebook（现 Meta）推出的 Horizon Workrooms，允许用户通过 VR 头显在虚拟会议室中协作，提供了一种逼真的会议体验。这种身临其境的感受能够极大地增强团队的参与度和创造力。

2. 沉浸式协作的实际案例

沉浸式协作在各行各业都有广泛的应用前景。在工程设计领域，一些建筑公司已经开始使用 AR 技术进行建筑模型的协同设计。团队成员可以通过增强现实设备实时修改三维模型，大幅提高了设计效率。在培训与教育领域，沉浸式技术同样大放异彩。例如，沃尔玛利用 VR 模拟复杂的客户服务场景，为员工提供高强度、低风险的培训机会。这种沉浸式的学习方式，能够加快员工的成长速度，提升整体服务质量。

沉浸式协作技术的核心优势在于其能够显著增强团队的参与感与互动性，提升跨地域团队的协作体验。未来，随着技术的进一步成熟，沉浸式协作可能会成为沟通领域不可或缺的常规工具。企业应该密切关注这一领域的发展，适时引入相关技术，以获得竞争优势。

（四）情感智能与人性化沟通

1. 情感智能技术的应用

未来的沟通方式将更加注重情感层面的互动。人工智能（AI）通过自然语言处理（NLP）和情感分析技术，可以识别沟通内容中的情感线索，帮助管理者更好地了解团队情绪。例如，某些 AI 工具能够实时分析员工的语音或文字反馈，识别焦虑、不满等情绪，从而为管理者提供及时的干预建议。这种情感智能技术的应用，能够提高管理者的洞察力，增强团队的凝聚力。

2. 领导力沟通中的人性化需求

除了技术支持，人性化的沟通方式在未来也越发重要。领导者需要通过真诚的对话和共情能力，建立信任并增强团队的凝聚力。例如，公开透明的沟通策略、定期的一对一谈话，以及对员工的情感支持，都是未来领导力沟通的关键。这种人性化的沟通方式，能够营造一个积极向上的工作氛围，激发员工的主人翁意识和创造力。

（五）网络化与社区化沟通

1. 内部社交网络的崛起

内部社交网络的崛起是网络化与社区化沟通的重要趋势之一。随着信息技术的飞速发展和网络经济的崛起，企业内部沟通方式也在发生深刻变革。内部社交网络作为这种变革的产物，正在逐渐成为企业沟通的主流平台。内部社交网络通过模拟现实社交场景，为企业员工提供了一个便捷、高效的沟通环境。它打破了传统沟通方式的时空限制，使员工可以随时随地进行信息交流、知识共享和协作办公。这种沟通方式不仅提高了工作效率，还增强了员工之间的互动和联系，有助于构建更加紧密的企业社区。

员工可以通过社交网络发布工作动态、分享经验心得，还可以组建兴趣小组、开展线上活动，进一步增强团队的凝聚力和归属感。同时，企业也可以通过社交网络及时了解员工的需求和反馈，为制定更加科学合理的决策提供有力支持。此外，内部社交网络的崛起还促进了企业知识的传承和共享。员工可以在社交网络上发布自己的专业知识、技能经验，供其他员工学习和借鉴。这种知识共享机制不仅有助于提升员工的个人能力和素质，还能促进整个企业知识体系的不断完善和更新。

内部社交网络的崛起是网络化与社区化沟通的重要体现，它为企业沟通带来了前所未有的便捷和高效，也为企业的持续发展注入了新的活力。

2. 社区化协作的优势

通过社区化的沟通平台，企业可以打破部门之间的壁垒，促进知识的共享与协同创新。例如，某科技公司通过内部社区分享员工创新想法，成功推动了多个产品的改进。这种社区化的协作方式，能够充分调动员工的积极性，释放组织的创新潜力。

未来的沟通与协作方式将以技术为基础，融合情感智能、文化敏感性及组织策略的调整。从异步沟通到沉浸式协作，从情感智能到社区化平台，每一种创新都将在提升效率、增强互动和促进文化认同方面发挥重要作用。企业在拥抱这些创新时，需要根据自身需求和文化，灵活调整策略，以实现其价值最大化。

三、跨文化与国际沟通的重要性提升

在全球化愈演愈烈的时代，跨文化与国际沟通能力已成为企业与组织获取竞争优势的关键所在。无论是推动全球市场的扩张，还是建立多样化的人才团队，卓越的跨文化沟通能力都可以帮助企业在复杂的国际环境中游刃有余。然而，跨文化沟通不仅仅是语言的交流，更是思想、价值观、行为模式等多维度的互动。这种互动的复杂性及潜在的摩擦，使跨文化沟通在管理领域的重要性日益凸显。

（一）跨文化与国际沟通的重要性：背景与意义

1. 全球化驱动下的企业发展与沟通需求

全球化是一把"双刃剑"，它推动了世界经济的融合，但也加剧了文化冲突的可能性。在经济全球化的浪潮中，跨国公司如雨后春笋般兴起，不同文化背景的员工和客户之间的沟通需求急剧增加。然而，不同文化之间存在的差异可能导致误解、矛盾甚至商业损失。例如，在某些亚洲文化中，谦逊和间接表达被视为美德，而在一些欧美文化中，直接与自信的沟通方式却更受推崇。这种文化价值观的差异，不仅影响员工之间的沟通，还可能影响企业与客户之间的互动质量。因此，提升跨文化沟通能力，既是企业管理者的当务之急，也是组织长远发展的战略需求。

2. 多样性和包容性对组织的重要性

随着企业越发关注多样性与包容性，跨文化沟通的重要性愈加明显。在全球化的商业环境中，一个成功的企业往往需要兼具多元文化背景的人才团队。多样性带来了创新的视角和丰富的经验，但也增加了文化冲突的风险。例如，研究表明，拥有多元化团队的公司在创新能力上平均高出其他公司 45%，但其管理难度也会因文化差异而显著提升。为此，有效的跨文化沟通策略不仅能够增强团队凝聚力，还能确保多样性真正转化为竞争优势。

3. 国际合作与外交中的沟通需求

在国际合作与外交中，跨文化沟通更是发挥着不可或缺的作用。无论是国家之间的高层会谈，还是国际企业的业务拓展，文化敏感性都在一定程度上决定了谈判的成败。例如，中美之间的企业合作往往因为文化背景的巨大差异而面临挑战。因此，跨文化沟通的能力不仅是国际合作的润滑剂，也是成功达成共识的关键所在。

（二）跨文化与国际沟通的主要挑战

1. 语言障碍：超越词汇的限制

语言是跨文化沟通中最基本的工具。然而，即使语言障碍得到克服，也并不意味着沟通能够顺利进行。语境在不同文化中的重要性大相径庭。以高语境文化（如中国、日本）为例，人们习惯通过非语言线索和隐含信息传递意义；而在低语境文化（如美国、德国）中，信息往往直接且显性。这种语境差异可能导致在沟通中产生误解。例如，一个亚洲团队可能会通过微妙的暗示表达拒绝，而欧美团队可能会误以为这是同意。

2. 价值观与思维方式的冲突

不同文化中根深蒂固的价值观和思维方式往往成为跨文化沟通的最大障碍。例如，西方文化通常强调个人主义，而东方文化更倾向于集体主义。这种差异在管理决策中可能表现为优先考虑个人目标还是团队目标的矛盾。此外，时间观念的不同也会影响沟通。例如，在某些文化中（如意大利或西班牙），时间被视为流动和灵活的；而在北欧国家，守时和严格的时间管理则被高度重视。这种对时间的不同理解常常会导致跨文化项目管理中的冲突。

3. 非语言沟通的复杂性

在跨文化沟通中，非语言沟通的作用不可小觑。肢体语言、面部表情、语调甚至沉默，都可能因文化差异而产生不同的解读。例如，在西方文化中，直视对方的眼睛被认为是诚实和自信的表现，而在一些亚洲文化中，直视上级可能被视为不敬。此外，手势的含义也因文化背景而截然不同，例如，拇指上扬在多数文化中表示赞许，但在其他一些文化中可能具有冒犯的意味。

4. 技术对跨文化沟通的影响

随着技术的发展，跨文化沟通的形式发生了巨大变化。虽然虚拟会议和即时通信工具让沟通更加高效，但却削弱了面对面交流中的情感联结。比如，语音和视频工具无法完整传递肢体语言和表情细节，从而增加了误解的可能性。此外，不同文化对于沟通工具的使用偏好也存在差异。例如，一些文化偏好正式的电子邮件沟通，而另一些文化则倾向于通过即时消息进行快速对话。

（三）跨文化与国际沟通的未来趋势

1. 人工智能辅助的文化翻译

未来，人工智能（AI）在跨文化沟通中的文化翻译作用将更加显著。通过情感分析与语境理解，AI 将不再仅仅局限于简单的语言转换，而是能够深入理解和传达文化背后的深层含义，为管理者提供更加精准的翻译和文化背景提示。想象一下，在未来的沟通软件中，AI 将不仅仅是一个翻译工具，更是一个文化顾问。当你与来自不同文化背景的人交流时，AI 会实时分析对话内容，识别出可能引发文化误解的表达。比如，某些在一种文化中看似无害的俚语或习惯用法，在另一种文化中可能具有完全不同的含义，甚至可能被视为冒犯。这时，AI 会立即提示你，并提供更恰当、更易于被对方接受的替代方案，从而避免不必要的误会和冲突。

此外，AI 还将利用大数据和机器学习技术，不断学习和更新各种文化的知识库。这意味着，随着时间的推移，AI 对文化的理解将更加深入和全面。它不仅能够识别出表面的语言差异，还能洞察到不同文化在价值观、思维方式、社交习惯等方面的深层次差异。这种深度的文化理解，将使 AI 在跨文化沟通中的辅助作用更加得心应手。

除了实时提示和替代方案，AI 还可以通过模拟对话、文化培训等方式，帮助用户提前了解和适应不同文化的交流方式。这对于那些即将进入新文化环境工作或生活的人来说，无疑是一笔宝贵的财富。通过 AI 的辅助，他们可以更快地融入新环境，建立有效的人际关系，实现跨文化沟通的无障碍交流。

2. 全球文化敏感度的提升

全球文化敏感度的提升，正成为推动企业与个人发展的重要动力。随着教育和培训的日益普及，人们对于文化多样性的认识和尊重也在不断增强。企业与个人开始深刻意识到，文化敏感度不仅是跨文化交流的基石，更是提升国际竞争力的关键。在这一趋势下，越来越多的企业开始将跨文化沟通模块纳入员工培训体系中。他们不仅教授员工基本的语言知识，更重要的是，通过模拟情境、角色扮演等方式，让员工亲身体验不同文化背景下的沟通挑战。这种实战式的培训方式，不仅增强了员工的文化意识，还提高了他们应对文化冲突的能力，为企业在全球化市场中稳健前行奠定了坚实基础。

全球化浪潮下，跨文化与国际沟通的重要性越发凸显。企业要想在国际舞台上立足，就必须跨越语言和文化的鸿沟，实现真正的全球沟通。这要求企业不仅要精通多国语言，更要深入理解各国的文化背景、价值观和行为习惯。只有这样，才能在商业谈判、市场拓展、客户服务等各个环节中，做到精准施策，赢得国际市场的认可与尊重。

为了实现这一目标，企业正积极寻求创新的技术支持。从智能翻译软件到文化敏感性分析工具，这些技术不仅提高了沟通效率，还帮助企业更好地理解和适应不同文化环境。同时，企业也在不断探索和优化跨文化沟通策略，如建立多元文化团队、开展文化交流活动等，以此营造更加包容、多样化的工作氛围。

本章小结

（1）技术如元宇宙、大数据、人工智能等正深刻改变管理沟通的形态，从虚拟会议到个性化沟通策略，为沟通提供了更加丰富和高效的手段。

（2）借助大数据和人工智能技术，企业能够实施精准化、个性化的沟通策略，提高员工的工作满意度和参与度，增强管理沟通的效果。

（3）智能化与自动化技术在管理沟通中的深度应用，如智能会议助手、自动化流程控制等，显著提升了沟通效率和决策质量。

（4）未来的管理沟通将是人与技术互补的共生关系，技术赋能人类，而人类则通过洞察力和创造力指导技术的应用。

（5）线上线下沟通的融合将成为常态，混合式沟通生态要求管理者既擅长线上工具，又善于线下互动，实现高效沟通。

（6）未来的沟通系统将具备自适应能力，根据员工行为和反馈数据自主优化沟通策略，提供个性化的管理方案。

本章即测即练

自学自测　扫描此码

本章复习思考题

1. 简述技术变革对管理沟通的影响。
2. 未来管理沟通的发展趋势是什么？
3. 混合式沟通生态的形成对管理者提出了哪些要求？
4. 跨文化与国际沟通的重要性体现在哪些方面？
5. 如何提升跨文化与国际沟通能力？
6. 针对本章典型案例"微软的智能沟通系统实践"，就以下问题进行分析讨论：

（1）结合微软的商业环境和员工需求，分析智能系统在提升管理沟通效率和质量

本章案例：微软的智能沟通系统实践

方面的作用。

（2）基于案例描述，分析智能会议安排、情感分析与员工关怀、跨文化沟通优化等方面的实际效果，并讨论这些应用对微软组织文化和员工满意度的影响。

（3）针对微软智能系统在实践中的应用，提出可能的改进建议，以进一步优化管理沟通策略，提升企业的整体竞争力。

沟通实战演练

项目模拟：人工智能在管理沟通中的应用

1. 分组与角色分配

分成若干小组，每组 5～6 人，分别扮演项目经理、团队成员、AI 助手等角色。

在活动开始前，组织学生进行人工智能基础知识和管理沟通技能的培训，确保学生了解相关理论和技能。

2. 活动流程

模拟项目沟通场景：设定一个模拟项目沟通场景，如产品开发、市场推广等，要求各小组利用人工智能技术，如智能聊天机器人、数据分析工具等，进行项目沟通和管理。

智能助手应用：各小组利用智能助手进行任务分配、进度跟踪、问题反馈等沟通工作，体验人工智能在提升沟通效率和质量方面的作用。

数据分析与决策：通过收集和分析项目沟通数据，各小组利用 AI 工具进行数据分析，为项目决策提供支持。

3. 教师活动

观察小组分工合理性，如项目经理是否有效协调资源、AI 助手是否被充分利用。

在关键节点（如任务分配、数据分析阶段）介入提问，例如："智能助手如何帮助你们优化优先级？""数据结论是否与项目目标一致？"

记录常见问题（如工具操作卡顿、角色职责模糊），及时提供解决方案。

4. 总结与反馈

每组限时 5 分钟展示成果，重点说明 AI 如何提升沟通效率。

教师从目标达成度、AI 应用创新性、团队协作流畅性三个维度打分，并对比各组优劣。

强调 AI 在沟通中的双刃剑作用：如效率提升 vs 过度依赖导致思维惰性，引导学生辩证思考。

参 考 文 献

[1] 张昊民, 李倩倩. 管理沟通[M]. 2 版. 上海: 上海人民出版社, 2015.

[2] 李映霞. 管理沟通: 理论、案例与实训[M]. 北京: 人民邮电出版社, 2017.

[3] [美]科里·帕特森, 约瑟夫·格雷尼, 罗恩·麦克米兰, 等. 关键对话: 如何高效能沟通[M]. 毕崇毅, 译. 北京: 机械工业出版社, 2017.

[4] 冯云霞, 沈远平. 管理沟通: 基于案例分析的视角[M]. 2 版. 北京: 中国人民大学出版社, 2015.

[5] [美]杜伯林. 领导力: 研究·实践·技巧[M]. 王垒, 译. 北京: 中国市场出版社, 2006.

[6] [美]约瑟夫·德维托. 深度沟通: 快速掌控谈话[M]. 8 版. 吴晓静, 译. 北京: 北京联合出版有限公司, 2019.

[7] [德]弗德曼·舒茨·冯·图恩. 沟通的力量: 极简沟通的四维模型[M]. 4 版. 冯珊珊, 译. 天津: 天津人民出版社, 2020.

[8] [美]贾森·杰伊, 加布里埃尔·格兰特. 高难度沟通[M]. 美同, 译. 北京: 中国友谊出版公司, 2018.

[9] [英]尼基·斯坦顿. 沟通圣经: 听说读写全方位沟通技巧[M]. 5 版. 罗慕谦, 译. 北京: 北京联合出版公司, 2018.

[10] [美]罗纳德·阿德勒, 拉塞尔·普罗科特. 沟通的艺术[M]. 14 版. 黄素菲, 李恩, 译. 北京: 北京联合出版公司, 2018.

[11] 周庆, 易鸣, 向升瑜. 给客户一个理由: 华为销售谈判与沟通技巧[M]. 北京: 中国人民大学出版社, 2019.

[12] [荷]冯·特姆彭纳斯, [美]查尔斯·汉普顿·特纳. 跨越文化浪潮: 应对全球化经营中的文化差异[M]. 2 版. 陈文言, 译. 北京: 中国人民大学出版社, 2007.

[13] [美]罗杰·费希尔, 威廉·尤里, 布鲁斯·巴顿. 谈判力[M]. 王燕, 罗昕, 译. 北京: 中信出版社, 2012.

[14] [英]斯图尔特·克雷纳. 管理百年[M]. 闫佳, 译. 北京: 中国人民大学出版社, 2013.

[15] [美]约翰·科特. 领导变革[M]. 徐中, 译. 北京: 机械工业出版社, 2024.

[16] 祁凡骅. 领导力[M]. 北京: 中国人民大学出版社, 2021.

[17] 陈春花. 组织行为学[M]. 4 版. 北京: 机械工业出版社, 2020.

[18] 姜维. 沟通金字塔[M]. 北京: 电子工业出版社, 2017.

[19] 谢玉华, 李亚伯. 管理沟通: 理念·技能·案例[M]. 3 版. 大连: 东北财经大学出版社, 2017.

[20] 吕书梅. 管理沟通技能[M]. 4 版. 大连: 东北财经大学出版社, 2018.

[21] [美]玛丽·蒙特, 林恩·汉密尔顿. 管理沟通指南: 有效商务写作与交谈[M]. 10 版. 钱小军, 张洁, 译. 北京: 清华大学出版社, 2014.

[22] 赵洱崇. 管理沟通: 原理、策略及应用[M]. 北京: 高等教育出版社, 2017.

[23] 康青. 管理沟通[M]. 5 版. 北京: 中国人民大学出版社, 2018.

[24] [美]彼得·德鲁克. 卓有成效的管理者[M]. 许是祥, 译. 北京: 机械工业出版社, 2019.

[25] 郭文臣. 管理沟通[M]. 3 版. 北京: 清华大学出版社, 2017.

[26] 郝洁. 沟通基础[M]. 北京: 高等教育出版社, 2020.

[27] 彭凯平. 吾心可鉴: 跨文化沟通[M]. 北京: 清华大学出版社, 2020.

[28] 王建民. 管理沟通实务[M]. 5 版. 北京: 中国人民大学出版社, 2019.

[29] 魏江, 严进. 管理沟通: 成功管理的基石[M]. 4 版. 北京: 机械工业出版社, 2019.

[30] 杜慕群, 朱仁宏. 管理沟通[M]. 3 版. 北京: 清华大学出版社, 2018.

[31] 张志学, 施俊琦, 刘军. 组织行为与领导力研究的进展与前沿[J]. 心理科学进展, 2016(3): 135-136.

[32] 张颖, 荣世宇, 熊普臻. 冲突管理方式、团队心理安全感与虚拟团队绩效研究[J]. 云南财经大学学报, 2022, 38 (2): 101-110.

[33] 张廷芳. 跨文化背景下的语言文化差异及融合现象[J]. 中国科技论文, 2024, 19(3): 412-413.

[34] 李晔. 企业团队沟通管理问题探讨[J]. 企业改革与管理, 2020(17): 90-91.

[35] 马希, 张帆. 企业有效管理中的沟通障碍及对策分析[J]. 商场现代化, 2019(10): 101-102.

[36] 刘壮. 如何有效化解商务谈判中的四大冲突[J]. 中国商界, 2024(11): 20-21.

[37] 于学敏. 企业人力资源管理中加强职工沟通的重要性[J]. 中国商论, 2018(4): 88-89.

[38] 马姝. 员工情绪管理的价值以及实施策略探究[J]. 商讯, 2020(18): 194-196.

[39] 谭倩. 员工情绪管理之道[J]. 企业管理, 2024(10): 99-102.

[40] 毕玉海. 浅析如何提高企业内部管理沟通的有效性[J]. 商讯, 2019(16): 43-44.

[41] 易雨彤. 中国企业管理沟通问题与对策思路[J]. 现代企业, 2021(9): 27-28.

教师服务

  感谢您选用清华大学出版社的教材！为了更好地服务教学，我们为授课教师提供本书的教学辅助资源，以及本学科重点教材信息。请您扫码获取。

≫ 教辅获取

本书教辅资源，授课教师扫码获取

≫ 样书赠送

企业管理类重点教材，教师扫码获取样书

清华大学出版社

E-mail: tupfuwu@163.com
电话：010-83470332 / 83470142
地址：北京市海淀区双清路学研大厦 B 座 509

网址：https://www.tup.com.cn/
传真：8610-83470107
邮编：100084